周縁化された芸能者と近世社会

吉田ゆり子著

吉川弘文館

目次

図表目次

序章　地域社会の見方

問題設定

本書は、地域社会では多様な社会集団が相互に関係しながら生活を営んでいたことに注目し、主要な住人である百姓や町人、そして武士身分以外の諸身分集団の実体を検証し、諸集団の関係、領主支配との関係を多面的に理解することを目的とする。素材としては、主として南信濃地域を対象として、正月の予祝芸の担い手であり、日常的には地域社会で生産と生活に従事する簓（ささら）や猿牽（さるひき）、そして南信濃に特有な「笠之者」といわれる門付けの芸能者集団、飯田城下の谷川に居住する牢守集団や非人に焦点をあて、地域社会のあり方を考察しようとするものである。

こうした課題を設定するに至った研究上の背景を、三点にわたって整理しておきたい。

第一に、地域社会研究の方法についてである。地域社会研究は、村落史と都市史、村落共同体と都市共同体の研究と、村か町かという違いから、別もののように行われていた感がある。村と町では、その成立ちや組織、住民の生業や公儀の役賦課と編制のあり方など、異なっているが、生業の維持と生存を保証する共同性に基づき形成された社会組織として捉えるならば、地域社会研究は格段の広がりをみせることになる。とくに近世は、生業に基づく社会的な分業関係を編制した身分社会である。地域社会には、さまざまな身分集団が存在していた。しかし、村落社会は百姓身分を対象とする研究が中心となり、他の身分集団の存在はほとんど顧みられることはなかった。注目されるとしても、「えた」身分の部落史研究として行われてきた。そうした中にあって、諸社会集団間の「重層と複合」という視点から都市と非人の関係を捉える視点を示したのが塚田孝である。(1)それを発展させる形で塚田氏は、「諸社会集団が関係・併存しあう場に即して総合的に捉える(2)」ことの必要性も指摘し、都市大坂や近郊農村、かわた村など、広く地域社会研究として総合的に明らかにする方向を進めている。本書も、こうした視点に学びながら、従来の村落史研究では十分に明らかにすることができなかった百姓身分以外の諸集団を組み込んだ、総体としての地域社会研究をめざしている。

第二に、村落史研究の現状である。第一の姿勢と逆の方向にみえるのが、藩領域や旗本知行地という領主の支配権が及ぶ範囲を限り、対象とする研究動向である。(3)とくに、大名権力が及ぶ領国は、独自の領主権が及ぶ範囲という意味で、ひとつの領域として括りだすことができる。その内部にも、多様な身分集団が生活しており、それらへの役賦課を通して、藩権力が集団を編制していたことも事実である。とはいえ、被支配者の生活する地域社会に視座を据えると、行政的な枠組みや支配領主の領主権が及ぶ範囲を越えて、異なる論理で社会が形成され、たとえば、「えた」の草場や旦那場、本書で扱う万歳や猿牽などの旦那場、この他、薬売りの得意場、御師の旦那場など、多様な集団が領域支配権とは異なる論理で空間を分けている。そうした旦那場の重層的な関係が、日常を生きる地域の人々の面前に複数現われていたのが現実であった。これらの諸集団の空間支配を正当化する裏付けとなっているのが、本所といわれる存在である。本書で扱う簓は、関蟬丸神社の権威を補償する三井寺を本所として仰ぐことを選択し、「説教者」として旦那場での活動を保証された。こうした支配領域を超えた論理を組み込むことで、生活者の視点から地域社会の実相を深めることができると考える。

第三は、社会的な賤視の観念についてである。本書で注目しようとする簓や猿牽などは、「えた・非人」とは異なる「雑種賤民」と位置付けられ、各地に確認される多様な職種の被差別民として差別の実態が検証された。しかし、簓や猿牽など多様な身分集団が、地域社会で送っていた日常生活や、他の諸集団と生業や生活の上でどのように関わりをもって生計を成り立たせていたのか、という視点から十分に研究が進んでいるとはいえない。また、研究が行われても、その視座は「差別」「賤視」から解放されることはなく、結局は賤視された人々、「被差別民」として位置付けられ、共同体から排除されたと指摘するにとどまった。そうした中で、近年、伊勢神宮領のえた・非人・ささら（説教者）の具体像を分析した塚本明氏は、伊勢神宮の内宮・外宮の門前町の拝田・牛谷と呼ばれる「ささら」の地域社会における役割や、「穢多」との相違などに着眼した。(4) 伊勢国の拝田・牛谷は、説教者として三井寺近松寺の配下に入ったものの、不浄穢らわしい職分に従事しないようにとの説教者の掟に背き、三井寺から破門されたことで知られる。これを、塚本氏は門前町宇治・山田という共同体との関わりで捉えなおし、「間の山」で参宮客から「蒔銭」を受けることで大きな収入を得ながら、山田奉行と地域社会の双方から課された役を果たし、地域で必要とされる存在であったとした。ただ、塚本氏は拝田・牛谷の「ささら」を「被差別民」と括り、その存在が、穢れを嫌い清浄な空間を求める伊勢神宮領ゆえの特徴を見出すことができるか、という課題設定のもと、「被差別民の生業や生活のあり方に関して、神宮領に存在するがゆえの特質、武家領たる他藩領の者たちとの本質的な違いは、基本的に認められない」と結論づけた。また、拝田・牛谷を、「非人集団」と位置付け、他の「非人集団」と異なる神宮領特有の役割を見出そうとする課題を掲げ、それがないことを結論とした。こうした立論のあり方に制約され、「ささら」を職分とした拝田・牛谷の人々が、歴史的にどのように集団化してきたのか、伊勢神宮とどのように関わり編制されてきたのか、社会集団としての実体がみえにくくなったきらいがある。

本書では、これまでの研究史を踏まえつつ、南信濃（信濃国下伊那地域）を対象として、飯田藩や高須藩、旗本知行所、幕府直轄地など、大藩が覆う地域ではない、小単位の支配領域をまたがって活動した諸集団と、村や町の百姓、町人、武士など諸集団の関係を明らかにし、従来行われてきた村落共同体研究を立体的、多面的に再考察する。

本書の構成

本書は、二部構成である。I部は、南信濃の飯田・下伊那地域に残された地方（じかた）文書を可能な限り収集し、簓、笠之者、猿牽、谷川之者などの実態と相互の関係性を明らかにすべく検討を加えた論考を、執筆した順に掲載した。そのため、先行する論考を踏まえながらも、新たな史料を発見することで、事実の解明や解釈を積み重ね、咀嚼しながら論を進めてきたことから、くり返し述べ重複する箇所もみられた。そこで、本書に収録するに当たり、論が一貫するように手を入れ改稿した部分も少なくない。

第一章は、身分的周縁研究に触発され、かつて卒業論文執筆のために下伊那に史料収集で訪れて以来、その存在が気にかかっていた「簓」や「猿牽」などの諸集団の実態を検討した論考である。豊丘村歴史民俗資料館が所蔵する複数の村の名主文書や、飯田市域に残された史料、簓の家に伝えられた古文書や木札などを用いて、下伊那地域の広範囲に点在する簓の組織を追求し、関蟬丸神社の由緒を梃子に全国の簓を組織化する三井寺の配下に入る過程などから、できるだけ簓の実体を検証することに注力した。

第二章は、当初は、第一章の「補論」として発表した「笠之者」に関する論考を、独立した章にしたものである。「笠之者」は、信濃国でも伊那郡嶋田村にしかみられない、「春田打」という芸能を担う集団であった。行政的には嶋田村に包摂されながら、地域では「笠村」と呼ばれる集落に集住し、日常的には農耕に従事し、正月から三月頃までの間に、近隣村や旗本の館まで巡行した。同族の蛭子社人と義絶しても春田打の門付けなど、主として収入により、生計を立てていた。

第二章には、嶋田村について述べた〔補論一〕、笠之者が春田打を捨てた後に村人が再興を望んだことを述べた〔補論二〕、笠之者の同族が西宮神社の蛭子社人であったことを論じた〔補論三〕を掲載した。

第三章は、前章までに明らかにした、簓や「笠之者」が、地域社会では村の番人や遺体の処理などを担う「下役」を務めていたのはなぜか、という問いに答えようとした論考である。また、簓や「笠之者」が、「下役」を務める点では非人と通底するにも関わらず、自らを非人とは差異化しようとしていたことも、飯田城下谷川の非人との関わり方を検討することから検証した。

第四章では、飯田藩の厩の祈禱を担う猿牽集団が、居所である下市田村において、「下役」を務め、さらにケガレを伴う埋葬を担うように百姓集団から強要される過程を明らかにした。また、職分は簓と猿牽とでは異なるものの、両者が市田村に包摂された同じ集落に居住していたように、社会集団の位相としては同等の集団であったことを指摘し、飯田藩ではこれらの集団が、飯田城下谷川の牢守集団に組織化されていることを、〔補論四〕として、飯田藩の職制上、谷川牢守集団の役割と位置づけを整理して示した。

第五章では、簓や猿牽、「笠之者」の居住する集落が、畿内・近国を中心に解明が進んでいる「宿」「夙」「散所」「産所」と呼ばれる集落と同質のものではないかとの見通しのもと、(5)上河路村と立石村について、簓の集落と地域の中核的存在である寺社との関係を検討した。そこでは、簓の家に伝わる先祖と集落、寺院との関わりに関する伝承も考察の対象とした。

第Ⅱ部第六章では、第Ⅰ部の分析を踏まえて、簓が地域社会でおかれた位置を総合的に述べた。この論考は、フランスの社会科学高等研究院をはじめとする共同研究の場で討論する機会を得て文章化したものである。

第七章は、下伊那地域を在所として巡行する芸能者に対し、下伊那に来訪し、定住化して人形浄瑠璃を伝えた「道薫坊」に着目し、芸能者の遍歴と定住の歴史を考えようとしたものである。これも、飯田市と友好都市であるフランス シャルルヴィル・メジエールとの共同研究の場での報告をもととしている。

最後に、本書に収録した論考の初出を示しておきたい。

序章（書き下ろし）

第Ⅰ部　身分的周縁と地域社会—簓・猿牽・「笠之者」—

第一章「万歳と春田打ち—近世下伊那の身分的周縁—」（『飯田市歴史研究所研究年報』一号、二〇〇三年）「一　説教者」

第二章　同右中「二　補論」

補論一「天竜川西岸の大きな村—嶋田村—」（飯田市歴史研究所編『みるよむまなぶ　飯田・下伊那の歴史』飯田市、二〇〇七年）

補論二「正月の門付芸「春田打ち」の再興」（『史料でよむ飯田・下伊那の歴史2　近世から近代へ』飯田市歴史研究所、二〇二一年二月）

補論三「南信州の蛭子社人」（西宮神社文化研究史所編『えびすさまよもやま話』神戸新聞総合出版センター、二〇一九年）

第三章「地域社会と身分的周縁」（『部落問題研究』一七四号、二〇〇五年）

第四章　「信州下伊那地域における身分的周縁」（塚田孝編『身分的周縁の比較史』清文堂、二〇一〇年）
補論四「飯田藩による行き倒れ・捨子への対応―『勤向書上帳』と『郡局要例』を中心として―」（書き下ろし）
第五章　「信州下伊那の寺社と芸能者」（塚田孝・吉田伸之『史学会シンポジウム　身分的周縁と地域社会』二〇一三年、山川出版社）

第Ⅱ部　地域社会のなかの芸能者

第六章　「『簓』―周縁化された芸能者と地域社会―」（『思想』一〇八四号、二〇一四年八月、Yoshida Yuriko "Artistes ou marginaux? Les sasara de Shinano", *Annales* 66-4, 2011 の日本語訳）
第七章　「人形芝居―芸の担い手と地域社会」（『別冊都市史研究　伝統都市を比較する』二〇一一年、山川出版社）
補論五「伊那谷の村と人形浄瑠璃」（『飯田市歴史研究所年報』一四号、二〇一六年、講演記録の文章を論文形式に変更）

終章　（書き下ろし）

注

（1）塚田孝『近世日本身分制の研究』兵庫部落問題研究所、一九八七年。近年の地域社会論については、志村洋・岩淵冷治「地域からみる現代社会」（『日本近世史を見通す4　地域からみる近世社会』吉川弘文館、二〇二三年）に簡潔な研究動向整理がある。
（2）塚田孝「近世大坂における芝居地の《法と社会》―身分的周縁の比較類型論にむけて―」（同編『身分的周縁の比較史―法と社会の視点から―』清文堂出版、二〇一〇年）。
（3）たとえば信濃国松代藩領域を対象とした渡辺尚志『藩地域の村社会と藩政』（岩田書院、二〇一七年）など、精力的な研究成果がシリーズで発表されている。
(4) 塚本明『近世伊勢神宮領の触穢観念と被差別民』(清文堂出版、二〇一四年)。
(5) 世界人権問題センター編『散所・声聞師・舞々の研究』(思文閣出版、二〇〇四年)など。

第Ⅰ部　身分的周縁と地域社会

――「簓」・笠之者・猿牽――

第一章　万歳と簓

はじめに

本章は、正月の予祝芸として伝統社会において人々に広く親しまれた万歳を担った簓に注目し、地域社会における社会的位置づけを検討することにより、信濃国下伊那地方の身分的周縁のあり様を考察しようとするものである。

よく知られているように、宗門人別改帳はキリシタンや類族、日蓮宗不受不施派など、幕府が禁止している宗派に属していないことを旦那寺が証明するために、村に住む人々を世帯単位に一人一人書き上げ、村役人が毎年村単位に作成し、支配領主に提出した帳面である。これは、戸籍制度が未整備であった江戸時代においては、村に住む人々の住民票と戸籍を併せ持つ戸口台帳として、領主にとっては支配のために欠かせない基本帳簿となっていた。

ところが、下伊那地方の宗門人別改帳をみていると、一般の百姓の分厚い宗門人別改帳とは別に、「説教者」、「簓（ささら）」、「笮（ささら）」、「笠之者共」、「猿牽」などと表紙に書かれた同形式の薄い宗門人別改帳が残されていることに気づく。この内、「説教者」あるいは「簓」と呼ばれる人々は、もともと仏教の教えをわかりやすく民衆に伝えるために、摺り簓をならし、びんざさらを打合せ、芸能を行いながら語りをする者をいう。中世後期から諸国を放浪し、人の集まる市や寺社の境内などで語っていたが、しだいに本来の仏教説話などの語りより、これに付随した芸能が肥大化して分化し、寺社境内や市場などで語りながら合薬や諸品を売る香具師や、正月に家々を勧進して廻り、言祝ぎを行う万歳なども説教者の芸態のひとつとみなされるようになる。さらに一七世紀前期、大坂において三味線を伴奏にして人形を使った操り芝居で説教を行う者が現われてから、都市部では説教は操りや芝居の形をとる芸能として展開していった。

下伊那地方では、正月に太夫と才蔵の二人一組で家々を廻り、その年の幸運を祈る予祝芸である万歳を担っていたのが簓であった。しかし、現在では簓の存在や万歳の芸能について、村々では全く伝承されていない。それどころか、一九六四年一月号の雑誌『伊那』の「三河万歳聞書」(1)という論考にも、珍しい芸能として、下伊那の人々による万歳ではなく、飯田に巡業してきた岡崎市額田町の万歳師の聞き取りが載せられている。地元については、「市田の新井や三穂の一部に万才の免状を持っていた人々があったと云う」と触れられているにすぎず、すでにこの論考が書かれた頃には、簓や万歳楽について、地域の人々の間では認識が希薄になっていたことが窺われるのである。

それでは、こうした「簓」や「説教之者」は、伝統的な社会のなかでは、どのように認識されていたのであろうか。また、どのように地域の人々と関係しながら生活していたのであろうか。これまでの研究では、宗門改めに際し、百姓とは別帳に仕立てられたえた・非人と同様、簓や説教者、猿牽などの芸能者も、村共同体から差別され、賤視されていたという評価におわり、そうした周縁的な人々と百姓が関係しあいながら、総体として地域社会が形成されていたことを解明するに至らなかった。たとえば、『長野県史　通史編』においても、「『説教之者』とか『筰之者』『ささら』『猿之者』など(中略)いずれもほぼ同様に社会的地位の低下にさらされたが、このことは、領主政策によるよりも、むしろ村ないし農民のなかから卑賤視が生じていったことをさし示しているように思われる」(2)と結論づけており、それぞれの芸能者自身の内部組織や社会的な役割を検討することなく、百姓から「卑賤視」されていたという結論が一律に与えられるにとどまっている。

近年、こうしたいわゆる「士農工商」の枠では括ることのできない存在を「身分的周縁」として捉えることによって、近世の社会構造全体を説き明かそうとする研究動向が生まれた。(3)「身分的周縁」論は、諸賤民、宗教的・芸能的諸勧進者、都市下層民などの存在に注目することから始められ、「周縁的存在が形成する社会集団のあり方（〈集団〉）、それが集団内的および外的にいかなる社会関係を有しているか（〈関係〉）、そうした社会関係が展開する場（空間）、あるいは社会関係を媒介する場（テリトリー）の特質はいかなるものか（〈場〉）」を基本的な視角として、対象を広げながら進められてきた。(4)現段階では、分析視角の相違によって、次の三つの見方が存在する。第一は、塚田孝による社会集団の把握方法で、「重層と複合」論である。(5)塚田は、既存の社会的位相に則した歴史研究の不十分さを自覚的に指摘し、たとえば身分制社会である近世社会を捉えるにも、「周縁社会を必然的に随伴するものとしてとらえ直す試み」を行うことを唱える。「士農工商」・えた非人と、政治的に作られた身分制の枠組みでは説明しようもない社会の重層と複合の構造を捉える必要を述べているのである。第二は、吉田伸之の「封建社会における人間の存在様式たる身分にとって、相互の差異性の源泉は、職分＝所有の具体的存在形態にある」という立場である。(6)氏によると、百姓的な所有＝土地所有と職人的所有＝用具所有が基本的な「正統」な所有の形態であるのに対し、貨幣・動産所有＝商人的所有と労働力所有＝「日用」層による所有は、「異端」な所有形態とみる。そして、百姓や職人は所有対象の「多元性・個別性」により相互差異的であるがゆえに「正統」な身分であるが、貨幣・動産所有と労働力所有者は所有対象が「等質性＝代替可能性」を持つことから、身分的周縁と呼びうるという。これに対して、「労働力所有すら実現しえない非所有者＝疎外された労働力所有主体」である非人や宗教的・芸能的勧進者層＝「乞食・勧進層」は、即自的に身分的周縁でありながらも、テリトリー所有に顕われるように、商人や「日用」層より排他的な集団化を遂げると指摘されている。第三は、横田冬彦の議論である。(7)横田は、近世とくに元禄時代には、百姓・町人の小経営の発展・安定化にともなって、正統な生産的労働か否かという勤労意識・価値意識のもとに、多様な職種を含む「平人」身分を中心に、その両極に武家・公家の「支配身分」と「勧進乞食身分」が分化し、「支配身分」は「遊民」として批判の対象となり、他方で勧進乞食は「悪ねだり」として否定されていくと述べている。

以上三つの議論を整理してみると、「身分的周縁」のとらえ方は、論者により多様であることがわかる。吉田の所有に基づく身分把握の方法は、近世社会における人間存在が何に規定されているのかを原理的に説明し、塚田の議論は複層する社会集団が相互に関係しあいながら形成される地域社会を、総体として捉えるための方法を提示している。また、横田は、近世に生きる人々の価値観・意識を検証した上で、身分制社会を同時代人の目で整理したといえよう。ただ、「乞食・勧進層」と括られる存在について、なぜ排他的な集団化をとげるのか、吉田の所有論によっても展望的な指摘にとどまっている。また横田は、芸能・文化の世界で、国家儀礼にかかわる専門家の芸能者および公定の宗教者と、「悪ねだり」として否定されていく「勧進乞食身分」とに分化する契機を、「編成や権威化の軸」から外れるか否かという点と、大衆的基盤を見いだす＝商品化に成功するか否か、にあるとみる。しかし、編成や権威化の軸からも外れ、商品化にも成功しないながらも、地域社会には固有の伝統的な芸能が存在する。たとえば下伊那地方には独特な「春田打」という田楽系の予祝芸が行われていた。春田打の歌詞には、春のことぶれから、田打ち起し、代らし、籾まき、田植え田唄、種うつし、種孕み、案山子、稲刈り、臼ひき、俵積、豊年万歳に至る一年の農耕儀礼が述べられており、その成立は鎌倉時代と推定されている(8)。こうした地域社会に密接に結びついた芸能が、なぜ近世を通じて人々に受け入れられていったのか。そこには、単に家元や本所を持つ、あるいは大衆的基盤を得る、という外的な要因ではない、集団が職分とする「芸」自身に関わる内在的な要因があるのではないだろうか。

そこで本章では、「身分的周縁」という分析視角に学びながら、下伊那地方の鄙・「説教之者」を取り上げ、その集団のあり方や組織、職分の内容を明らかにし、百姓・町人や武士、そしてえた・非人という身分とどのような関係を持っていたのか、そしてどのような社会が構成されていたかを考察していきたい。

一　簓――関蟬丸神社と説教者――

簓は、近江国関蟬丸神社の免許を受けることで、正統な「説教者」であると認定された。関蟬丸神社は、現在滋賀県大津市逢坂に所在する蟬丸を祀る神社である。蟬丸は、周知のように延喜帝（醍醐天皇）第四皇子で目が不自由なために逢坂山に棄てられたという架空の人物で、琵琶の名手として逢坂関を通る旅人を慰めていたという伝承を持っている。[9]この蟬丸を祀る信仰に則って、説教者、讃語師、勧進、音曲にかかわる芸能者、すなわち万歳、鳥追、傀儡、座組狂言、琵琶法師、瞽女、合薬売り、香具師などが蟬丸神社から免許を交付され、支配下に置かれるようになっていった。蟬丸神社の支配が及ぶ範囲は、蟬丸神社への燈明料奉納者の地域的広がりからみると、一七世紀後半には京都、伊勢、美濃、尾張、三河、江戸、備前、播磨、丹波国であることが知られており、さらに一八世紀前半には山城国・丹波国・播磨国・美作国・備前国・讃岐国[10]、美濃国・飛驒国[11]、伊勢国[12]、尾張国[13]、三河国・伊賀国[14]、駿河国[15]と[16]、西国から東海地方に及んでいることがわかる。すでに寛文九年（一六六九）段階で江戸からの燈明料も送られているように[17]、その支配がどこまで及んでいたのかは、今後具体的な地域の説教者研究の進展により解明が待たれるところである。

さて、蟬丸神社による説教者統制のしくみは、関蟬丸神社に残る正徳年間の一連の史料から知ることができる。正徳元年（一七一一）に、説教統制を委ねられていた社役人である兵侍家が、別当寺である三井寺近松（こんしょう）寺により追放され、近松寺が直接説教支配に関与するようになった。近松寺役人は、説教者の再編をはかるべく、諸国に廻状を出し、説教者改めを行ったのである。この時近松寺は、「古来説教者家筋紛れ御座なき」こと、また「不浄穢敷職村々番人等」をしていないことを吟味したうえで、改めて個人には「太夫号」を許し、説教仲間を単位に「関清水大明神蟬丸宮御由来之巻物」を下し、「御条目」の遵守と、毎年九月二四日（寛政五年〔一七九三〕以降は五月二四日）に行われる神事に、蟬丸神社に登山し、神役を勤仕することを誓約させた。(18)

ここで説教者が守るべき「御条目」とは、寛永一九年（一六四二）度、正徳三年（一七一三）度、安永六年（一七七七）度、寛政五年度、文化三年（一八〇六）度のものが知られており、時代が進むに連れて規定は細部にまで及び、条目の箇条も増加していく。ここでは、正徳三年に美濃国山県郡三村（高富・大桑・谷合）で一〇人の説教者仲間に対して巻物を下付したときの請書を掲げておく。(19)

［史料1］

差上ケ申一札之事

一関清水大明神蟬丸宮御由来之巻物、美濃国山県郡高富村・大桑村・谷合村説教者十人之従中間、新此度御願申上候所ニ、御許容被為遊被下置難有拝受仕候

一毎年九月廿四日大明神御祭礼ニ、頭分壱人、組中之惣代より壱人、無懈怠罷上り、装束ニ而御神事之御供可仕事

一御別当執行代替り之節、御廻状被下次第、被為下置候御巻物を早速持参仕、当執行之御加請判(ママ)可申事

一於何方ニ茂、諸勧進いつれの者共、氏なとの事申出シ穿鑿仕間敷事

一遠国他所へ罷越候ハヽ、御本地ヨリ(ママ)御免無之説教者も候ハヽ、御本地より御覚頭(免頂カ)戴仕候角(ママ)相尋、御免無之説教

者ハ罷上り、御免頂戴仕候様為申聞、其後御本地へ御届ケ可申上候事
一説教者之内ニ不浄穢敷職、又ハ村々之番人等仕候義、御本地江御聞届被遊、此度急度御吟味ヲ被遊候、此連判之者とも全不浄番人等不仕候、猶末々堅相守、説教者古法之通急度相守可申上候事
一大明神へ常々無油断、何ニ而も御奉公可成義心掛可申上候御事
一御公儀様御法度之趣、急度相守可申上之候事
右之趣相背候ハヽ、我等とも之儀ハ不及申、□(其カ)組之説教者迄、装束家職共ニ　御公儀様江被仰上、御押へ可被成候、其上被下置候御巻物御取上ケ可被遊候、為後日仍而証文如件

正徳参癸巳歳七月六日

美濃国山県郡高富村
長谷川佐太夫
同村　弥市
同村　源八㊞
同村　磐右衛門
同村　弥之助
同村　由右衛門
同郡大桑村　勘兵衛
同村　長助
同村　小三

三井寺別院
近松寺様

御役人中　　　　　　　　　　同郡谷合村　物兵衛

ここから、関蟬丸神社から御巻物を受けた説教者仲間は、次の五点を遵守する義務が生じたことがわかる。第一に、毎年の御祭礼に参加し、神事に供奉することである。文化三年（一八〇六）度の「説教者古法掟」[20]では、この部分がより詳細に規定されており、祭礼には「壱組より」一人ずつ供奉し、燈明料として鳥目三〇〇銭、役人への礼物として銀六銭目（六〇〇文）を、組ごとに納めることになっている。なお、近松寺が説教者再統制のために寛政五年（一七九三）に諸国の説教者に対して出した「被仰出之覚」[21]によると、「壱ヵ国亦者一郡ニ而、壱人宛人躰見立惣頭申附、其下ニ而人数相応ニ小頭ヲ申附、神役懈怠無之様取〆可致候」と、国または郡単位に惣頭を一人置き、その下に数人の小頭を置くことを命じている。つまり、蟬丸神社は、惣頭―小頭―組頭―説教仲間という支配系統を設けていたことがわかる。第二に、下付された巻物は、近松寺の執行代が交代するたびに新規の執行代の加判を受けることである。文化三年度には、「巻物」と「諸免状」の二つが併記されており、正徳三年以降に、「諸免状」も下付されるようになったことがわかる。この諸免状とは、寛政五年度の「古法定書」[22]に、「万歳楽免状」「合薬免状」「讃語勧進座組免状」とあるように、説教者の中でも、それぞれの芸態に応じた免状が発給されたものとみられる。第三に、諸国で出会う勧進者どうしで、氏素性を穿鑿しないこと。第四に、諸国で蟬丸神社の免許を受けていない説教者を見つけたならば、免許を受けるように申し聞かせ、本所である近松寺まで申し出ること。第五に、「不浄穢敷職」や「村々之番人」を務めないことである。この点は、正徳三年の説教者改めに際し、説教者の居住村の村役人が、その説教者が「代々説教家筋」であること、「不浄穢敷職并番人等」を務めず「正敷者」であることを証明する必要があった[23]。塚田孝が指摘するように、こうした「不浄穢敷職并番人等」を地域で務める説教者は広範に存在しており、存在していたがゆえに近松寺はこれをやめさせようとした。「不浄穢敷職并番人等」をやめられずに説教者身分を剝奪される者と、隠れて務めながら説教者たることを近松寺から認められる者とに分岐することになったのである。[24]

二　下伊那地方の説教者

それでは、下伊那地方の簓はいつごろから関蟬丸神社の支配を受けるようになったのであろうか。

現在飯田市に含まれる立石村には、斎藤杢太夫を頭とする米山組が存在したことが知られている。[25]米山組の文書を伝える斉藤芳男家文書には、次の（A）（B）（C）の巻物三軸と、享和元年（一八〇一）五月二四日付で、近松寺役人が立石村斎藤杢太夫組中から「御巻物料」金二両を受け取った際の受領書[26]が残されている。巻物三軸とは、次の（A）～（C）の三点である。

（A）正徳三年（一七一三）六月付で「三井寺別院近松寺別当惣代」の署判のある巻物[27]で、「抑関清水大明神蟬丸宮奉申上、人皇六拾代　朱雀院延喜帝第四之皇子也」で始まり、「職筋之事」として「説教　讃語座　万歳楽　追鳥祈念　勧進　座組　鬘師　合薬」をあげ、「右之職分懇望之輩ハ、此外為渡世何而も思付之職分不苦、雖然不浄穢敷職分堅致間鋪候事」と、これらの職分を務めることを望む者は、生計を立てるためにこれ以外の考えうるどのような仕事をしてもよいが、不浄穢らわしい仕事はしてはならない、と記されたものである。ただし、近松寺別当惣代の印は書き写されたもので、この巻物が写しであることを示している。

抑関清水大明神蟬丸宮奉申者、人皇六拾代
朱雀院延喜帝第四皇子也、然共御目シイサセ給シニ依而、江州相坂山ニ流人トナラセ給シナリ、延喜廿二甲申春
二月於相坂山カシツキマイラス輩ニハ、基経・師輔・古屋之美女也、此時基経・師輔ハ蟬丸宮之御心ナクサメン

タメ、説教を讃語師（し）、舞をマイタリ、往来之旅人立集り、御イタハシク思、皆利益ヲ施セリ、草庵に住してヨリ、是を芝居号ス、古屋之養女ハ御抹香御ソヘ、髪売、後ハ藤鬘をヒネリ、蟬丸宮之養育シまいらせ、木の実・草之実をとり日送、終日山ニ而種々薬草を聚メ御目薬ト致せしより、無程御開眼アリ、白川紀（舎へん）則長折々御見舞ニテ、御開眼之事を時之　帝江奏聞シ、直様御迎之勅使来ルいへとも、都にカヘラセ給ス、世之盲目為此儘果トテ、三井寺江閑居マシマス也、其時蟬丸宮供奉ノ旁江被仰ルニハ、其方共養育ニテ予カ開眼満足タリ、予相果シ後者、此業を弘、説教讃語シ、舞芝居を渡世トセヨト被仰下、夫ゟ舞台ヲコシラエ狂言舞台、此時ゟ始り、天慶九年丙午九月廿四日蟬丸宮崩御後、従帝勅諚ニハ、其方共蟬丸養育センハ神妙ナリ、是より民家ニ下リ、為安全萬歳楽ヲ舞、五穀為成就追鳥祈念ヲ免ス也ト、蒙　勅位、夫ゟ諸国ニ順廻セシニ、末流数多別レ、皆々是ヲ伝テ、春ハ追鳥師、又夏秋之両度ハ、五穀為成就明神之札ヲ弘ト候ヘトモ、無官之輩ハ難叶、合薬弘メ勧進致也、古屋之美女ハ相坂山ニ於て町家ニ下リ、茶屋江奉公シ給フトいへとも、高位之御心失やらす、何之旅人江もヲジヤレ〱トモ給、今之世にも茶屋之女をヲシヤレト而、常に緋袴ヲ召給フ故、其跡をまなひ、茶屋女ハ赤前タレヲスル也、夫より岡崎ニテ遊女トナラセ給フ、其時相坂山ニ住スル人ナリトテ、於山トもよふ、又高位之人成トテ、遊君とて仰くなり、此家筋遂吟味相違無之故、蟬丸宮由来之御巻物寛永年中被下置トイヘトモ、未其職正さす諸国末流吟味為申附、此書被下置者也

職筋

説教　讃語　萬歳楽　追鳥　祈念　勧進　座組　鬘師　合薬

右之職分懇望之輩ハ、此外為渡世何二而も思付之職分不苦、雖然不浄穢敷職分、堅致間鋪事

一御公儀御法度之趣急度相守、守護地頭之掟不背様心得、相違無之趣急度吟味可致候、仍而如件

関清水太明神
正徳三癸巳六月　　三井寺別院
近松寺　別当惣代　印（印影写）

（B）享保六年（一七二一）二月付の巻物の本文を記した奥に、「右之御巻物於別当執行令書写条、執行職代替り節者、廻状可遣間、致持参、当職執行之可請加判者也」として、享和元年五月二四日付で執行印、文化三年（一八〇六）五月付で執行印、文化一四年五月付で政所印が押されたものである。(28) 本文は、天皇名を記したあと、「抑蟬丸ト申ハ両眼共ニ閉目ナル故、依レ不レ叶二王宮一、江州相坂山ニ流人ニ成シ給フ也」で始まり、「依願御由来ノ巻物略シ遣之者也」で終わり、「関清水大明神蟬丸宮別当江州志賀郡三井寺別院　近松寺」の署判がある。この判も書き写されたものであるが、印文は（A）と同じものである。

仁王第
平城天皇　嵯峨天皇
淳和天皇　仁明天皇
文徳天皇　清和天皇
陽成院　光孝天皇
宇多天皇　醍醐天皇
朱雀院　延喜御門王子是也
抑蟬丸ト申ハ両眼共ニ閉目ナル故、依不叶王宮、江州相坂山ニ流人ニ成シ給フ也、即チ相坂山ニ捨テ置キ、供奉ノ旁々乍涙勅定ナレハ何レモ被ル皈ヘ、其ノ後チ蟬丸ノ姉ノ宮深クイタワリ、余リ悲キマヽニ、蟬丸ノ住処ヲ御覧有リ度ク思シ召シ、相坂山ヲ指テ夜ル忍ヒ行キ給フニ、琴・琵琶ノ音ヲ聞キ給ヒテ、非只人ニ、蟬丸ニテモヤアラント草ノ庵リノ扉(トホリ)ニ立チ給フ、内ヨリ人ノ足シ音ヲ御聞キ有テ戸ヲ開キ給ヘハ、則チ姉宮蟬丸ヲ御覧有テ御手ト御手ヲ取リ、互ニ涙ニムセビタエ入リ玉フ計リ也、哀レシクヤツレマシマス御姿ヲ御覧有テ、姉宮ハ御心ロモ乱レ狂乱シ給フ時ハ、御髪ミサカサマニ立ツ、其レヨリ御名ヲサカガミト申ス、御兄弟ナカラ薨(コウ)御ノ後ハ、同シ社ニ祭リ籠メ給也、彼ノ明神ノ氏子ハ、今ノ世迄モ前エ髪少シツ、サカサマニハエル事不思議也、供奉ノ大臣白川ノ紀ノ則長聽(ノリナガヤガテ)上洛有テ、折々ノ身廻也、居留人(イトヽマル)ハ基経(モトツネ)・師輔(モロスケ)・古ル屋ノ美女(大臣師輔ノ女)也、仍テ延喜二十二年壬午春二月ノ事也、同シ歳号ニ聽テ開眼有リト云ヘトモ、卑劣ノタ、スミノ末エナル故ニ、終ニ都ヘ不ル召皈ェ也、於相坂山ニ哀ナル御栖(スミカ)、仁倫希(マレ)ニシテワラ屋・フセ屋ノ躰ニテ、日月地ニ落タルアリサマ也、古屋ノ女房ハフシカズラヲヒネリ、基経・師輔育マイラセテ、タヅキモ知ヌ山ニテ、木ノミヲヒロイ、草ノミヲ取テ月日ヲ送リ給ヒシニ、天慶九年丙午九月ニ薨御有リ、御歳卅一ト云云、其ノ後チ基経ハ江州志賀ノ里ニ住シ、古ル屋ノ美女ハ遊女ト成リ、師輔ノ行末ハ今ノ世ノ説教者、是レ也、時キ蟬丸ハ本地妙音(メウヲン)菩薩ノ化身也、妙音菩薩ハ卅四身ニ身ヲ分ケ、為ニ衆生済度ノ種々ニ形ヲ現シ給フ故ニ、或ル時ハ開眼有テ世間ノ盲目ヲ近付テ利益シ、或時ハ相坂上下ノ旅人ニ乞食ヲ、其ノ人ノ利益ヲ請ル事、是レ以テ仏菩薩ノ御方便也、蟬丸ハ延喜ノ王子ナレハ、ワラ屋・フセ屋ノスマイナカラ御心ロハ尋常ニシテ、常ニ琵琶ヲ御慰トス、琵琶ハ断除無明ト弾(シラベ)、琴ハ六度万引トカキ鳴シ、極楽浄土ノ管弦ノ粧(ヨソヲヒヲ)表シ給フ也、仮令為利益方便ノ求メ食ヲ玉フト云ヘトモ、内心何ンソ卑劣ナラン哉、依願御由来ノ巻物略シ遣之者也

関清水大明神蟬丸宮別当

江州志賀郡三井寺別院

享保六辛巳歳二月日　　　近松寺　㊞
右之御巻物、於別当、執行令書写条、執行職代替り節者廻状可遣間、致持参、当職執行之可請加判者也
享和元辛酉年五月廿四日
文化三丙寅年五月　　執行　印
文化十一甲戌年　　執行　印
五月　　政所　㊞

（C）「別当三井寺近松寺」の署判で、享和元年付で、「信州立石村本姓森　斎藤杢太夫江」と記されたもので(29)、本文は（A）とほぼ同じ文面である。印は（A）（B）と異なり書写でない。印文は、後述する［史料2］［1］と同じものであることから、（C）は享和元年に下付された原本の巻物と推断できる。

抑関清水大明神蟬丸宮ト奉申者、人皇六拾代朱雀院延喜帝第四ノ皇子也、然共御両眼閉目ト成給ニ依而、江州相坂山ニ流人に成ラセ給也、延喜廿二甲申二月、於相坂山ニ附添給フ輩ニ者、基経・師輔・古屋之美女也、（大臣師輔女）時ニ基経・師輔ハ蟬丸宮之御心慰ンタメ、説教ヲ讃語シ、舞ヲ舞ヒ、往来之旅人立集、御労敷思、皆利益ヲ施シ、草庵ニ為住居ゟ、是ヲ芝居ト号ス、古屋之美女者、御抹香御添髪売、後者藤鬘ヲ捻、蟬丸宮之養育参ラセ、木実・草ノ実ヲ取、日送、終日山ニ而種々之薬草ヲ聚メ、御目薬ト致、無程御開眼有り、平川紀則長折々御見舞ニ而、御開眼之事時々

帝江為奏聞、直様御迎之勅使雖来ト、都ニ帰ラセ不給、世之為盲目此儘相果ント、三井寺江閑居也、其時蟬丸宮供奉之旁江被仰者、其方共養育ニ予カ開眼満足也、予相果シ後者、此業ヲ弘メ、説教・讃語師・舞・芝居ヲ渡世ニ致ト被仰付、夫ゟ舞台ヲ拵、狂言舞台、此時ゟ始リ、天慶九年丙午九月廿四日蟬丸宮崩御之後、従　帝勅諚ニ者、其方共蟬丸宮養育致セシ者神妙也、是ゟ民家ニ下リ、為安全萬歳楽ヲ舞、為五穀成就鳥追祈念ヲ免ス也、蒙勅位ヲ、夫ゟ諸国巡廻致、末流数多別、皆々是ヲ伝テ、春者鳥追、又夏廻、秋者為五穀成就、明神之札ヲ雖弘ム、此宮之輩者難叶合薬弘、勧進致也、古屋之美女者、於相坂山ニ町家ニ下、茶屋江奉公致雖給ト、高位之内心不失、何レ之旅人ニモヲシヤレ〳〵ト云給ゟ、今世ニも茶屋之女ヲおしやれト云、常ニ緋袴ヲ召給故、其跡ヲ学ヒ、茶屋之女ハ赤韎韐ヲ掛也、其後岡崎ニテ遊女ト成、其時相坂山ニ住居スル人成トテ、お山ト云、又者高位之人成トテ、遊君共仰也、此家筋遂吟味ヲ、相違無之故、蟬丸宮之由来之御巻物、寛永年中ニ雖被下置、未其職ヲ正諸国末流吟味為申附、此書被下置者也

職筋之事

説教　讃語　万歳楽　鳥追　祈念　勧進　座組　鬘師　合薬

右職分之外、存付之渡世之義者、何ニ而も不苦、雖然不浄穢敷職分、堅致間敷事

一御公儀御法度之趣急度相守、守護地頭之掟不背様ニ心得相違無之様、友ニ吟味可致候、依而如件

別当三井寺　近松寺 ㊞

享和元酉年　信州立石村本性森

齋藤杢太夫　江

『関蟬丸神社文書』所収の縁起・由緒書をみると、（B）と同文の巻物に注釈を加えたものに、「御巻物之抄序」として「此御巻物ハ江州大津関清水大明神之縁記ヲ以テ三井寺別院近松寺并兵侍家中ヨリ説教者方ヘ下シケル印証ノ記録也」とあり、（B）が兵侍家の関与で作成され、正徳三年以前から通用していた「御巻物」であったことがわかる。しかし、（B）のように、年次を追って加判がみられる巻物は、後述する駿河国の「蟬丸宮由来」（終章参照）も同様である。本文の後に宝暦二年（一七五二）、寛政七年（一七九五）、文化一〇年と近松寺執行代の加判が施されており[30]、（A）兵侍家時代の「御巻物」が正統な巻物として効力を持っていたことを示すものと考えられる。これに対し、（C）は、正徳三年七月二四日付で、三河国加茂郡説教者が同文の巻物について近松寺に問い合わせを行っているように[31]、正徳元年に兵侍家を追放した近松寺が、旧来の「御巻物」に代えて説教者に下付した巻物と考えられる。

以上要するに、斎藤杢太夫を頭とする米山組は、享和元年に「御巻物」（B）と巻物（C）を下付され、説教者として関蟬丸神社の支配を受けることになったということができる[32]。

さて、米山組の説教者は、蟬丸神社の配下に入り万歳楽を勧進する芸能者として、免許状を受けた。斎藤家杢太夫宛ての免許状としては、享和三年五月二四日付のものと、文化一〇年五月付のものが伝存している。「　」内の日付と地名・人名が異筆である。

［史料2］

［1］

一従往古勧進為渡世万歳楽如前々諸国巡行可為随意事

関清水大明神蟬丸宮

別当三井寺
近松寺㊞
執行㊞

「享和三癸亥年」
「五月廿四日」
「信州山本村」
説教者中江
「斎藤杢太夫」

［2］
関清水大明神蟬丸宮
末流
「信州伊奈郡立石村
斎藤杢太夫」
従往古勧進為渡世万歳楽如前々諸国巡行可為随意事
別当
三井寺
「文化十年
酉五月」
政所㊞

［1］［2］いずれも、雛形の免許状に、授与対象者に応じて必要事項を記入し、発給されたものであることがわかる。

なお、［1］で斎藤杢太夫の居所を立石村ではなく山本村としているのは、本来は森姓であった同家が、山本村から嫁を迎えた際、山本村の斎藤家の格が上であったため、斎藤姓に改めたためと伝えられているが、詳細は不明である。[2]で文化一〇年五月に免許状が再度発給されたのは、蟬丸神社の支配が三井寺近松寺から三井寺政所に移行したためとみられる。

三　米山組説教仲間

次に、米山組の構成員と、その活動の実態を検討していこう。

まず、米山組の説教者は、「御条目」に規定されているように、毎年五月二四日の祭礼に、組内から一人ずつ近江国へ上り、神事に参加した。第1表は、嘉永七年（一八五四）正月二四日に作成された「登山年番帳」(33)をもとに、米山組の説教者を村ごとに整理して示したものである。これをみると、米山組が立石村の一二人を中心として、山本村四人、合原村二人、今田村二人、栗矢村、南伊豆木村、大畑村、早稲田村、栗野村、入野村各一人ずつ、合計二六人からなっていることがわかる。この内、山本村と今田村には、宗門人別改帳(34)によって説教者がそれぞれ四軒と二軒存在していたことが判明する。基本的に説教者は村単位で組に属していたことがわかる。また文化一三年（一八一六）四月、南伊豆木村友七は、「此度被仰渡ニ付、三井寺登山事」と、関蟬丸神社の支配を受けることになったものの、「我等義者一軒限ニ御座候間、其御村米山組連中ニ相成申度」と、南伊豆木村では説教者が一軒であるため、米山組に属して三井寺への役儀を勤めたいと、村の庄屋・組頭の奥印を添えて、「李太夫・御中間衆中」に願い出ている。(35)このように、蟬丸神社への神役を勤めるためには、一軒では難しく、いずれかの仲間組織に属することが必要であったことがわかる。なお、米山組に属する説教者の居村を支配する領主は多様で、説教仲間が支配領主とかかわりなく

第1表　信陽立石村　説教仲間

村名	人名
立石村	儀右衛門
同	弥吉
同	蓑助
同	源助
同	三平
同	兼吉
同	栄助
同	丈助
同	忠左衛門
同	弥之吉
同	恵助
同	金平
山本村	清吉
同	徳左衛門
同	権兵衛
同	辰次郎
合原村	民右衛門
同	多市
栗矢村	初弥
南伊豆木村	金四郎
大畑村	音十郎
今田村	喜代次郎
同	峯吉
早稲田村	伝七
粟野村	嶋蔵
入野村	吉吉

[出典]　嘉永7年正月24日「登山年番帳」(斎藤芳男家文書 3-22)

地域的なまとまりで結成されていたことが明らかになる。

さて、蟬丸神社への登山を呼びかける廻状は、次のように発せられた。(36)

[史料3]

覚

一来ル五月廿四日関清水蟬丸宮御神事ニ候間、例年之通登山可致候事、尤銘々印形持参可有之事

丑極月　近松寺

役人印

尾州村々　説教中

駿州村々　説教中

信州村々　説教中

飛州村々　説教中
濃州村々　説教中

（継紙）
「宿々
船川　御役人中」

このように、近松寺から尾張・駿河・信濃・飛驒・美濃国五カ国に発せられた廻状が斎藤家には残されている。これは、前述した蟬丸神社の支配命令系統に則り、近松寺役人から各国の惣頭に触れられ、惣頭から小頭へ廻状の写しが廻され、小頭が各組の組頭に渡したものとみられる。斎藤家文書には、次のような下伊那地域五組の説教仲間の組頭を宛所とする断簡も残されており(37)、斎藤杢太夫がこの地域の小頭であった可能性を示している。

［史料4］

親田村　斎藤磯太夫様
知久平村　森杢太夫様
組中
林村　三浦三太夫様
組中
福与村　佐藤九郎兵衛様
組中
市田村　加藤林太夫様
組中

これらの組々から登山する説教者は、［史料3］廻状の末尾に「宿々船川御役人中」との宛所を記した紙が継いであるように、この廻状の写しを通行手形として携帯したものとみられるのである。

なお、文化一〇年以降、蟬丸神社支配が三井寺近松寺から三井寺政所に変わってからは[38]、三井寺政所から「宿々舟川役人中」宛の通行手形が発給された[39]。

［史料5］

覚

信州伊奈郡立石村
説教讃語師
斎藤杢太夫組

右之者毎年五月廿四日
関清水大明神蟬丸宮神事祭礼ニ付、神役有之致登山候間、止宿并舟川共、若差支候節ハ無滞致通行候様、御取計
頼入存候、以上

文化十一年
戌五月　三井寺
政所㊞

宿々舟川　役人中

第2表は、米山組が登山の際に近松寺に上納した燈明料等の受領書を表にしたものである。これをみると、基本的に五月二四日の祭礼時に、万歳楽料三〇〇文、燈明料三〇〇文、神事役人料を六〇〇文と、札持料として二〇〇文が

太夫号御礼	役人料	冥加	差出人	宛所	出典
—	—	—	蟬丸宮別当	斎藤杢太夫	3-6-18
—	—	—	蟬丸宮別当	斎藤杢太夫	3-6-17
—	—	—	蟬丸宮別当	斎藤杢太夫	3-6-9
—	—	—	蟬丸宮別当所	斎藤杢太夫	3-6-27
—	—	—	蟬丸宮別当所	斎藤杢太夫	3-6-26
—	—	—	蟬丸宮別当所	斎藤杢太夫	3-6-6
—	—	—	蟬丸宮別当所	斎藤杢太夫	3-6-30
—	—	—	蟬丸宮別当所	斎藤杢太夫	3-6-19
—	—	—	蟬丸宮別当所	斎藤杢太夫	3-6-8
—	—	—	蟬丸宮別当所	斎藤杢太夫	3-6-15
—	—	—	蟬丸宮別当所	斎藤杢太夫	3-6-27
—	—	—	蟬丸宮別当所	斎藤杢太夫	3-6-24
—	—	—	蟬丸宮別当所	斎藤杢太夫組惣代権兵衛	3-6-29
—	—	—	蟬丸宮別当所	立石村斎藤杢太夫	3-6-10
—	—	—	蟬丸宮別当所	立石村斎藤杢太夫	3-6-25
—	—	—	蟬丸宮別当政所	斎藤杢太夫	3-6-13
—	—	—	蟬丸宮別当政所	斎藤杢太夫	3-6-7
—	—	400 文	蟬丸宮別当政所	斎藤杢太夫	3-6-20
—	—	—	蟬丸宮別当政所	斎藤杢太夫	3-6-12
—	—	300 文	蟬丸宮別当政所	立石村斎藤杢太夫	3-6-28
—	—	—	蟬丸宮別当政所	立石村斎藤杢太夫	3-6-32
—	—	—	蟬丸宮別当政所	立石村斎藤杢太夫	3-6-16
—	—	—	蟬丸宮別当政所	立石村斎藤杢太夫	3-6-31
—	—	—	政所	斎藤杢太夫	3-6-14
—	—	—	政所	立石村斎藤杢太夫	3-6-11
—	—	—	政所	立石村斎藤杢太夫組	3-6-3
—	—	—	三井寺近松寺役人	立石村斎藤杢太夫	3-6-23
—	—	—	三井寺近松寺役人	立石村斎藤杢太夫組・山本村斎藤伝吉	3-6-21
—	—	—	三井寺近松寺役人	立石村斎藤杢太夫組中	1616
金 100 疋	金 1 片	—	三井寺近松寺役人	山本村斎藤勘太夫	1617
—	—	—	三井寺政所	斎藤杢太夫組	3-6-4
—	—	—	三井寺政所	立石村斎藤杢太夫	3-6-5

第2表　斎藤家文書による近松寺への燈明料等の支払い状況

		万歳楽料	燈明料	札持料	神事役人料	枝柿	巻物料
戌	6月	300文	300文	—	600文	—	—
—	4月	青銅30疋	青銅30疋	青銅20疋	青銅60疋	—	—
—	12月		300文	200文	600文	—	—
酉	6月	300文	300文	200文	600文	—	—
卯	5月	300文	300文	200文	600文	2袋	—
—	5月	300文	300文	200文	600文	—	—
—	5月	300文	300文	200文	600文	—	—
—	4月	300文	300文	200文	600文	—	—
辰	2月(辰巳分)	600文	600文	400文	1200文	—	—
辰	12月	—	300文	200文	600文	—	—
—	6月7日	300文	300文	—	600文	—	—
—	5月7日	300文	300文	200文	600文	—	—
—	4月	300文	300文	200文	600文	—	—
嘉永2年	3月	青銅30疋	青銅30疋	—	青銅60疋	—	—
丑	5月24日	300文	300文	—	600文	—	—
午(弘化3年)	閏5月	300文	600文	—	300文	—	—
辰	6月	—	900文	—		—	—
午	5月(不参冥加)	—	—	—		—	—
亥	10月(来子年分)	300文	300文	—	600文	—	—
未	5月	—	—	—	—	—	—
亥	6月8日	300文	300文	—	600文	—	—
巳	5月25日	—	300文	—	600文	—	—
子	5月22日	300文	300文	200文	600文	—	—
午	5月24日	—	300文	—	600文	—	—
亥	4月	青銅30疋	青銅30疋	—	青銅60疋	—	—
辰	5月25日	300文	300文	—	600文	—	—
文化3年	5月	300文	—	—	—	—	—
文化7年	5月	300文	300文	—	白銀6匁	2包	—
享和元年	5月24日	—	300文	—	白銀6匁	—	金2両
享和元年	5月24日	—	—	—	—	—	—
寅	5月	3匁	3匁	200文	6匁	—	—
寅	5月24日	300文	300文	200文	600文	—	—

［注］ 配列は、請取状の差出人名による。出典はすべて斎藤芳男家文書。

上納されていることがわかる。この札持料とは、後述する「寺門」の木札を近江への登山する際の使用料であったと考えられよう。こうした登山にかかる入用は、組の仲間で負担した。文政元年（一八一八）または同一三年とみられる「寅ノ年大津つなき」[40]をみると、一人前銭三七一文を仲間二八人で負担し、合計一〇貫三八八文を支出していたことがわかる。

四　説教者の職分と生活

それではこうした説教者は、村とどのように関わりながら生活していたのであろうか。説教者の実態と村における役割を考察していこう。

まず、立石村の説教者についてみていく。前掲第1表のように、嘉永七年（一八五四）段階で立石村の説教者は一二人確認できる。これを、嘉永三年に行われた立石村の立石寺仁王門御免勧化に出銀した者の内、「米山」として連記されている一〇人[41]と対照すると、六人が一致する。一方、米山に居住する一〇人が地親（地主）大畑徳右衛門に入れた一札の印文を[42]、弘化二年（一八四五）の「牢守」の宗門人別改帳[43]と明治四年（一八七一）の小作証文の牢守一〇人の連印と対比し[44]、さらに先の嘉永三年・同七年の人名と対照すると、嘉永七年「登山年番帳」にみられる説教者のうち、儀右衛門・弥吉・兼吉・丈助・忠左衛門が、米山に居住する「牢守」であることが判明する。「牢守」とは、知行主である旗本近藤氏の牢屋の番人ということである。立石村には近藤氏の陣屋が置かれていたが、寛政年間に焼失して以来、山本村に移された。しかし、牢屋や牢守長屋は立石村に残されており、弘化四年の立石村年貢納目録に御蔵一斗四升五合一夕五厘と「牢屋地代」一斗二升九夕五厘が計上されていることを確認できる。[45]この牢屋を管理する牢守が、立石村米山に居住する「牢守」であり説教者である。米山の集落は、弘化二年段階で一二世帯、家数一〇軒、家族を含めると男女あわせて四五人からなり、頭三人によって統括されていたことになる。

文久二年（一八六二）三月に立石村庄屋から牢守頭三人（弥吉・儀右衛門・忠左衛門）への申渡しは、次のような条項からなっている。(46)

［史料6］

立石村籠守江申渡す加条事

一寛政四壬子稔（年）二月、従　御公儀被仰出候掟之趣堅相守り、并ニ親ニ孝行つくし、夫婦兄弟睦敷可相慎事

一先年正徳三巳年、当庄屋より掟之趣申渡し、先例之通り下之者共へ急度申渡し、間違無之様可相慎事

一庄屋所より用事之節、呼次第早速可出事

一仲間之内ハ格別、村内へ用事有之候節、下駄・傘・はなしきせる無用、無礼是なき様可得相心事

一御林者不及申、邑内持林へなた（鉈）・かま（鎌）堅不可入事

一他所へ出、我儘致間敷事

一盗賊并悪党もの見付候節者、早速からめ置、庄屋所へ訴へ、指図を以相行べき事

一火事之節、村方ハ勿論、仮令隣村成とも早速かけ付、けし（消）可申候、其節うせもの等無之様ニ気を付可申事

一村方諸作もの盗ミ取もの無之様、随分気を付可申候、若盗ミ取者見付候ハヽ、其場を追ひはらひ可申事

一五節句かさり事、家内は格別、表へ餝り出し申間敷事

一衣類ハ、絹布之類一切可為無用事

一博奕者勿論、其外一銭之掛勝負たりとも堅御制禁之旨、急度可申付事

一牛馬持間敷事
一他所江頼れ候節、庄屋所へ窺可申事
一大酒等猥ニ食申間敷候事
一鉄炮之義、村内ハ勿論、他所江出、我儘ニ討申間敷事
一他所へ糞・はひ（灰）出し申間敷事
右之条々、頭三人之者へ、先年正徳三巳年申渡し候通り、組下之者共まて申聞せ、堅相守、無礼是なき様可相心得候、若我儘無礼等有之候ハヽ、急度追放可申付もの也、仍而如件
　文久二戌年三月
右之趣、今般従　御庄屋所被　仰付候通り、逐一承知奉畏候、依而御請印如件
牢守頭　弥　吉㊞
同断　儀右衛門㊞
同断　忠右衛門㊞
立石村
　御庄屋所

まず、第一条と第二条から、立石村の説教者は、支配領主である旗本近藤氏から出された寛政四年二月の掟とともに、正徳三年に立石村庄屋所（村役）が定めた掟を守るように求められたことが知られる。そしてこれらの箇条は、末尾の記載から、正徳三年の掟が文久二年に繰り返されたものであることが確認できる。

その内容をみると、村に対して果たすべき役目の規定と、生活上の規則を定めた条項に二分できることがわかる。後者の生活上の規則は後に扱うことにし、ここでは前者の村に果たすべき役目について確認しておきたい。まず、第三条に記されているように、村の役所（庄屋所）から「御用」が命ぜられた時には、即座に庄屋のもとに出向くことになっていた。そして、「第七条　盗賊・悪党を搦め捕えること」、「第八条　火事の駆けつけと盗難防止に気を配ること」、「第九条　野荒らしの見張り」という三点が、村から与えられた役の内容であったことがわかる。また、第一四条のように、「牢守」が警護役を他村から依頼される場合があったこと、第一六条から、こうした警護を行うために鉄砲を所持していたとみられることもわかる。これらの役割を裏付けるように、天明四年（一七八四）一二月に「ひたち（常陸）国大はし村　彦十良」から「立石村　弥吉」に宛てた「覚」[47]には、「とちう（途中）ニ而とふぞく（盗賊）ニ出合なんぎ（難儀）仕候所、手前共出合せ吟味之上、右之品々壱草も無相違、右之通り慥ニ受取ありがたく存候」とあり、「牢守」らが旅の途中で盗賊に出合い所持品を盗まれそうになった旅人を助けていたことが明らかになる。

「牢守」が米山に居住してこうした役割を担ってきた歴史は古く、正徳三年（一七一三）に遡ることが確認できる。正徳三年五月、弥吉の先祖にあたる九左衛門が、当時の名主西村治太夫に「隠居屋敷」を借り受けた一札[48]がある。そこには「若相違申候ハヽ、拙者ハ不及申上ニ、籠守共ニ何様ニ御ついほう（追放）被成候共、一言之御うらミ申し上間敷候」とあり、牢守頭とその配下の牢守集団の存在を確認することができる。

牢守は、自らの田畑を所持せず、米山の田畑と屋敷地を借地し、地主に一定の小作年貢を支払っていた。宝暦一二年（一七六二）、牢守の「米山六人之者」が、小作年貢の増額を迫られた時、これに反論した口上書では、米山の土地は「戌ノ年ししん（地震）の節、山本御役人様江御願、（被仰付）米山院地所ヲ御年貢御引被下、我等屋敷江家作申被仰付、それニ違無御座、それゆへ殿様方被下候ト存候、其節庄屋様御世話ニ被成被下置、庄屋様より御もらいと存候」と、戌年（享保三年）の地震後に知行主近藤氏の役人に願い出て与えられた土地であり、その際世話をした立石村の庄屋から貰い受けたものという認識を述べている。さらに「御役人様弥五左衛門様・治太夫様被仰付候存候、此故(上)ハ御年貢上ケ申候共、立のき申候共、治太夫様之御指図次第ニ致可申」と、名主弥五左衛門と治太夫（＝西村治太夫）から預けられたものであるから、治太夫の指図に従うと主張している。西村治太夫が名主を務めていた時代に、米山の土地を借地する形で居住し始めたと推定することができる。なお、この口上書の詳細な検討は、第四章で行う。[49]

次に、これ以外の米山組説教についてみておきたい。前掲第1表に掲げた山本村の四人は、同村の明治二年（一八六九）の宗門帳で確認することができる。彼らは「説教簓摺」と呼ばれており、四世帯、合計二三人が、家族を形成して居住していた。屋敷は、五間×六間、三間×四間、二間×三間のやや小規模な家屋で、百姓からの借地に建てられている。[50]他方、今田村では、文化一三年（一八一六）の宗門帳に「敲牢守」、文久二年の宗門帳では「簓」という二世帯がそれぞれ登録されており、前者は合計一六人、後者は九人が家族を形成していたことがわかる。[51]今田村には、獄屋牢が一軒あり、明細帳に「牢守ハささらニ御座候」、「ささら　弐軒　右牢守ニ御座候」と記されているように、簓が牢守を務めていたことが明らかになる。[52]

以上、米山組の説教仲間について検討してきたが、次に、米山組以外の下伊那地域の説教者のあり方を明らかにしておきたい。

前述したように、下伊那地域には、米山組のほか、親田村の斎藤磯太夫を頭とする組、知久平村の森杢太夫組、林村の三浦三太夫組、福与村の佐藤九郎兵衛組、市田村の加藤林太夫組の六組を確認することができる。[53]この内、市田村加藤林太夫を頭とする組は、飯田組ともよばれ、飯田藩領域の町と村からなっている。第3表に掲げたように、天保六年（一八三五）段階で飯田城下の上谷川に九人、上郷の上飯田村、下黒田村に各一人、下市田村に三人、下郷の山村、嶋田、上川路、北方村に各一人在住していたことが判明する。

飯田組の内、下郷嶋田村の説教仲間は、同村の宗門帳で存在を確認することができる。(54) 嶋田村では、代々「弥市」を襲名する「説教者」一世帯と、「弥市配下者」と呼ばれる世帯が第4表のように一軒から三軒居住していた。配下者は、弥市の同族ではなく他村からの来住者で、安政二年（一八五五）に配下であった松助とその妻子四人、吉五郎とその妻子六人は安政三年に「暇遣し申候」と配下を解かれ、かわって安政四年には藤介と妻子六人、久七夫婦と忠兵衛夫婦が「召抱申候」と配下に組み込まれていることがわかる。これらの配下家族がどこから来住したか明らかではないが、次の二つのケースが示唆的である。すなわち、天保一四年から嘉永七年まで配下であった松蔵は、天保一四年度に、飯嶋代官所の牢守で、飯嶋代官所支配下の今田村に毎年九月に勧進に廻っていた飯嶋谷八の「手先」から妻子を呼び寄せている。また、弥市の二人の伜が嘉永四年度に迎えた嫁も、飯嶋谷八姪と富田村の簓である下役鉄五郎娘であった。こうしたことから、嶋田村の説教者弥市は、近隣の牢守や簓との間に姻戚関係を結んだり、その子弟から配下者を抱えていたとみられるのである。

この他、米山組や飯田組と天竜川を挟んだ「川東」と呼ばれる地域には、知久平村森杢太夫と林村三浦三太夫を頭とする組が存在した。林村三浦三太夫は村の宗門人別帳では代々「勇蔵」を襲名する

第3表　飯田組の説教仲間

村名		人名
飯田城下	上谷川	喜代松
	上谷川	虎之介
	上谷川	金蔵
	上谷川	重之介
	上谷川	七太郎
	上谷川	初五郎
	上谷川	松之介
	上谷川	庄之介
	上谷川	弥左衛門
上郷	上飯田村	杢兵衛
	下黒田村	宇源次
	下市田村	林太夫
	下市田村	善八
	下市田村	作左衛門
下郷	山村	源次郎
	名子熊村	源三郎
	嶋田村	弥市
	上川路村	民蔵
	北方村	半右衛門

［出典］　天保6年4/25「申合之事」（河野通久氏所蔵文書）

第４表　嶋田村説教者人数変遷表

年代	西暦	説教者（弥市）世帯数	家族人数	配下者世帯数	家族人数合計
天保14年	1843	1	9（4/5）	1	1（1/0）
嘉永２年	1849	1	9（4/5）	1	4（3/1）
嘉永３年	1850	1	9（4/5）	1	4（3/1）
嘉永４年	1851	1	9（4/5）	1	4（3/1）
嘉永６年	1852	1	12（4/8）	1	4（3/1）
嘉永７年	1853	1	12（4/8）	1	4（3/1）
安政２年	1855	1	13（5/8）	2	10（4/6）
安政４年	1857	1	14（6/8）	3	10（6/6）
同５年	1858	1	15（8/7）	3	10（6/6）
同６年	1859	1	15（8/7）	3	10（6/6）
同７年	1860	1	15（8/7）	3	10（6/6）
万延２年	1861	1	15（8/7）	3	10（6/6）
文久３年	1863	1	14（7/7）	3	10（6/6）
慶応元年	1865	1	14（7/7）	3	10（6/6）
同２年	1866	1	14（7/7）	3	10（6/6）
同３年	1867	1	14（7/7）	3	10（6/6）
同４年	1868	1	14（7/7）	3	10（6/6）
明治２年	1869	1	14（7/7）	3	10（6/6）
明治４年	1871	1	14（7/7）	3	10（6/6）

［出典］　宗門御改帳　松尾支所所蔵
［注］「家族人数」は「合計人数（男／女）」を示す。

家で、同姓の弥三郎（天保七年から伜金弥が相続）とともに、「ささら」と呼ばれていた。[55]林村に居住していた簓は、第5表のようにこの二軒であるが、明治初期にいずれも絶家になっている。また、隣村の河野村では第6表のように、「簓壱党」と呼ばれる家が二世帯あったが、いずれも「地無シ」で土地は所持していなかったことを確認できる。[56]さらに柏原村では、「さゝら場主」と呼ばれ、天明七年（一七八七）段階で四軒みられるが、[57]この内の一軒の子息とその妻子が、寛政七年（一七九五）に立石村に引っ越したことが知られている。[58]

これらの簓の職分は、村によって多少異なるところもあるが、小川村のしいなと藤七という二人の簓から村の名主に差し出した次の一札は、簓が村に対して担う

第５表　林村「ささら」人数変遷表

年　代	西暦	「ささら」世帯数	家族人数合計
文化13年	1816	2	10（6/4）
文政５年	1822	2	11（7/4）
文政12年	1829	2	11（7/4）
天保５年	1834	2	8（6/2）
天保７年	1836	2	8（5/3）
天保８年	1837	2	8（5/3）
天保15年	1844	2	8（5/3）
嘉永２年	1849	2	8（5/3）
嘉永３年	1850	2	10（6/4）
嘉永４年	1851	2	10（6/4）
嘉永６年	1853	2	10（6/4）
安政７年	1860	2	10（5/5）
文久２年	1862	2	10（5/5）
慶応２年	1866	2	10（5/5）
慶応３年	1867	2	10（5/5）
明治３年	1870	2	12（6/6）
明治４年	1871	2	11（5/6）

［出典］　宗門人別改帳　大原綏彦家文書・大原俊一家文書（豊丘村歴史資料館所蔵）

第６表　河野村「簓壱党」人数変遷表

年　代	西暦	「簓」世帯数	家族人数合計
文政12年	1829	2	8（4/4）
天保２年	1831	2	8（4/4）
天保５年	1834	2	8（4/4）
明治４年	1871	2	9（4/5）

［出典］　中曽根文書・地正持文書（豊丘村歴史民俗資料館）

役が、埋葬にも及ぶことが知られる点で注目される。[59]

［史料７］

差上申一札之事

一御百性（姓）中様之御家ハ、大小共ニ高腰掛ケ申間敷候、御庭ニ手を突キ御礼可申上候、御影ニ而茂、何様・誰様と可申上候事

一御用ニ付被召呼候節、下駄・傘一切相用ひ申間敷候事

一二季被下候物ニ、多少、よしあし（善）（悪）等申間敷候、当時御不勝手之旦那方ニ而も、又々御勝手宜敷御時節ハ多分被下候間、多少不分相勤可申候
一御祝儀・御めつさい（滅罪カ）・御法事等ニ付被召呼候ハヽ、早速参り可相勤候、其節被下候品、是又多少吉（善）悪等一切申間敷候、めつさい之節御棺へ御掛被成候衣類ハ取申間敷旨奉畏候
一無宗門之者差置申間敷候、勿論手子遣ひ申間敷候、無拠節ハ雇人仕可申候
一あぶれもの御座候節ハヽ、御差図次第取しづ（鎮）め可申候
一毎日御村中を廻り可申候
右之通り急度相勤可申旨奉畏候、妻子共迄申聞為相守可申候、以上

鄽　しな印
鄽　藤七印

寛政三年辛亥三月日
御名主御衆中様
右之趣年々御宗門印形、此書可取之

この一札は、末尾に記されているように、毎年の宗門改めの際に、鄽から村役人に提出することが義務づけられた誓約書となっている。詳細は後述するが、ここでは、鄽の職分についてみておきたい。鄽が務める村役としては、第四条にあるように、祝儀・不祝儀・法事の際の手伝いや死者埋葬の穴堀り、第六条にある「あぶれもの」の捕縛、第七条の毎日の村内巡回があげられている。前述した立石村や今田村のように、領主から賦課された「牢守」という職分の詳細は明確でないが、村では犯人逮捕や巡回などの警護番などを務めていた点で、職分の内容は同種のものであ

ったことがわかる。

ここにみえる犯人逮捕や警察的機能、そして死者の埋葬などは、中世においては「非人」の職分とされるキヨメである。(60) このようなケガレをキヨメる職分を行っていても、簓は「えたや非人身分ではない」という線引きを行い、関蟬丸神社を本所と仰いだ。但し、先に述べたようにその支配に入るためには、「不浄穢敷職并番人等不仕正敷者」であることを、村役人によって証明される必要があったが、こうしたキヨメの村役を務めることが実態であった。そのため、近松寺としては「不浄穢敷職并番人等」を職分とする「えた・非人」と、説教者との身分的な差異化をはかることに躍起となり、説教者がえた・非人と交わることを厳格に禁止し、交わった者は説教仲間から追放するという厳しい処分を加えた。

次の史料は、天保六年に説教仲間が非人と婚姻を結んだことが発覚したため、飯田組説教者三井寺政所の裁断を受け、取り交わした申合せである。(61)

［史料8］

（端裏書）
「下役梅二郎仲間中と論ニ付書付」

申合之事

一往古より説教祚之者、下賤非人之者とハ縁組之儀不相成候所、此度縁談之争論ニ付、上谷川簓組之内、善次郎（ママ）
并兼五郎・通弥・勝次郎、右四人者、同所谷川両小家之頭役浅右衛門、非人江致随身候段不埒ニ付、
御本山三井御政所様より説教職御召放被遊候、殊ニ浅右衛門儀者、説教・非人之わかちを乍存、腹溺成縁組為
致、其上媒人迄仕、右依不心得

御当御役所様より押込戸〆被仰付、急度御呵有之候、依之右四人者共宗門帳下賤与相成、非人同前ニ替り候ニ付、右之者共向後致破門候間、永々子々孫々ニ至迄、右下賤之者与縁組之儀勿論、附合候事有之時者、右四人之者同前宗門取上、破門可致申合ニ御座候、右之趣銘々承知之事、猶又此上非人・穢多・配多三職下賤之者共へ、媒人口入等致間鋪候、為後日連印銘々仍而如件

天保六未年四月廿五日

関清水大明神蟬丸宮末流

説教簓之者組中一統

上谷川

喜代松

虎之介

（以下一七人連印略―第4表参照）

すなわち、飯田の谷川非人小屋頭浅右衛門の媒酌で、説教者と非人が縁組を行おうとしたことをめぐり争論が起き、非人に加担した上谷川簓の善次郎（ママ）・兼五郎・通弥・勝次郎の四人は、三井寺政所から説教職を取りあげられ、「宗門帳下賤」つまり非人身分とされ、説教仲間との縁組はもとより、付合いも禁じられることになった。また、説教と非人の区別を承知していながら、説教と非人の縁組の媒人を務めたとして谷川の小屋頭浅右衛門が処罰された。この「谷川両小家」については、第三章で詳述するが、飯田城下の谷川に小屋を構える簓と非人の集団のことである。浅右衛門は、この内、簓の小屋頭でありながら非人「隋身」した罪で、本所である三井寺政所から説教職を召し上げられ、「押込戸〆」めの処罰を受けた。

さて、この争論に関係するとみられる、三井寺政所役人の園将監と片木主馬から、下伊那地域の説教仲間に送られた書状の写しが二点現存している。第一は、山本村斎藤杢太夫宛てに、飯田組の不和談に対する措置を指示する一一月一九日付の書状である。(62) なお、山本村と立石村の混同については、前掲の［史料2］に同じ。

［史料9］

来翰令披見候、然者飯田説教組之内源三郎、非人と相交、組内不和談ニ付、右源三郎説教職召放被下度旨、飯田組説教組中より之願書弥市持参いたし候ニ付、其方より添状差登、令承知候、右者願書通り相違茂有之間敷候得共、片口承り候計ニ而者取計茂如何敷ニ付、源三郎も呼登、双方承り糺、其上ニ而取計可致と存候得共、組内之者幷源三郎とも、遠路召登候而者失却も相掛、彼是迷惑可致哉ニも存候間、其方致取嗳、品ニより候而飯田支配役人江茂及沙汰、組内治り候様取計可致候、其上ニも難相済候ハヽ、其訳申登、来春飯田説教組之者幷源三郎とも召連、罷登候様可致候、右之趣御重役衆御申被成候ニ付、申達如斯ニ候、以上

三井寺政所

園　将監

(異筆)「六稔未年(ママ)」

十一月十九日　　片木　主馬

信州山本村

斎藤杢太夫江

ここには、飯田説教組の源三郎が非人と交わったことを契機として、組内が不和談になったため、源三郎を説教職から破門してほしいという飯田説教組の願書と、小頭である斎藤杢太夫の添状とを、弥市が三井寺まで持参して来たと記されている。これに対し、三井寺政所の重役らの返答は、片方の主張だけでは判断できないとし、源三郎と飯田組

の者と双方に三井寺への出向を求めるものであった。ただし、遠方までの失費もかかることから、小頭である齋藤杢太夫の裁量に委ねるとした。また、場合によっては飯田藩役人の手で事を収めるようにし、それでも解決しない場合に、登山するようにとした。この源三郎[63]と組内との争論と、［史料8］の善次郎らの破門とが直接どのように関連しているのか不明な点も残るが、ほぼ同時期の動きとして注目しておきたい。

第二の書状は、川東の阿嶋村、知久平村、河野村の説教者による「身分不正之者」との交わりに関するものである。知久平組の組頭太田清太夫[64]と林組の組頭三浦三太夫に対し、園将監と片木主馬から次のように通達された[65]。

［史料10］

信州
　阿嶋
　　斧太郎
　知久平
　　平太郎
　河野村
　　梅次郎

右之者共、説教組掟ニ相背、身分不正之者共と同腹混雑ニ而職分渡世いたし候趣相聞、不埒之至ニ候間、其方共得と相糺、説教組差支ニ不相成様取計可致、尚又当春二月、右村之役人へも取計事ニ候得者、役人江茂掛合、其訳可申出もの也

三井政所

天保六年
閏七月
園将監
片木主馬

信州川東
説教組中之者共へ
太田清太夫
三浦三太夫

この史料は、前掲［史料8］同年四月二五日「申合之事」とともに、河野村名主家に伝存していた。［史料8］「申合之事」の端裏書に、「下役梅ニ郎仲間中と論ニ付書付」とあるように、［史料8］と［史料10］は、河野村簓梅次郎をめぐる説教仲間内の争論に対処した河野村名主が写し留めた一連の文書とみられる。ここで問題とされているのは、説教組掟に背いて「身分不正之者共と同腹混雑ニ而職分渡世」したこと、すなわち、「身分不正之者」＝「えた・非人」とともに職分の渡世をしたことである。ここでいう職分渡世の内容は明確ではないが、説教者の職分が勧進行為を伴う点で、えた・非人の職分と同質なものであったため、常に両者が混合されていく危険が潜んでいた。それは、［史料8］に掲げた飯田組説教者と谷川非人との交わりや、［史料9］の川東説教者の渡世における同腹など、血脈の混合から職分における協同の次元までを含む「同化」の可能性である。こうした同化を防ぐために、近松寺は、配下の説教者と賤民との間に明確な身分的線引きを施し、説教者自身で仲間を監視させ、賤民との差異化をはかろうとしたのであった。

五　旦那場と勧進

最後に、説教者の生活と百姓との関係を明らかにしておきたい。

まず、前掲［史料7］小川村簓から名主に提出された誓約書に含まれる日常的な生活に関わる規制を示す条項を確認しておきたい。第一条では、簓は、大身、小身に関わらずすべて百姓の家では、高いところに腰掛けてはならない、庭に手を突いて挨拶をすること、面と向かってではなく影においても、百姓の名前には「様」を付けて呼ぶこと、と述べられている。この条文では、百姓や百姓の家・庭に、「御」を付けているように、簓より百姓が上位に位置付けられていることがわかる。第二条では、村の「御用」を務めるために呼ばれた場合は、下駄や傘を用いてはならないと身なりにも言及される。

このような規定は、先述した［史料6］立石村の「牢守」に対する文久二年（一八六二）三月の「加条」にもみられる。まず第四条に、仲間内（米山）は別として、村に用事で出向くときには、下駄や傘を用いてはならず、煙管も吸ってはならない、すべて百姓に対し無礼がないようにせよと述べられている。第一〇条では、五節句の餝も家内は別として、表に出してはならない、第一一条では、衣類は絹類を一切用いてはならないとする。このように、外見的に村の百姓と同等の生活をおくることに規制が加えられていたことがわかる。

説教者は、正月の万歳以外に、夏と秋の収穫期に、それぞれの旦那場で百姓家を訪れ、喜捨を受ける二季廻りの勧進を行った。小川村の［史料7］第三条には、二季廻りの下され物につき、多い少ない、あるいは善い悪いと文句をつけないこと、身上の悪い百姓も良い時には多く下されるのであるから、下され物の多少にかかわらず、旦那へのお勤めを務めることが謳われている。

また、立石村の知行主である旗本近藤氏が記した文化一一年（一八一四）正月九日付の万歳楽祈願書[66]に対応して、同年度の立石村年貢納目録には、「万歳六組へ被下置候」とする米一斗二升が計上されている。[67]つまり、近藤氏が斎藤杢太夫が統括する説教仲間六組に、万歳楽の祈願料を村の年貢から支給していたことを示している。

しかし、こうした旦那場の権利は、常に安泰であったわけではなく、他の身分集団から侵害される危険性もあった。一つは、同じ万歳を芸態とする三河の万歳師によってである。三河万歳は、江戸の城下町を旦那場とする一大万歳師集団であるが、蟬丸神社を本所とする説教者ではなく、土御門家を本所とする陰陽師の支配を受けていた。陰陽師の系統には、陰陽師として土御門家から職札を受けながら万歳職も兼職する者[68]と、万歳職として職札を受けた者[69]がいた。次の史料は、万歳職である三河国宝飯郡小坂井村の三人が、市田村の説教者と争いを起こし、今後旦那場を荒らさない旨を誓約した詫状である[70]。

［史料11］

誤り申一札之事

一三州小坂井村万歳得意違ニ而、市田村万歳衆ニ過言仕候、重々誤り申所相違無御座候、右御断りニ当所御猿屋衆中御無心申、私シ共三人者共、信州下伊奈郡之内廻勤致間敷候ト御断申、御済被下、忝ク奉存候、若又廻勤仕候ハヽ、其節何様共思召之通被遊可被下候、仍而為後日証文如件

文化六年

巳三月十一日

三州小坂井村

山本勘太夫

森下福太夫

森下彦太夫

信州下伊奈郡

御万歳楽御連衆中様へ

すなわち、小坂井村の万歳師が「得意違」、つまり旦那場ではないにもかかわらず廻勤し、場主である市田村の説

教者に暴言を吐いたことを詫びた一札である。注目すべきは、「当所御猿屋衆」、すなわちその他の猿牽仲間の仲介で事が収められたことである。市田村の字「新井原」には、「猿屋」または「猿屋敷」と呼ばれる猿牽集団が居住しており、[71]近隣の座光寺村にも文化元年に一軒確認できる。[72]また、飯田領全体では、寛政一〇年（一七九八）段階で二〇軒、七八人（男四六人・女三二人）の存在が知られている。[73]小坂井村の万歳師と飯田組の説教者は、同業ではあるが本所が異なり、支配違いということになるが、この一件では、それぞれが本所に訴える前に、芸態は異なるものの、勧進場所有において同質な猿牽仲間が、仲裁人の役割を果たしたのである。ここに、百姓とは異なる次元で取り結ばれる、説教者と猿牽という身分的周縁の社会集団間の関係、すなわち支配単位や「村」という行政単位とは異なる、旦那場所有という位相で、勧進を職分とする身分集団相互の社会関係を見いだすことができる点で注目される。

二つめは、長吏による旦那場の侵害である。ここでは、高須藩長吏清右衛門が、下伊那の高須藩領飛地一万五千石の勧進権を掌握しようとした一件をみておこう。次の願書は、立石村斎藤杢太夫の弟斎藤竹之助と仲間惣代彦蔵が、三井寺政所に登山し、窮状を訴えた文書である。この文書は年欠であるが、本文中で高須藩代官役羽田野新助の交替が言及されていることから、代官が山中貞三郎と横井良八に役替えとなった、文政元年（一八一八）から二年に至る時期の出来事であると理解される。[74]

［史料12］

乍恐以口上書奉願上候

信州立石村　齋藤杢太夫
弟　同苗竹之助
仲間惣代　彦蔵

一両人之者奉願上候義者、先達御願上候松平中務大輔様御領分信州壱万五千石留場之義、従当春高須様御出張信州竹佐村御陣屋江御願上申候所、其義者長吏清右衛門より申渡せし事上、此者義も当春中ニ者差越候間、右之趣相尋、何レ共申可渡間、夫迄差控候様ニ仰有之、仍而段々相待候所、此清右衛門ト申者、濃州高須在住之者ニ御座候得共、信州竹佐村江引越、御領分之内下役取〆可致、仍テ企ニ当春竹佐村ニ而家作仕候得共、其後清右衛門引越之沙汰無之、御代官役羽田野新助様御役替ニ而帰国被遊、何事も其沙汰無之様子ニ相見江候ニ付、庄屋所江又々御願候所、当役御代官様江奉御窺候得者、其義高須御伺候間、暫相控候様ニ仰被聞(マヽ)、段々相控候得共、兎角何共(マヽ)仰被渡無之、仍而我等共当春より職分差支、仲間一同及困窮ニ、何を致力も無、此儘ニ打捨可置ニも仲間友(共)咄合候得共、左候ら得者、第一者御大切成御巻物・御免状相沈、二ツに者我等共職分不成、益々困窮致難渋之事眼前ニ相見ヘ候得者、此段御推量被遊、何卒　御本山様御威勢ニ而一刻茂早相済候様ニ御催促之御状被下置候ら者、難有仕合ニ奉存候、此義乍恐偏ニ奉願上候

竹之助
彦蔵

御政所様

これによると、美濃国高須在住の長吏清右衛門が、高須藩の飛地信州一万五千石分領の「下役」取締りを行うために竹佐村に移り住むといって、この分領で他の集団が勧進を行うことを禁止（「留場」）したという。[75] これにより、立石村齋藤杢太郎が頭を務める説教仲間は、旦那場から締め出されてしまった。ところが、清右衛門は竹佐村に家作はしたものの、引越しをすることもないまま年を越した。そのため、説教仲間は「春」（正月）の万歳渡世も行うことができず、困窮に陥り、何をする気力もなくなっているという。このままの状態が続くと、第一に、三井寺政所から

受けた「御巻物・御免状」も権威を失う、第二に説教仲間は職分を務められず益々困窮してしまう状態であることから、御本山（三井寺政所）の権威で一刻も早くこの一件が片づくように高須藩に催促してほしい、という願いである。

この願書の冒頭にあるように、信州分領を「留場」とすることは、藩ではなく長吏清右衛門で申し渡したことで、藩や大名の領主権とは別次元の所有関係があった。とはいえ、そこに、美濃高須藩本領の長吏が出張って、説教仲間など「下役」を務める身分集団を排除しえたのは、藩の領主権の裏付けがあったからである。そこで、説教仲間は藩に対抗すべく本所である三井寺を頼ったのである。

高須藩代官役横井良八・山中貞三郎が、三井寺政所役人園主膳と片木栄司に宛てて一一月二〇日付で出した書状には、旦那場を留場とする事情に言及されている。この書状は、［史料12］を受けて、三井寺が高須藩に行った催促の返書である。[76]

［史料13］

前文略之

委細御紙表之儀致承知候、右者長吏清右衛門儀、以今高須表ゟ不罷出候ニ付、彼地ニおゐて穿鑿為致候處、説教之者とも万歳楽勧進等巡行差留候趣ハ、是迄高須表ゟ長吏とも爰許江詰等無之候処、已来村之為〆り方相詰候趣ニ付、彼等為渡世領内勧進等相廻候付、困窮村々之儀故、説教之者共巡行いたし候而茂、勧進物更ニ断等可申者共も可有之与、村人申聞候由ニ付、差留候儀ニ御座候、然者御免状之所詮も御座候ニ付、是迄之通巡行者尤不苦候得とも、前文之通り村方ゟ勧進物多少者勿論、幷断等可申ものも可有之候、且皮売買、山猟之儀とも、説教之者共心得違無之様御申渡御座候様いたし度候、且一件之儀高須表遠境之掛合旁、御報及延引申候、右得御意度如此御座候、以上

十一月廿日

横井良八
山中貞三郎

園　主膳様
片木栄司様

横井良八ら高須藩の説明によると、それまで長吏は高須藩信州分領に詰めていなかったが、村の警備を行う目的で詰めることになったという。分領内を長吏が渡世のために勧進にまわることになると、分領内の百姓たちは、これ迄のように説教者が巡行しても、勧進を拒否することもあろうと村人がいうので、説教者らの勧進を留めたと述べている。三井寺からの抗議に対し高須藩側は、次の二点を確認している。第一に、百姓たちは勧進を減らすか、断る者も出ると考えられるが、本所三井寺の免状を所持しているからには、巡行を禁ずることはしない。第二に、皮売買や山猟など他の職分を侵す行為を説教者が行わないこと。こうして、高須藩分領の留場は解かれることになった。

この一件を受けて、説教仲間は本山である三井寺に、次のような願書を提出した(77)。

［史料14］

一奉願上候義者、去冬松平中務大輔様御領分信州壱万五千石御差留、我等共難渋仕奉願上候所、御本山様御威勢御憐愍ニ而、先規之通り修行可致様ニ相成候段、難有仕合ニ奉存候、是付其節従　御本山之御状持参仕、松平中務大輔様御陣家江差上申候所、御大切成御状至(到)来仕所紛失思召而哉、我等御地頭近藤河内守様御陣家江我等身分為御尋之再三御掛合有之候、仍而立石村庄家・山本村庄屋幷ニ夲太夫・我等、御地頭様御役所江御召ニ依而罷出、此度高須領之内職分被差留難渋之様子、竹佐村御陣家江御状被下置候委細逐一奉申上候所、御役人中様御憐愍深、竹佐村御陣家江御贔屓之御取成ニ而、段々御厚恩ニ預り難有仕合ニ奉存候得者、何卒我等御地

頭近藤河内守様御陣家幷ニ立石村庄屋・山本村庄屋三ヶ所江、御礼之御状被下置候らハ、猶々我等為ト身分之相成候間、此義偏ニ奉願上候

一例年御祭礼之節登山仕候所、遠路之義ニ御座候得者、川々少々之水出ニも差支候義も有之候らハ、御大切ト奉存御祭礼ニ御用不立相成候らハ、遙々之所登山乍仕、如何計残念至極ニ御座候得者、御本山様之以御慈悲御絵符・提灯被下置候ら者、道中無差支登山致、御祭礼ニ御用立候事、誠ニ悦敷義ニ御座候得者、随分御大切ニ持扱候間奉願上候

右（マヽ）御願之趣相叶候上者、御絵符御免之義国役所江御届ヶ之義、例年御祭礼之神役無懈怠相勤、又者此度長吏之支配不請、上大切ト思徳ニ依而、登山之節道中無差支様ニ、御絵符・提灯御褒美ニ下シ置ト、右之礼状之内江御認候様奉願上候

一当正月萬歳職分差支、是ニ付段々隙入ニ而物入強難渋仕、甚困窮ニ及候間、来ル五月御祭礼之御燈明料・役料共ニ、乍次此度差上申上度御座候得者、御受納被遊、当年登山之義御宥免被下置候ら者難有仕合奉存候、右之趣偏ニ奉願上候

まず一条目で、本山である三井寺の力で再び従来通りの修行が可能となったことに謝意を示した上で、知行主近藤河内守の陣屋と立石村と山本村庄屋に、三井寺から礼状を送ってほしいと依頼した。その理由は、説教者が本山からの催促の書状を高須藩竹佐陣屋に持参したとき、竹佐陣屋では、説教者の身分に疑念をもっていたため、知行主である旗本近藤氏に問い合わせた。近藤氏は、立石村庄屋と山本村庄屋、小頭齋藤杢太夫と「我等」（仲間惣代か）を召還し、説教者の窮状に理解を示し、好意的な返答を竹佐陣屋にした。このことにつき、本山である三井寺も御礼の挨拶をしてほしいというのであった。二条目では、例年の祭礼に登山する際、道中の支障で遅れ、祭礼に間に合わず遠路

登山が無駄になるということがないよう、三井寺の絵符と提灯を下賜することを願っている。この絵符と提灯の使用は、例祭の神役勤仕と、長吏支配を拒否し、本山を大切に思い滞りなく登山しようという説教仲間への「御褒美」として下賜されたと、近藤氏や庄屋への礼状に記載してほしい、というのであった。第三条では、今回の一件で、今年正月の万歳職分を高須藩信濃分領で行うことができなかった上、訴願などの費用もかかり経済的に逼迫しているため、今年今年度分の燈明料と役料を今回持参したので受納していただき、五月例祭への登山を免除してほしいと、願っている。

以上、説教者は旦那場侵害の危機を、本所三井寺の力と、支配知行主近藤氏と地域の庄屋の力を借りて脱することができた。この一件から、二点指摘することができる。一つは、本所三井寺の庇護である。説教者は、この一件を契機とし、毎年の登山の際に路程でのもめ事を避けるため、三井寺菊紋の焼き印が押された「絵符」と、提灯の下賜を願っている。この絵符と小田原提灯は、文久二年に備前国「取締役」に任命された藤原新太夫と伊柳勘太夫が絵符一枚と小田原提灯二つを受け取っているように[78]、祭礼神役の励行と身分筋目を糺すべく国単位におかれた「取締役」に下賜されたとみられる。現在、斎藤杢太夫家には、菊の紋章に「寺門」と書いた木札＝「絵符」が伝えられており、この願いが聞き届けられたと推定される。二つには、立石村の説教者が知行主である近藤氏や村の庄屋から好意的な扱いを受けていることである。前述したように、説教者は、知行主から牢番という職分を与えられ、村の庄屋からは「下役」を命ぜられ生活上の規制が課された。他方で、万歳楽の担い手として奉献料が下賜され、正月の言祝ぎの担い手として受けいれられた。こうした、一見すると相反する二つの側面を持ちながら、説教者は地域社会で生活していたことを知ることができる。

おわりに

以上、本章では簓を取り上げ、その職分、集団のあり方、社会的な位置、本所との関係を考察した。最後に、本章での分析結果をまとめ、これまで村落史研究や地域社会研究では着目されてこなかった簓という身分集団を組み込んだ、社会構造の解明のための基礎作業として本章を位置づけておきたい。

第一に、下伊那地域の簓の分布と組織である。飯田藩領域の飯田組の他、近隣地域ごとに仲間を形成し、天竜川の東西に六つの組が存在していた。

第二に、簓の職分は、正月に万歳の勧進を行うことであった。日常的には、借地に小屋を建てて生活していた。飯田城下の谷川に集住する場合や、立石村の米山のような集落もあったが、基本的には村に一、二軒が点在するという居住形態をとっていた。

第三に、村に居住する簓は、警察的な仕事や埋葬にも関わる「下役」を務めていた。正月の万歳の勧進以外に、旦那場では二季廻りを行い、旦那（百姓）から施物を受けた。

第四に、下伊那地域の簓は、近江国関蝉丸神社の別当寺である三井寺の支配下に、享和元年（一八〇一）に入ったものとみられる。これにより、三井寺から説教者として万歳を行う免許状を交付され、職分が保証されるかわりに、毎年の例祭では三井寺に燈明料と役料を納入し、神役を勤仕する義務を負うことになった。また、説教者は不浄・村の番人を務めることは禁じられ、ましてや非人との婚姻は破門にまで至る行為であった。そして、立石村齋藤杢太夫が下伊那地域の小頭として、六つの組を統括することになった。

第五に、簓が勧進を行う旦那場は、他の勧進を行う身分集団によって侵害される可能性が常に存在した。その紛争にともなう調停には、簓と同様に、芸にともなう勧進を職分とする地域の猿牽集団が介在するなど、身分的周縁と位置付けられる集団相互の関係が見出された。また、身分的周縁は、領主権とは次元を異にする旦那場所有に基礎づけられてはいるが、集団間の争論に支配領主や本所の力が作用した。長吏への対応など、本所や地域領主・村役人といった権力に依存した紛争解決の手段も見出された。

以上のように、万歳勧進を職分とする簓（説教者）という身分集団の実態の一端を明らかにした。旦那場を持ち、勧進行為を職分とする同種の身分集団の実態や、百姓身分を含めた諸集団が相互に関係しながら形成する地域社会のあり方は、いまだ十分には解明するに至っていない。次に、下伊那地域に特有な芸能者であると、井出貞翁も「信濃奇勝録」に紹介する「春田打」の担い手である「笠之者」について述べていきたい。

注

（1） 水野都沚生「三河万歳聞書」『伊那』一九六四年一月号。

（2） 『長野県史　通史編』第四巻近世一（長野県史刊行会、一九八七）五一五頁。後述する「笠之者」について、市村咸人は「谷川旦過の配下にあった特殊部落の一であるかとも思われる」（「春田打」『伊那』一九五三年一月号、一五頁）と述べており、特殊部落か否かという評価を結論として与えている。また『長野県史　通史編』においても「笠之者の人々にとって、春田打ちなどの神事芸能は誇り高いものであった。それが、いつごろから、どのように卑賤視されていったかをあとづけることはむずかしい」と述べるように、卑賤視されていく過程に注意が注がれている。

（3） 脇田修他編『身分的周縁』（部落問題研究所、一九九四年）、久留島浩他編『シリーズ　近世の身分的周縁』1〜6（吉川弘文館、二〇〇〇年）。

（4） 塚田孝「身分的周縁と歴史社会の構造」（前掲注（3））、『シリーズ　近世の身分的周縁』6）。

(5)　前掲注(4)、および塚田孝『近世身分制と周縁社会』(東京大学出版会、一九九七年)。
(6)　吉田伸之「所有と身分的周縁」(前掲注(3)『シリーズ　近世の身分的周縁』6)。
(7)　横田冬彦「芸能・文化と〈身分的周縁〉」(前掲注(3)『シリーズ　近世の身分的周縁』6)、同「近世的身分制の成立」(朝尾直弘編『日本の近世七　身分と格式』中央公論社、一九九二年)、同「〈平人身分〉の社会意識」(朝尾直弘教授退官記念会編『日本社会の史的構造』近世・近代編、思文閣出版、一九九五年)。
(8)　牧内武司「松尾の春田打ちと田楽」(飯田文化財の会編『南信濃　飯田ものがたり』信濃路、一九七六年)。その他、本書第二章の注(2)を参照。
(9)　塚田孝「芸能者の社会的位置」(坂口弘之編『浄瑠璃の世界』世界思想社、一九九二年)、のち前掲注(5)塚田孝『近世身分制と周縁社会』所収。
(10)　『関蟬丸神社文書』四—37号。
(11)　『関蟬丸神社文書』四—38号。
(12)　『関蟬丸神社文書』四—45号。
(13)　『関蟬丸神社文書』四—46号。
(14)　『関蟬丸神社文書』四—40号。
(15)　『関蟬丸神社文書』四—18号。
(16)　『関蟬丸神社文書』四—70号。
(17)　明暦二年「関清水大明神控」(『関蟬丸神社文書』二—2号文書)。
(18)　『関蟬丸神社文書』四—8所収の一連文書。
(19)　『関蟬丸神社文書』四—8—15。
(20)　『関蟬丸神社文書』四—78。
(21)　『関蟬丸神社文書』四—61。なお、斎藤芳男家文書にも享和元年三月付で「蟬丸宮別当三井寺近松寺役人新海権太夫」の署判で「信州伊奈郡山本村名主斎藤徳太夫江」という同文の「被仰出之事」(斎藤芳男家文書三—一九)と、享和元年三月廿一日付で「蟬丸宮別当三井寺近松寺役人」から宛所のない同文の「被仰出之事」（斎藤芳男家文書三―一〇）がある。前者には印文があるものの宛所は本文と異筆である上、山本村の名主家には斎藤姓はみられないため、文書自身の信憑性に疑問が残る。後者は三月二一日とあるものの近松寺役人の印がないため、写しとみられる。本文で述べたように、立石村の斎藤夲太夫組が巻物を下付されたのが、享和元年の神事に際して登山したときであることから、これはそれ以前に山本村斎藤家で所持していた文書の写しとみられるが、後考に待ちたい。なお、斎藤芳男家文書の番号は、二〇〇二年一二月二七日に筆者と飯田市地域史研究事業準備室によって行った悉皆調査に基づくものである。

(22)『関蟬丸神社文書』四―60。
(23)『関蟬丸神社文書』四―9―11・12。
(24)前掲注（9）塚田孝「芸能者の社会的位置」。
(25)山本吉左右「伊那の説教者―幕末説教師の動向―」（『文学』四〇―一、一九七二年一月）。
(26)斉藤芳男家文書三―一一。
(27)斎藤芳男家文書一―一。
(28)斎藤芳男家文書二―二。
(29)斎藤芳男家文書一―二。
(30)『関蟬丸神社文書』四一頁。
(31)『関蟬丸神社文書』一―9号。
(32)なぜ享保六年発給の「御巻物」が近松寺によって書写・下付される必要があったのか、また同じ印文を持つ（A）正徳三年の巻物がなぜ写されたのかという疑問は残るが、いまはこれ以上明らかにすることができない。
(33)斎藤芳男家文書三―二二。
(34)明治二年「宗門人別御改帳　信州伊那郡山本村説教簓摺」（竹村央氏文書、飯田市歴史研究所所蔵写真版）、文久二年三月「簓宗門人別御改帳　今田村中組」（市瀬定紀史文書、飯田市歴史研究所所蔵写真版）。
(35)斎藤芳男家文書三―七。

(36)　斎藤芳男家文書三―九。
(37)　斎藤芳男家文書三―三〇。
(38)　斎藤家文書では文化一〇年五月の万歳楽免許状（三―二〇）以降は、「三井寺政所」または「蟬丸宮別当政所」の署判で発給されるようになり、蟬丸神社支配が塔頭の近松寺から三井寺本山に移行したものとみられる。『関蟬丸神社文書』解題でも文化一一年以降、三井寺政所に移行すると指摘されている（『関蟬丸神社文書』三九九頁）。
(39)　斎藤芳男家文書三―一五。
(40)　斎藤芳男家文書三―二七・二八。ここに記載された二八人の人名の内、今田村八右衛門と市蔵は同村の文化一三年度の宗門帳（市瀬定紀氏文書、飯田市歴史研究所所蔵写真版）で確認できること、染吉は文政一三年の借用主（斎藤芳男家文書三―一八）として確認でき、伝吉は第2表中に文化七年度に登山した山本村伝吉であることが判明することから、本史料の寅年とは、化政期の内、文政元年か文政一三年とみられる。
(41)　「御免勧化寄進簿」（立石寺文書、飯田市歴史研究所所蔵写真版）。
(42)　明治四年一一月「借地伺定申一札之事」（前沢秀氏文書、飯田地域史研究事業準備室所蔵写真版）。
(43)　弘化二年三月「宗門御改帳　立石村牢守」（久保田勤氏文書、飯田市歴史研究所所蔵写真版）。
(44)　明治四年一一月「借地相定申一札之事」（前沢秀氏文書、飯田市歴史研究所所蔵写真版）。
(45)　安政六年四月「乍恐以書面願上候」（『長野県史　近世史料編』第四巻（二）下伊那地方、一四五九号）、弘化四年一一月「未御年貢御蔵納目録」（前沢秀氏文書、飯田市歴史研究所所蔵写真版）。
(46)　村松新助氏文書、飯田市歴史研究所所蔵写真版。『長野市史　近世史料編』第四巻（二）下伊那地方、一四七五号。
(47)　斉藤芳男家文書三―一。
(48)　村松新助氏文書、飯田市歴史研究所所蔵写真版。
(49)　宝暦一二年四月「米山六人之者共口書之事」（前沢秀氏文書　飯田市歴史研究所所蔵写真版）。
(50)　明治二年「宗門人別御改帳　信州伊那郡山本村説教鄽摺」（竹村央氏文書、飯田市歴史研究所所蔵写真版）。
(51)　文久二年三月「鄽宗門人別御改帳　今田村中組」（市瀬定紀氏文書、飯田市歴史研究所所蔵写真版）。

(52) 文化二年五月「村明細書上帳　今田村」(飯田市龍江支所文書、飯田市歴史研究所所蔵写真版)。

(53) このほか、三〇年ほど以前に立石村斎藤家を調査された、前掲注(25)の山本吉左右の論文では、田村小杉信太夫組、福与村後藤与太夫組、富田村吉田鵈太夫組、山本村斎藤勘太夫組があげられており、またこれ以外にも、説教者が居住していることを確認できる村として、柏原村、和田村、森村、小川村、川路村(ママ)、片桐村、西野村、福与中山村、飯田村(ママ)の名を指摘されている。ただし、山本氏が何に基づいて述べられているのか、典拠となる史料が明記されていないため定かではないが、これらの村名の内、後に検討するように、田村は林村三浦三太夫組の内、山本村は米山組の内、川路村・飯田村は飯田組の内、福与中山村は福与組の内、とみられる。なお、一九五八年に大坪宥芳・塩沢正人氏によって作成された「美簾屋文書」(斎藤智振氏)目録と、二〇〇二年一二月に行った悉皆調査に基づく目録を対比してみると、すでに所在のわからなくなった文書が数点ある。

(54)「笠之者宗門改帳」(国文学研究資料館史料館所蔵　森本家文書二二C—一—7)、安政三年三月「禅宗門人別御改帳」・文久四年三月「禅宗門人別御改帳」・万延二年三月「禅宗門人別御改帳」・慶応二年三月「禅宗門人別御改帳」・慶応四年三月「禅宗門人別御改帳」・明治二年「禅宗門人別御改帳」・明治三年「禅宗門人別御改帳」(以上飯田市松尾支所所蔵文書)。

(55) 文化一三年三月「ささら宗門人別相改帳」(大原綏彦家文書二一—八、豊丘村歴史民俗資料館所蔵)、文政五年三月「ささら宗門人別相改帳」(同二一—一三)、文政一二年三月「ささら宗門人別相改帳」(同)、天保五年三月「ささら宗門人別相改帳」(同二一—二二)、天保七年「ささら宗門人別相改帳」(同二一—二五)、天保八年「ささら宗門人別相改帳」(同二一—二六)、天保一五年三月「鄙宗門人別相改帳」(二一—四七)、嘉永二年三月「宗門人別相改帳」(大原俊一家文書八七　豊丘村歴史民俗資料館所蔵)、嘉永三年三月「宗門人別相改帳」(同八八)、嘉永六年三月「鄙宗門人別相改帳」(大原綏彦家文書)、安政七年三月「鄙宗門相改帳」(同)、文久二年三月「鄙宗門人別相改帳」(同二一—一四二)、慶応二年三月「鄙宗門人別御改書上帳」(同二一—一四七)、慶応三年三月「鄙宗門人別御改書上帳」(同二一—一四八)、明治三年七月「鄙宗門人別書上帳」(同二一—一七二)、明治四年「筰戸籍人口相改帳」(同二一—一八三)。

(56) 文政一三年正月八日「宗門御改帳　鄙壱党」(中曽根文書一〇八一、豊丘村歴史資料館所蔵)、天保二年正月八日「宗門御改帳」(同一〇八三)、天保五年正月八日「宗門御改帳」(同一〇九二)、明治四年正月八日「宗門御改帳」(地正持文書七七

四　豊丘村歴史民俗資料館所蔵）。

(57)　天明七年三月「伊奈郡柏原村さゝら場主宗門御改帳」（福与信夫氏文書、飯田市歴史研究所所蔵写真版）。

(58)　寛政七年一二月「送状之事」（村松新助氏文書、飯田市歴史研究所所蔵写真版）。

(59)　寛政三年三月「覚」（土屋正英家文書、平沢清人「さゝら（簓）」『伊那』三三四号、一九五六年に引用史料を原本校合の上使用した）。

(60)　「ケガレとは人間と自然のそれなりに均衡のとれた状態に欠損が生じたり、均衡が崩れたりしたとき、それによって人間社会の内部におこる畏れ、不安」と結びついたものと指摘されている（山本幸司「貴族社会における穢と秩序」『日本史研究』二八七号、一九八六年）。網野善彦『日本の歴史を読み直す』（筑摩書房、一九九一年）。

(61)　河野通久氏所蔵文書　三四―六〇一。縁組を結んだ簓は、上谷川吉次郎である（同家、一〇四九）。『長野県史　近世史料編』第四巻（二）下伊那地方、一一五七号。

(62)　斎藤芳男家文書　三―一三。なお、差出人の三井寺政所園将監と片木主馬は、後述する天保六年の阿嶋・知久平・河野の説教者に対する処分を通知していることから、斎藤李太夫宛書状も同期のものと推定した。

(63)　「申合之事」の連印（第3表）には、名子熊村源三郎の名前があるが、問題の非人と交わったという源三郎が同一人物かは明らかでない。

(64)　太田清太夫がどの組の頭であるか断定できる史料はないが、前述した斎藤芳男家文書では、知久平村に森李太夫という頭が、知久平組を形成していることから、ここでは知久平太田清太夫を頭とする時期が存在したと推定しておく。なお、阿嶋村が林組か知久平組かは明らかではない。

(65)　河野通久氏所蔵文書三四―六〇二。

(66)　村松好文氏文書、飯田市歴史研究所所蔵写真版。

(67)　前掲注（45）弘化四年一一月「未御年貢御蔵納目録」（前沢秀氏文書）。

(68)　森下村を中心とする森下万歳（鈴木実「土御門家と三河万歳（前・後編）」『安城歴史研究』一六・一七号、一九九〇・一九九二年、『特別展　三河万歳』安城市歴史博物館、一九九八年）。

(69) 別所村を中心とする別所万歳と、宿村（小坂井）の万歳師。
(70) 斎藤芳男家文書三―一六。
(71) 水野都沚生「下伊那の猿まわし」（『伊那』一九五八年一一月）。本書第四章で述べる。
(72) 文化元年「宗門御改猿牽人数帳」（今村善興氏文書、飯田市歴史研究所所蔵写真版）。
(73) 「寛政十年御改　飯田上郷下郷人馬数」（『長野県史　近世史料編』第四巻（二）下伊那地方、一一五七号）。
(74) 高須藩竹佐陣屋代官の在任期間は、武田彦左衛門「代官の交替」（『豊丘村誌』上巻、第一章第五節3、一九七五年）による。
(75) 斎藤芳男家文書三―一四。
(76) 斎藤芳男家文書三―二。
(77) 斎藤芳男家文書三―一四。下書とみられる。
(78) 『関蝉丸神社文書』四―一二九。

第二章　春田打と「笠之者」

はじめに

信濃国佐久郡臼田の井出貞翁が、信濃国内の奇勝な事物を探し歩き、一〇年余りかけて集めた知見を天保五年（一八三四）に『信濃奇勝録』として刊行した。その巻四に、下伊那の嶋田村に伝わる「春田打」を、次のように挿絵（第1図）入りで記している(1)。

［史料1］

春田打

嶋田の里ハ育良庄降松の郷なり、此内に笠村といふ所あり、此所に住ものを呼で、笠の者と云、家十軒余、這に住こと年歴久し、古より此者等、毎年正月より二三月まて春田打といふ事をうたひ舞て郡中を廻り、米銭を乞、其さまいまた他に見聞せざる事也、何れの頃より始りしや詳ならず、先二人一組として四組あり、一人ハ二面を懐中し、一人ハ大鼓を打、袋を荷く、此面甚古雅なる物也、何れも猿楽の面と見えて、喜助面、頼政面、重箱面、つり眼なとなつく、二面の内、一つハ女面也、始男面を被、中半より女面をかふる、昔よりうたふ事ハ定りて有、春田打、秋収る迄の事をうたふ、飯田の侍医太田中彦、是を残らすうたはせ、書きとめしをこゝにしるす

第１図　春田打（『信濃奇勝録』巻四より）

（歌は略す―筆者）

「春田打」は、「笠之者」と呼ばれる人々によって担われていた。『信濃奇勝録』によると、「笠之者」は嶋田村の中にある「笠村」に居住する一〇軒余の者たちであった。正月から二―三月まで、春の田打ちから秋の収穫までを謡った春田打の歌を唄い、猿楽の面二つを懐中した一人と、太鼓を持った一人の二人一組の四組が、郡中を勧進して廻っていたという。信濃国でも他に類例をみない存在だという。

笠之者については、市村咸人が、一九一八年頃に笠村の古老から聞き取った話に、『信濃奇勝録』から考察を加えている。古老の話では、正月元日の早朝に松尾村名主の松村家へ出向き、門の内で、男面をつけ羽織袴姿の舞い手が、太鼓の拍子にのった春田打の歌に合わせて、扇子と鍬で拍子をとりながら舞いを舞う。舞が終わると、上がり框で振る舞われた酒肴と雑煮をもらい、その後、城下や他の村々に勧進に廻っていったという。伊豆木の旗本小笠原家では、毎年米一俵を出すほどであり、三月ころまでの勧進で、笠之者は一年の生計が立つほどの収益をあげたという。しかし、嘉永頃、春田打の株が笠村の者から松尾村字寺所の弥市を頭とする部落に譲られた。春田打は、弥市によって維新頃までは続けられていたが、明治初年頃には行われていなかった。やがて、狐憑きに春田打の面が効くと噂され、方々に貸し出される内に紛失したという(2)。

ここで、笠之者が春田打の株を譲ったという寺所の弥市とは、第一章で述べた嶋田村の説教者弥市である。芸態を異にするにもかかわらず、説教者に職分を譲り渡す関係にあった「笠之者」とは、どのような集団であるのか。以下において、嶋田村における笠之者の社会的存在形態とその職分を明らかにしていこう。

一　居住状況と人口の変遷

「笠之者」が居住する「笠村」とは、嶋田村の上溝という地区の中にある。嶋田村については、本章補論一に概要を述べるが、ここでは第2図に、上溝とその周辺を拡大して示した（全体の読み取り図は補論一）。これをみると、村の中央部を南北に走る伊那街道沿いに町並みが広がり、その西側に八幡があり、町並を北に進むと三昧所がある。さらに北の村境に「笠村」が所在することがわかる。

元禄一一年改「飯田御領分高改幷家数」に、嶋田村民家二〇三軒と「夷廻シ家」一一軒があり、後者は「むかしハかさはり」と記されており、宝永三年「飯田御領分宝永三戌年委細改」には、嶋田村の内に民家一九二軒と「ゑびす家」一〇軒が書き上げられている。(3) また、「寛政十年御改　飯田上郷下郷人馬数」にも、「夷」として家数一五軒、人数六五人、内男三一人・女三四人がみられる。(4) この「ゑびす家」「夷」が笠之者である。

合計			
合計世帯数	合計人数	男	女
13	66	30	36
15	61	27	34
15	69	32	37
15	57	26	31
15	63	32	31
15	70	34	36
10	40	21	19
9	44	22	22
9	45	22	23
9	44	21	23
9	41	18	23
8	37	18	19
8	37	18	19

史料館　森本家文書　22C-7）。

第1表　笠之者　人数・家数変遷表

		運松寺檀家				龍門寺檀家			
		世帯数	人数	男	女	世帯数	人数	男	女
元文5年	1740	4	23	12	11	9	43	18	25
宝暦9年	1759	5	25	11	14	10	36	16	20
明和7年	1770	5	32	13	19	10	37	19	18
安永5年	1776	6	28	11	17	9	29	15	14
天明3年	1783	5	26	11	15	10	37	21	16
寛政11年	1799	5	23	10	13	10	47	24	23
安政3年	1856	1	4	2	2	9	36	19	17
万延2年	1861	1	6	3	3	8	38	19	19
文久4年	1864	1	7	3	4	8	38	19	19
慶応2年	1866	1	7	3	4	8	37	18	19
慶応4年	1868	1	7	3	4	8	34	15	19
明治2年	1869	1	7	3	4	7	30	15	15
明治3年	1870	1	6	2	4	7	31	16	15

［出典］　宗門改帳　元文5～寛政11年までは、「笠之者宗門改帳」（国文学研究資料館
安政3～明治3年までは、松尾支所文書。
［注］　世帯数とは、宗門帳の一つ書きごとを単位とする数
人数の単位は（人）

その家数・人数の変遷を、嶋田村に残る宗門人別改帳から一覧にしたものが第1表である。なお、現在のところ確認できる宗門人別改帳は少なく、寛政一一年（一七九九）から安政三年（一八五六）まで六〇年近く開きがあるという史料的な制約があることを確認した上で、第1表をみていこう。そもそも、笠之者の宗門帳は百姓身分の者とは別帳になっており、旦那寺は二つに分かれていることが知られる。一つは名子熊村の浄土宗運松寺で、寛政一一年までは四～六軒程度、安政三年以降は一軒だけである。もう一つは、笠村に近接する禅宗龍門寺で、多いときには一五軒、少なくとも八軒程度が檀家となっている。

笠之者の宗門帳筆頭人の系譜を人名と印文を頼りに追っていくと、元文五年

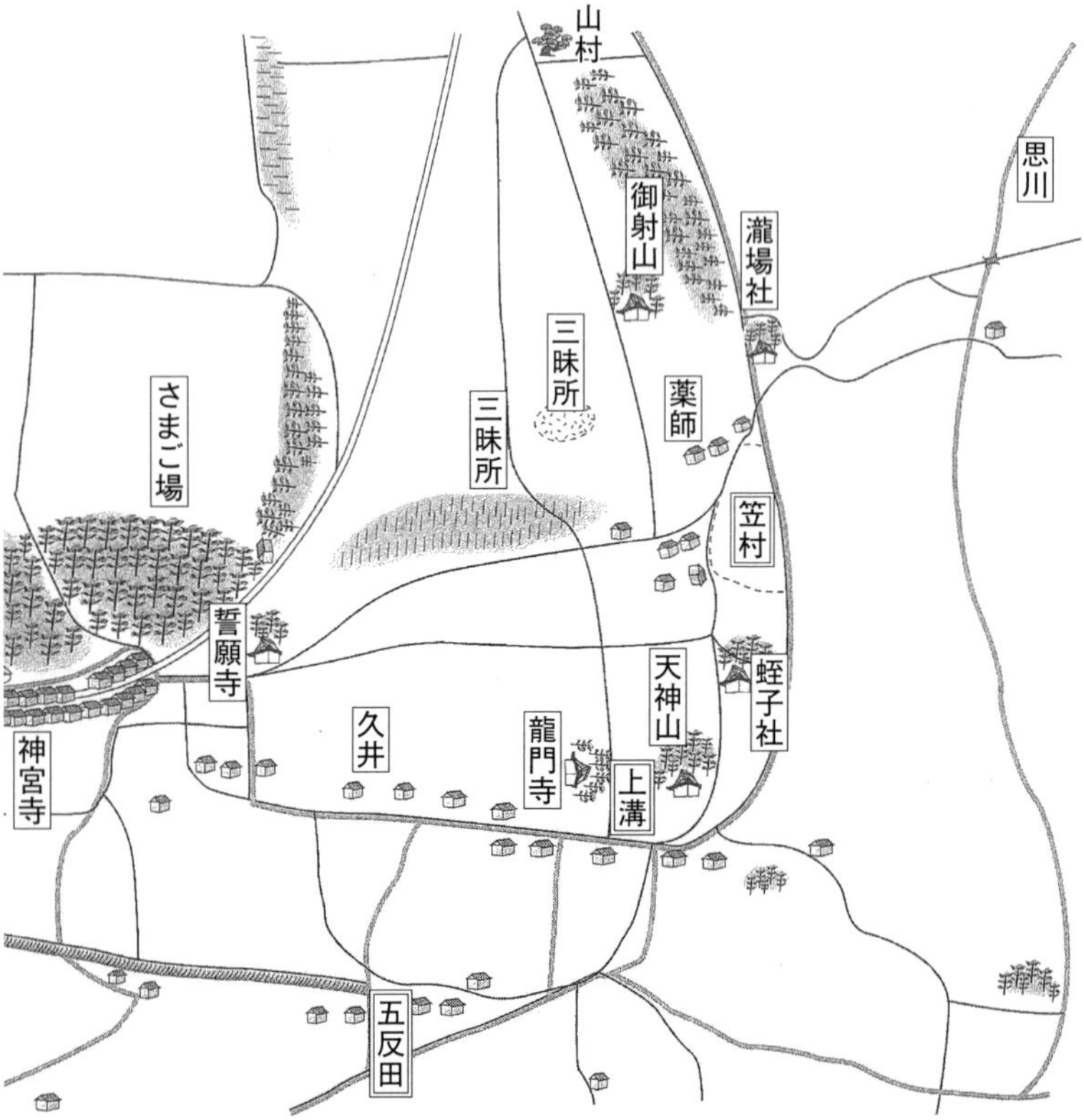

辺図（「嶋田村村境の図」より作成）平栗豊久氏蔵

（一七四〇）度の宗門帳に印鑑が捺されておらず、寛政一一年と安政三年の間には六〇年弱の開きがあるために、系譜をたどることのできない家もあるが、基本的に笠之者の家は代々相続され、襲名慣行もみられることが確認できる。中には、運松寺旦那小平太の子孫作が分家したり（安永五年）、龍門寺旦那弥五兵衛が長男・次男を分家させているように（寛政一一年）、分家創出を志向する傾向もみられる。一般に、百姓の世界では、土地の細分化を招くとして一八世紀以降は分家の創出が抑えられていくことに対し、笠之者が分家を創出しようとするのは、その生計が田畑の耕作に依存していないためと考えられる。とはいえ、笠之者は

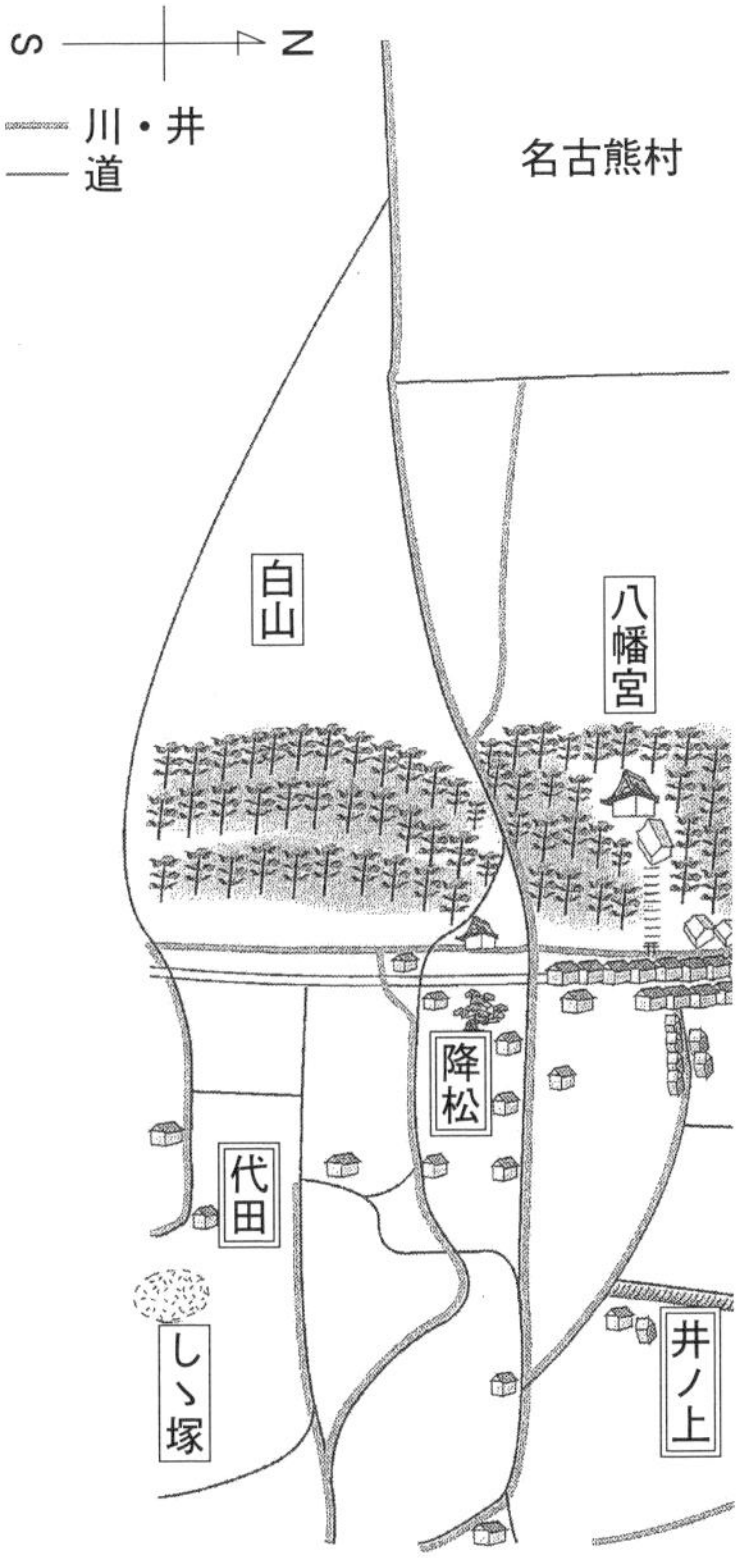

第2図　嶋田村の内「笠村」とその周

説教者のように土地を全く所持していないわけではなく、寛永一四年（一六三七）度の嶋田村検地帳に、「笠」という地名を肩書として持つ者が五人名請けしていることも知られる。(5) この土地からの収益がどれほどのものであったか、具体的な検討は今後の作業課題であるが、少なくとも第1表において、嘉永年間に春田打の株を説教者に譲って以降、笠之者の家数や人口が減少していくのは、春田打をはじめとする勧進が、笠之者の収入源として大きな比重を占めていたことを予想させる。

この点に関わって、寛保二年（一七四二）、笠之者が飯田城下の牢守谷川七左衛門から、春田打の勧進権を剝奪される危機に直面した一件が注目される。

寛保二年一二月、笠之者の訴えを受けた嶋田村村役人が、飯田藩代官所に裁定を求めた。その訴状(6)をみると、笠之者の職分は、「正月元朝より御村方へ罷出春田打相勤、二日ニ者飯田御家中様御町方ヲ始在々江、春中及次第相廻り来候、夏秋之儀者、御領分不及申他領迄勧進仕、年内渡世ニ仕候御事」「春田打之外歌恵比須之儀も勝手次第相廻り候」とある。すなわち、正月元旦朝から嶋田村内から春田打を勤め、二日には飯田城下に出向いて藩の家中や町方、在方を、春中かけて廻っていた。夏秋は他領にも勧進に廻り、一年中渡世をしていたという。また、歌恵比須も自由に唱えて廻っていた。これに対し、谷川七左衛門は、笠之者が職分を一切止め、「斎宮殿同前」にすることを求めた。笠之者は、そうなると妻子・老人とも五〇人が渇命に及ぶことと、春田打は飯田藩主脇坂安元から褒美として「頼政之面」を拝領しているほどの格式ある芸であるとして、職分を止めることはできないと主張した。そして、斎宮の配下に入り、「筋目正」しい「斎宮殿同格」となることを拒否したのである。

この争論については、第三章で詳述し、ここでは、笠之者が拒絶した「斎宮殿同格」について述べておきたい。

二　笠之者と夷社人

寛保二年（一七四二）に争論で「斎宮殿」と呼ばれているのは、牧下斎宮という「蛭子社人（えびす）」である。蛭子社人とは、摂津国西宮にある西宮神社の神像を描いた守札を配る免許を受けた者である。

牧下斎宮は、寛保二年、父勘之丞の跡目相続を西宮神社に願い出、蛭子社人の家筋と認められるかの吟味を受けることになった（補論三参照）。嶋田村村役人の上申書によると、斎宮は「当村代々禰宜ニ而御座候処、当時貧賤ニて相暮罷在候ニ付、非人頭躰ニ相聞候」と、貧窮のため外見上は非人頭のような風体であったことが指摘されているが、「数代嶋田村之者、筋目有之者ニ而、非人頭ニ而者曾而無御座候」[7]と、非人ではなく筋目のある禰宜であると述べている。他方、牧下斎宮自身が西宮神社に提出した親類書[8]と先祖書[9]によると、斎宮の家系は、左源、清十、甚十から七代続いてきた家筋であるといわれている。これを、第3図に示した。特に甚十は、寛永一四年（一六三七）嶋田村惣検地帳に田畑屋敷地を名請けしており、斎宮家では代々この土地を相伝しているという。また、三代以前の久太夫は、元禄六年（一六九三）に「駒場村天台宗長岳寺住持乗圓法印九十年護身法授与之書付」を授与されており、そこに

第3図　蛭子社人勘之丞家の系譜

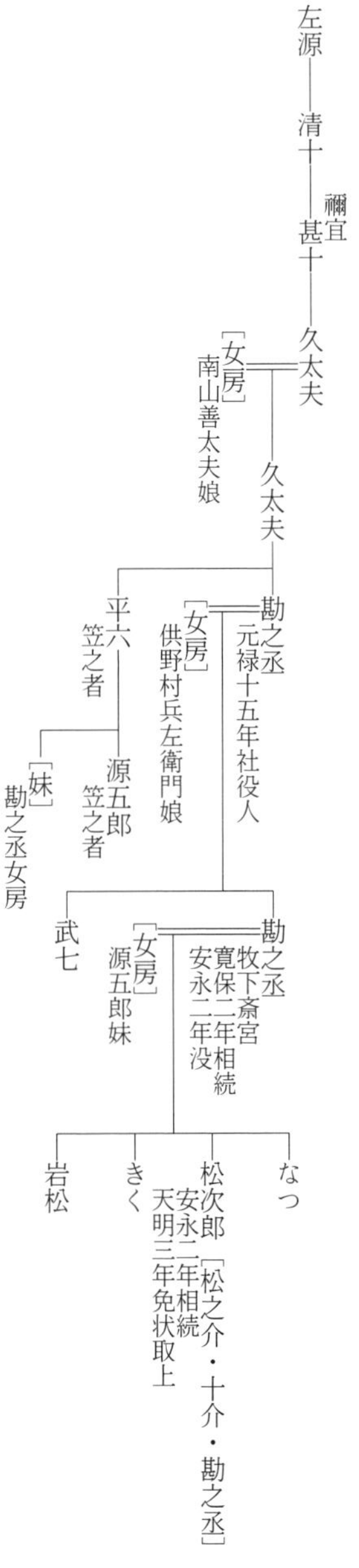

「牧下久太夫祐政」と苗字を付した宛名が記されていると述べられている。[10]

蛭子社人としての免状は、元禄一五年、斎宮の父勘之丞の時代に、西宮に上り、当時の社役人中西弥右衛門から、「旦那場書付」とともに授与されたという。ところが中西弥右衛門は、享保元年（一七一六）に西宮神社を追放されていたため、斎宮には、社役人辻重左衛門が、神社側の控えをもとに書替証文（免状）を発行した。その免状は、大高紙一枚に次のように認められていたという。[11]

［史料2］

西宮太神宮神像御守札等可致賦与旨令免許所也

公儀御定法並社法之通可無相違者、仍如件

寛保二年壬戌春正月

本社神主左京亮従五位下神奴連　朱印

二巻末朱印有

外ニ　西宮大神宮祝詞

廣田南宮剣珠祝詞

また、元禄一五年、父勘之丞は西宮神社から勧請した蛭子社を再興し、それ以来宮本を勤めてきたという[12]。嶋田村の蛭子社は、笠村の東方で、斎宮の屋敷から四〇間ほど離れた所にあり（第2図参照）、一二六坪の除地に高さ四尺六寸、四尺六寸四方の祠であった[13]。斎宮は、免状とともに西宮本社から第2表に掲げた旦那場を安堵された。旦那場は、飯田藩領内で一四カ村、他領では知久知行所、座光寺知行所と飯嶋代官所支配地の三カ所であった。

こうした一連の吟味を受け、寛保二年、斎宮は蛭子社人として相続することを認められた。その日付を確定することはできないが、西宮神主吉井左京亮目代山下主膳から、嶋田村の蛭子社を西宮神社の末社として認定する一札が出された、寛保二年一二月二一日付頃とみられる。そしてこれと相前後して、斎宮は谷川七左衛門とはかって、笠之者に勧進を停止させ、自らの配下となるよう働きかけたと考えられるのである。

それでは、蛭子社人斎宮と笠之者は、どのような関係にあるのであろうか。

斎宮は、勧進の職分を捨てず、自らの配下となることを拒んだ笠之者を、「義絶」すると申し渡した。斎宮が、飯田藩寺社奉行所に出した義絶願いによると、次の二点を確認することができる。第一は、「私儀先祖ゟ神職相勤候而、島田村笠と申所ニ数代住居仕来候」と、斎宮の居所が笠村にあること。第二に、「私縁者笠之者共同様ニ、戎歌・春田打・二季廻り下賤之所作仕候而、御町并御村方勧進仕罷通候、右下賤之所作向後相止、私下役相勤渡世仕候得と申渡候得共、少々之儀ニ而者渡世難成候段申得心不仕候、依之兄弟一家之縁を切」とあり、斎宮の「縁者」が笠之者同様の「下賤之所作」＝勧進を職分としているということである。そしてその「縁者」とは、「兄弟一家」であるとい

第２表—(1)　蛭子社人勘之丞旦那場

飯田城主堀大和守領分二万石内14カ村	嶋田村・毛賀村・駄科村・桐林村・長野原村・時又村・川路村・中村・三ケ市場村・大瀬木村・北方村・殿岡村・名古熊村・一色村
知久監物知行地三千石	陣屋　阿嶋村他村々
座光寺喜兵衛知行地千石	陣屋　山吹村他村々
御代官松平九郎右衛門支配地	陣屋　飯嶋村他村々

第２表—(2)　蛭子社人勘之丞旦那場以外の飯田領村々

飯田城主堀大和守領分二万石内11カ村	上飯田村・黒田村・別府村・南条村・飯沼村・座光寺村・市田村・吉田村・出原村・大嶋村・牛牧村

［出典］　安永２年７月「当村蛭子社人斎宮所持書付写　覚書」（国文学研究資料館史料館　森本家文書　22C–16）

う(14)。

そこで、笠之者の宗門帳と第３図の牧下斎宮家の系譜を対照すると、斎宮の父勘之丞の弟平六と、斎宮の妻の兄である源五郎は、運松寺檀家の笠之者であり、斎宮の弟武七とは龍門寺檀家の笠之者であることがわかる。つまり笠之者とは、蛭子社人の傍系親族が中心となって形成されていた集団であるといえる。

ところが斎宮は、自らの蛭子社人としての地位を保全するために、「下賤之業致候而者、本社江之仰訳茂無御座候ヘ者、縁者并皆之者共義絶可致」と、歌恵比寿・春田打・二季廻りといった勧進行為＝「下賤之業」を職分とする「縁者并皆之者」＝笠之者の縁者との関係を絶ったのである。このように、笠之者は、職分としての勧進を守るために、斎宮の配下となることを拒絶し、斎宮との関係を「義絶」する道を選ぶことになった。笠之者の側からみれば、「下賤」といわれようとも勧進は大きな収益をあげうる職分であり、斎宮に従うより得策であったと考えられるのである。

それでは、斎宮と義絶した笠之者は、その後どのように職分を務めていったのであろうか。次に、笠之者と飯田城下の牢守谷川七左衛門との関係、及び笠之者と嶋田村との関係について考察していく。なお、笠之者の「宗門人別改帳」は、「夷共宗門改」（元文五年）から「笠之者共宗門御改帳」（宝暦九年）にかわり[15]、嶋田村では公式名称が「夷」から「笠之者」に変更されたことがわかる。

三　笠之者と谷川七左衛門

寛保二年（一七四二）一二月、笠之者が斎宮と義絶したことを受け、飯田藩は全面的に笠之者の主張を聞き入れ、笠之者に従来通りの勧進を認めた。また、谷川七左衛門も、笠之者から春田打などの勧進権を奪うことに失敗したかにみえた。

ところが寛保三年一〇月二〇日、笠之者が城下の町方を勧進していると、谷川七左衛門配下の「谷川之者」がこれを押しとどめた。笠之者は「御上ゟ蒙仰付を相廻り候」と飯田藩主のお墨つきを得て廻っていると挨拶し、その時は町方の勧進を終えて帰宅した。しかし、翌延享元年（一七四四）正月二日、城下町方の勧進に出かけると、また「谷川之者」が大勢で妨害した。こうした執拗な「谷川之者」の妨害を除去するために、笠之者は嶋田村村役人の後押しを得て飯田藩代官所に訴え、改めて寛保二年一二月の裁定を「谷川之者」に徹底させることを願ったのである[16]。

一方、笠之者と義絶した蛭子社人牧下斎宮は、安永二年（一七七三）に没し、長男の松二郎（勘之丞と改名）が寛保二年度の父の例にまかせ、跡式を相続した。ところが勘之丞は、西宮本社に納入すべき「御修覆料」を滞納した上、この滞納分を嶋屋彦右衛門に支払うべき三万石の旦那場代金と、社役人への嶋屋彦右衛門による貸与分とで相殺させ[17]、差額を支払うなどという荒唐無稽な申し出をした。嶋屋彦右衛門とは、高須藩領下伊那地域四八カ村の旦那場を斎宮に売却したという人物である。高須藩の旦那場について詳細は不明ながら、寛保元年一〇月、勘之丞が西宮神社役所に宛てた願書によると、[18]同年九月に西宮神社名古屋会所から渡辺多門という人物が訪れ、高須藩領をすべてを自分の旦那場として本社から与えられたと通告してきた。ところが勘之丞は、高須藩領のうち竹佐村・山本村・中村・久米村・柏原村・虎岩村の六カ村を古来からの旦那場であると主張しており、必ずしも四八カ村を嶋屋から譲り受けたとはみられない。また、こうした食い違いが生じるのも、嶋屋からの譲渡も正式に行われていなかった可能性がある。

いずれにせよ、勘之丞の「御修覆料」に関して、天明三年（一七八三）八月、社役人が嶋田村に調査に訪れた。そして、笠村から飯田城下桜町に居を移した勘之丞に会い、免状と「御修覆料」の請取の提示を求めた。しかし勘之丞は、袴も帯刀もせず常態で本所の社役人に応対し、免状も修復領の請取も紛失したと悪態をつくなどして社役人の憤りを買い、嶋田村村役人のとりなしも虚しく、「免状取上、向後闕職申付候間、自今像札賦与差止」と、免状取り上げの上、「闕職」、すなわち夷社人の職分を剝奪され、配札禁止を申し渡されたのである。[19]

ところで、このような勘之丞の不正が発覚したのは、蛭子社人の免状もない笠之者久三郎が、西宮神社の像札を配っていたことが、天明二年に発覚したことによる。西宮社役人宗田越前守の要請を受けた飯田藩は、代官小木曽太吉を通して領内村役人に、像札の配布をやめる請印をとることを命じた。[20]これによると、配札を行っていたのは、笠之者久三郎の他に、市田村と上川路村の者と、飯田城下の非人小屋頭谷川浅右衛門配下の者であることが判明する。ここで市田村・上川路村の者とは、先述した猿牽や説教者の可能性が高い。また谷川非人も配札に関与していたことになる。すなわち、本来「筋目正しい」と認められた蛭子社人に認可された配札も、実態としては非人や説教者、猿牽、笠之者という異なる集団によって担われていたのであった。これは、本所を持つことによって本来差異化を図ったはずの蛭子社人側の堕落によってもたらされた事態であるが、本所はその権威にかけてこうした事態を容認することはできなかったのである。

それでは最後に、笠之者と居村である嶋田村との関係を考察しておきたい。

文化五年（一八〇八）一二月、嶋田村村役人から笠之者に対して、次のような触書が出された。(21)

［史料3］

当十月御触之趣、取退講并下賤相交り候講事・撰無尽等者御停止之処、於于今密々ニ而者勘定融通杯与申立、集歩行候振合粗相聞候、以之外不奉恐　御上不法之至ニ候、尤御領分之内、下賤之者相交り候講事、外村々茂有之事ニ候哉、其方共ニ限り候事哉、定而下賤仲間聞合茂可有之、外村類茂無之、其方共計之事ニ候ハヽ、至而不届至極之事ニ候、殊ニ御触を茂急度不相守始末、言語同断ニ候

総而近来者其方共村方廻り之節茂、先々より礼式等茂麁略ニ相見江候由、村内ニ而茂申族多く有之候、是以身分不弁振舞不埒之筋ニ候、以来急度相慎ミ、老人共ニ茂承合、先々之通　御上之御触茂有之儀者勿論、村内製作之法度無麁略急度相守可申候、依之其方共仲間之内頭取并只今迄之者者押込メ、新ニ相立可申候、総而衣類家作等ニ至迄、先規有来通り之外、目立候事者相慎ミ、小百姓ニ紛れ申間敷候

右之趣於相背者、急度村法ニ可申付候、以上

文化五辰年十二月　　島田村

三ケ所

笠之者へ申渡

これによると、村側が問題としていることは、二点である。第一は、文化五年一〇月に藩から、取退講や「下賤」

とともに講や無尽を行うことが禁止されたにも関わらず、笠之者が資金を貸すなどと言って勧誘しているということで、けしからんことである。そもそも、「下賤之者」とともに講を行っているのは、笠之者に限られるとすると言語道断であるという。第二は、笠之者の「礼式」が麁略となっている点である。この点は、藩の法度に背くなどの不取締に加え、笠之者の「衣類家作等」が華美になり、小百姓と見分けがつかなくなってきている事態を指している。そのため、これまで仲間取締のためにおいていた「頭取」を更迭し、新たに選び直すように命じられたのである。ここで注目されるのは、笠之者が頭取を持った自律的な仲間集団として、村の中で認知されてきたことである。この頭取は、「御触事・宗門改并村内不時事、其外差図等有之候節(22)」に、村方からの達しを受け、「万事取締」を行う役目を負っていた。

しかし笠之者は、仲間内は病身未熟者ばかりと主張することで、結局「仲間之内役儀相勤り候者壱人茂無之候、然上者御村役、私共頭取役共ニ相勤候者、何方ゟ被召呼候共私共ニおゐて一言之違背申上間敷候(23)」と、自らの集団内で頭取を選ぶことを放棄し、外から統括者を呼び寄せるように求めたのである。村方はこれを「不心得」として意見を加えたが、笠之者は聞き入れなかった。そこで村方は、「村役」務めと笠之者取締のため、配下の者を一、二人村方に派遣するよう谷川七左衛門に依頼した。しかし谷川七左衛門は、「村役ハ承知いたし候得共、笠之者取締者先々より致し来り不申候(24)」と、「村役」については承知するが、笠之者の取締はこれまでも担っていないといって断ってきた。

ここで、笠之者が担ってきたという「村役」は、どのような務めであろうか。嶋田村村役人が代官に、「只今迄他所ゟ入込候下賤・物貰・非常之者相制禦(ママ)候笠之者(25)」と述べ、あるいは「無拠谷川七左衛門へ当村番人頼置候(26)」と述べているように、笠之者は嶋田村の番人役を務めていたことが判明する。つまり、笠之者は嶋田村に対して番人という

「役」を務める、自律的な仲間として存在を認知されていたのである。

しかしここにきて笠之者は、仲間内の統制をはかることができず、自律的な組織の維持を放棄することを宣言した。他方、村としては、必要な番人役は谷川七左衛門とその配下に委託した。笠之者が存在する限り、その集団を統制する必要があった。しかし、谷川七左衛門は笠之者の統制を拒否したため、文化六年三月、嶋田村は笠之者について「頭役并村役等差図通相勤」るよう代官所の下命を願い出て、代官の力を借りて統制を図ろうとするに至るのである(27)。

この結果、笠之者に対してどのような方策がとられたかは明らかでない。しかし、冒頭で述べたように、嘉永年間には春田打の権利も説教者に委譲し、笠之者は職分を棄てた。

おわりに

以上、歌恵比須と春田打の芸能を担い、広く下伊那地域を旦那場として勧進する笠之者を取り上げた。笠之者は、前章で扱った簓と異なり、西宮神社配下の夷社人との縁を切り、本所を持たない選択をした集団である。一九世紀に職分である春田打の芸を捨て、農業を生業とする集団へと転身した時、春田打の芸は、嶋田村の説教者に継承されていった。こうした笠之者と第一章で述べた簓（説教者）を素材にして、最後に、身分的周縁論に関わり(28)、見通しを述べておきたい。

第一に、排他的集団化の問題である。勧進場所有という点では同質である簓（説教者）と「乞食・勧進層」の違いを考えておきたい。「乞食・勧進層」の職分の核は勧進であり、この勧進行為は等質かつ代替可能である。これに対し、簓などの宗教的芸能者の勧進には、えた・非人と共通する夏秋の二季廻り以外に、「芸」を伴う勧進行為の存在が重要である。たとえば、説教者の勧進には万歳が、笠之者には春田打、猿牽は猿回しという、正月の予祝芸が勧進の核となった芸態であった。こうした「芸」は、「乞食・勧進層」という同種の集団間においても、それぞれの集団の職分の差異性を示す指標となっていたと考えられ、この「芸」の差異性こそが、「乞食・勧進層」の中で互いに排他的な集団化をはからせる規定要因となったとみられる。

第二に、それにもかかわらず、「乞食・勧進層」の「芸」は、それぞれの集団間で代替可能ともいえる点が重要である。これは、笠之者が嘉永年間に説教者に春田打の芸を譲ったところに表れている。当然、万歳や春田打などの芸には、言祝ぎや技芸に習熟することによって得られる技芸が必要であった。ただ、その習熟のために要する能力という点において、「乞食・勧進層」の芸は、いわゆる歌舞伎や浄瑠璃などの高い技芸を必要とする芸能とは異なっていた。そのために、集団間で「芸」を融通することが可能であったと考えられる。

第三に、それでは「乞食・勧進層」内部を差異化する指標の源泉は、どこに見出すことができるであろうか。宗教的芸能者の場合、勧進場所有を基本としながらも、説教者の簓、笠之者の面、猿牽きの猿などの道具が、「乞食・勧進層」の中でも、それぞれの集団を非人から区別する「芸」の根拠となっていた。

たとえば、笠之者と蛭子社人との義絶という局面では、笠之者が「下賤之業」すなわち春田打の勧進を渡世として選択したことが両者を分岐する契機となった。この「下賤之業」とは、非人と同質な職分であるとの認識が存在したため、西宮神社に連なることを選んだ蛭子社人は、笠之者を切り捨てたのである。また、近松寺が「不浄穢敷職并番人等」という非人と同種の職分を務める者を排除したことにも現れている。説教者の地域社会における実態は、常に説教者と非人が混淆する可能性を秘めていた。たとえば、飯田組の説教者が谷川非人との婚姻を結んだり、竜東の説教者が非人と同腹するような事態は存在した。ただその際も、説教者が非人と交わり流動化することは容易に確認することができるが、その逆の道筋はなかなか見出すことができない。すなわち、「乞食・勧進層」の内部における流動性が一方向的であることを示している。これは、笠之者の処遇に苦慮した嶋田村が、番人（村役）は谷川七左衛門に代替させることができても、笠之者を統括させることができなかったことにもみてとることができる。このように、芸能者が「芸」を捨て非人に同化することは容易であっても、その逆は、技芸の道具とそれにともなう「芸」の習得が必要とされた。さらに、その「芸」の習得には技芸に伴う道具の所持が前提とされていた。ここに、「乞食・勧進層」の内部における集団間の差異の源泉を見出すことができる。

それでは、「乞食・勧進層」では、どのような社会集団相互の社会関係が形成されていたか。本章では、宗教的芸能者を扱ったものの、「えた・非人」の賤民組織については、検討を加えることができなかった。飯田領についてみると、飯田城の牢守集団で説教者を含んでいた谷川七左衛門とその配下と、これとは別に浅右衛門を小屋頭とする谷川非人の存在があった。飯田藩領域における谷川と笠之者や猿牽との関係や組織大系に関して第三章で検討してゆく。

注

（1）『信濃奇勝録』巻四（国立公文書館所蔵）。市村咸人は「谷川旦過の配下にあった特殊部落の一であるかとも思われる」（「春田打」『伊那』一九五三年一月号、一五頁）と述べており、特殊部落か否かという評価を結論としている。また『長野県史　通史編』（第四巻近世一、長野県史刊行会、一九八七年、五一五頁）においても「笠之者の人々にとって、春田打ちなどの神事芸能は誇り高いものであった。それが、いつごろから、どのように卑賤視されていったかをあとづけることはむずかしい」と述べるように、卑賤視されていく過程に注意が注がれている。

（2）紛失したという春田打の面はのちに発見され、松尾の八幡宮に保存されているという（牧内武司「松尾の春田打ちと田楽」飯田文化財の会編『南信濃　飯田ものがたり』信濃路、一九七六年）。この他、「笠之者」について触れた論考としては、水野都沚生「春田打祝詞と笠神社」（『伊那』一九五八年七月号）、筒井泰蔵「島田村寛永検地帳の考察」（『伊那』一九五四

年八月号）、村沢武夫『伊那の芸能』（伊那史学会、一九六七年）、前掲注（1）『長野県史　通史編』第四巻近世一。

（3）清水美彦家文書、『長野県史　近世史料編』第四巻（二）下伊那地方、一二六二号。

（4）『長野県史　近世史料編』第四巻（二）下伊那地方、一一五七号。

（5）前掲注（2）筒井泰蔵「島田村寛永検地帳の考察」。

（6）『長野県史　近世史料編』第四巻（二）下伊那地方、一二七二号、小木曽正氏文書・寛保年間—三。なお、小木曽氏文書の番号は、松尾村誌編纂委員会『嶋田家文書目録』による。

（7）「嶋田村蛭子社勧請之訳年数并勘之丞筋目之儀御吟味被成候ニ付申上候口上之覚」（安永二年七月「当村蛭子社人斎宮所持書付写覚書」国文学研究資料館史料館所蔵森本家文書二二C—一六所収所収）。

（8）「勘之丞縁段之覚」（同右所収）。

（9）「相果候年数改可申事」（同右所収）。

（10）同右。

（11）「大高壱枚認御免状」（前掲注（7）安永二年七月「当村蛭子社人斎宮所持書付写」所収）。

（12）寛保元年一〇月「以口上書申上候御事」（『長野県史　近世史料編』第四巻（二）下伊那地方、一二七〇号）。

（13）「嶋田村蛭子社勧請之訳年数并勘之丞筋目之儀御吟味被成候ニ付申上候口上之覚」（前掲注（7）安永二年七月「当村蛭子社人斎宮所持書付写」所収）。

（14）『長野県史　近世史料編』第四巻（二）下伊那地方、一二七二号、小木曽正氏文書・寛保年間—二　飯田市歴史研究所所蔵写真版。

（15）「笠之者宗門改帳」（国文学研究資料館史料館所蔵森本家文書二二C—七所収）。

（16）延享元年六月「書付を以奉願候御事」（『長野県史　近世史料編』第四巻（二）下伊那地方、一二七四号、小木曽正氏文書・延享元年—一）。

（17）「当村蛭子社人斎宮所持書付写」には、「三万石旦中嶋屋彦右衛門ゟ請取候由、彦右衛門へ西宮社役人大澤兵部ゟ入置候由ニ付、四十八ヶ村之義、何方ゟも無構書付嶋屋小右衛門名宛ニて有之由」とある。ここで、三万石とは高須藩、四十八ヵ村とは下伊那領四十五カ村のことと推定した。

(18) 前掲注(12)。

(19) 寛政一一年度の宗門帳には、それまで勘之丞につけられていた「蛭子社人」という肩書はみられない(「宗門御改帳」国文学研究資料館史料館　森本家文書二三C―五)。その後、西宮の像札は、大膳という蛭子社人が配ることになった(「嶋田村蛭子社勧請之訳年数并勘之丞筋目之儀御吟味被成候ニ付申上候口上之覚」前掲注(7)安永二年七月「当村蛭子社人斎宮所持書付写」所収)。

(20) 同右。

(21) 小木曽知恵子家文書七八―一―一。

(22)～(27) 小木曽正氏文書・文化年間―一五。

(28) 吉田伸之「所有と身分的周縁」(久留島浩他編『シリーズ　近世の身分的周縁』6、吉川弘文館、二〇〇〇年)、同「シンポジウム　身分的周縁をめぐって」『部落問題研究』(第一五九輯、二〇〇二年二月)。

〔補論一〕天竜川西岸の大きな村——嶋田村——

三つの村の連合

嶋田村は、天正一九年（一五九一）の太閤検地で村柄「中」、村高二〇三二石八斗四升八合とされた大村である（天正一九年九月「信州伊奈郡青表紙御検地帳写」『長野県史』近世史料編第四巻（二）一一六七号）。田畑の反別（面積）は、寛永一四年（一六三七）段階で田方八五町五反五畝二〇分、畑方六九町六反四畝一歩（内、屋敷三町一反四畝五歩）で、田の多い豊かな土地柄であったことがわかる。その後、さらに新田開発も進み、天保五年（一八三四）には村高二四三一石六斗三升二合二勺八才と、四〇〇石もの石高の増加が確認できる。

嶋田村は大村であったため、寛永一四年には名（みよう）・八幡（やわた）・嶋田・新井という四つの小村に分けられていた。この他、「嶋分」と呼ばれる新開部分に、柿木嶋の開発分を加えて、延宝・天和期（一六七三〜八四）には、五つの地域それぞれに肝煎（庄屋）と長百姓が置かれている。そして、宝永三年（一七〇六）四月、名、八幡、新井の三つの小村に統合され、三村の連合として村政が行われていた。

八幡宮と降松

三つの村は、北の松川沿いに新井、その南の西側に八幡、東側に名（みよう）という配置になっている。まず八幡は、絵図を左右（南北）に走る遠州街道沿いの町場（八幡町）を中心とする地域である。遠州街道は「中馬道」とも呼ばれ、信濃国と遠江国との間の中馬が往来する往還であった。八幡町は、飯田―時又間で中馬が荷卸しをする宿場で、飯田町と争うほど栄えた町場であった。八幡町に「降松」と書かれた一本の大きな松が描かれている。嶋田村が「伊賀良庄降松の郷元村」（『島田記』序）と呼ばれていたように、この松は村のシンボルであった。

南西の丘陵上に小笠原氏の居城松尾城跡があり、その北東に一三世紀後期には地域の産土神として勧請された「八幡宮」（鳩ケ嶺八幡宮）がみえる。境内には、「笠之者」が奉納した灯籠の台座が残されている。また、八幡宮の麓には、「神宮寺」が描かれている。神仏習合の時代、神宮寺は八幡宮の宮寺であったといわれるが、明治元年（一八六八）の神仏分離によって廃寺となった。

水田・用水・集落

八幡に対して名や新井は、広大な水田の中に数軒単位で家が点在する形の集落となっていた。八幡の東南から「代田」「城」「枠手」「名」「水代」「金棒」「寺所」、そして松川岸に「柿木嶋」「妙善原」「北河原」「向八ケ島」などの字名がみえる。集落をつなぐ道以外に、絵図には「土手」と「川井」が描かれている。嶋田村は五段の緩やかな段丘をなしており、土手は南北に三カ所走っていた。広大な水田の灌漑は、村の北境となる松川や南境の毛賀沢川から引いた用水で行われた。また、村の北西に接する山村から東西に下り、水代と寺所の間を南北に流れる思川は、松川から引かれた村で最古の用水で、一二世紀に嶋田氏が開設したといわれている。思川の南に、山村から天神山の南を迂回して引かれている「嶋田井」も、松川から引いた用水で、隣村の山村と共同で使われた。八幡町を南北に通っている「九折井（九十九折井）」は、一七世紀後期に毛賀沢川から引かれた新しい用水である。これに対して、天竜川から灌漑用の水は引かれず、むしろ洪水をもたらす川として、対策がとられていたことがわかる。天竜川の川岸には、現在の堤防にあたる「大川除」や、「牛」という施設が備えられていた。

対岸の伊久間村（現、下伊那郡喬木村）や知久平村との間は、「舟渡」と記された地点で、渡し船が通っていたこともわかる。天竜川内の島には、水の神様として舟人が信仰したという弁天（弁天厳島社）や、水神が祀られていた。

嶋田村の開発と旧家

嶋田村には、文政元年（一八一八）から一年近くをかけて、三つの村の庄屋が村政に必要な古い行政史料を収集・編纂した『島田記』や、延宝三年（一六七五）と嘉永七年（一八五四）に旧家の家譜を編纂した『嶋田名家録』が遺されている。ここでは二つの『嶋田名家録』に拠って、村の開発の歴史を概観しておきたい。

嶋田村は、一二世紀に嶋田宝寿が開発したといわれている。嶋田一統はそののち塩澤姓となるが、惣本家だけが、文政一〇年に嶋田姓を復活した。惣本家の嶋田伊平家は、天正一八年、毛利秀頼の飯田入国から、寛文一二年（一六七二）脇坂氏の移封まで、嶋田村「郷代官」を三代（正清・盈清・盈由）にわたって務めた。また、思川を開鑿し名(みょう)地域に井水を引いた功績により、一九世紀前期まで思川の井貫(いつなぎ)（共同負担）を免除されている。絵図では、思川西側の名地域に「伊三郎家」がみえるが、これが嶋田惣本家である。

惣本家の嶋田氏を含め、嶋田村を開発した家筋は「嶋田五苗(ごびょう)」（木下、田中、代田、荒井、嶋田）と呼ばれている。木下氏は、山(やま)村（現飯田市鼎(かなえ)下山）丑草坂(うしくさざか)を開発した家で、もと牛草姓であった。木下氏の本家木下重郎兵衛（半三郎）は、脇坂氏時代まで郷代官の下に二人置かれた庄屋（肝煎）の一人であった。もう一人は、田中平(たなかひら)（城(じょう)地域）を開発した田中太郎右衛門家である。他に、代田氏は代田平(ひら)を開発し、荒井氏は新井を開いたと伝える。

戦国期までの武士が、主家の没落や異変により嶋田村に住み着いたという家も多数ある。平栗氏は、天竜川東岸神之峰（かんのみね）を本拠とする知久（ちく）氏の家臣で、柏原村（現飯田市上久堅）平栗の出身という。筆達者な家柄で、とくに本絵図作成者平栗禎次郎（五郎左衛門徳馨）は、学文・詩・文章・書画ともに名高く、「飯田之人物」として知られていた。『島田記』の序文も、彼が村人の求めに応じて書いたものである。水神近くの福島金左衛門家も、絵図作成当時、飯田藩の「御仕送り御用達」を務め、苗字御免、御家中格（藩士の格）を与えられていた。先祖は、広島城主福島正則の四男で、寛永年間（一六二四〜四四）に嶋田村上の城に居住し、承応年間（一六五二〜五五）に分家して絵図の位置に移った。また、弁天の西際にある森本甚三郎家も、武田一統の正仙という人物が、甲州から逃れて嶋田村松川押出の森の傍らに住み着いたことから、森本を名乗ったという。松川から用水を引き入れて森本井を開鑿し、新井を開発した。この他にも、松尾の旧臣という田間（たざま）家や中嶋家（本姓常磐）、大坂の陣後、四国の長曽我部氏末子が移住してきたという伊予辺（いよべ）氏など、多くの旧家が知られている。

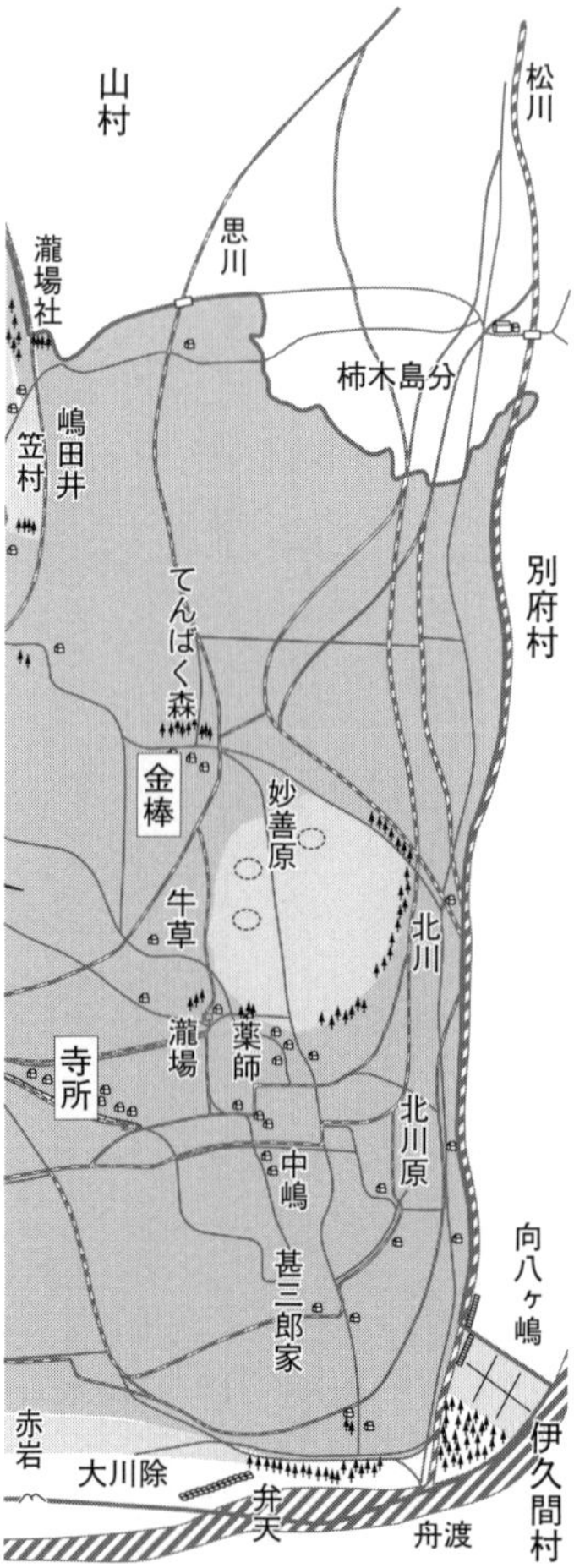

平栗豊久氏蔵）
所庄屋・組頭・長百姓」ほか計49人が村
図には嶋田村の境が記されている。天竜
で、北から弁天—赤岩—鰻岩—水神—土

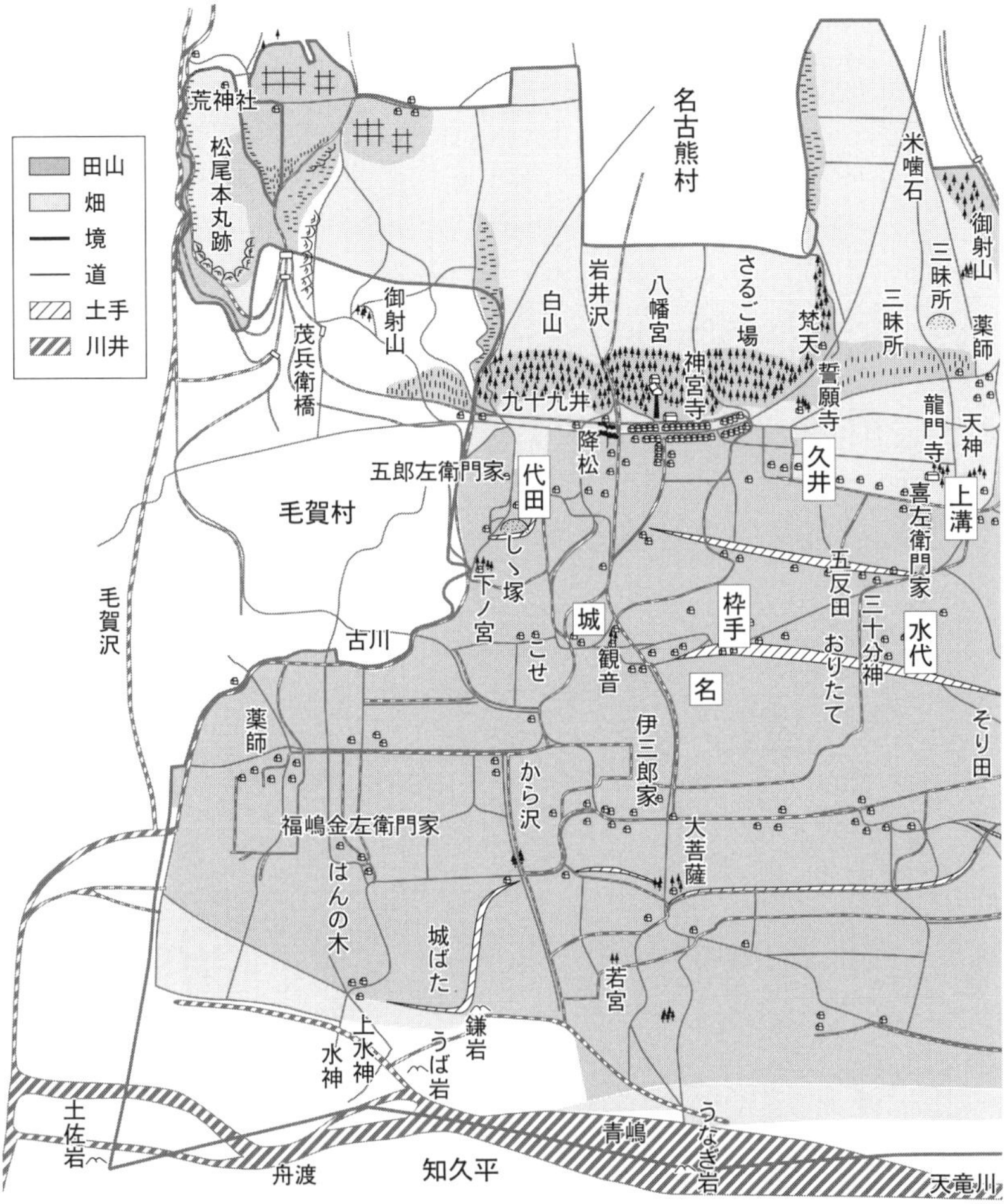

「嶋田村村境の図」読み取り図（「墨翁書　嶋田村旧図」71×91 cm、飯田市松尾代田・
絵図の右手が北。左上に、絵図作成の経緯を記す。文化５年（1808）５月３日に、嶋田村の「三ケ
境を検分し、源二郎と禎次郎が描いた下絵控といわれている。村境検分が行われた事情は不明。絵
川対岸の東隣三カ村との境は、元文４年（1739）７月２日の「弁天公事」の裁許で定められたもの
佐岩を結ぶ線をはっきりと確認できる。

しかし、嶋田村の特徴は、旧家が家格を誇示せずに協調して村の運営にあたっていたことである。嶋田盈仙(えいせん)も『嶋田嘉永名家録』の序文に「村方旧功多き家を先とし、無功の人を跡となしてよろしくこれあるべきや」と述べているように、旧功ある家とそうでない家に序列をつけるべきではない、と考えていたことがわかる。

〔補論二〕 春田打の再興

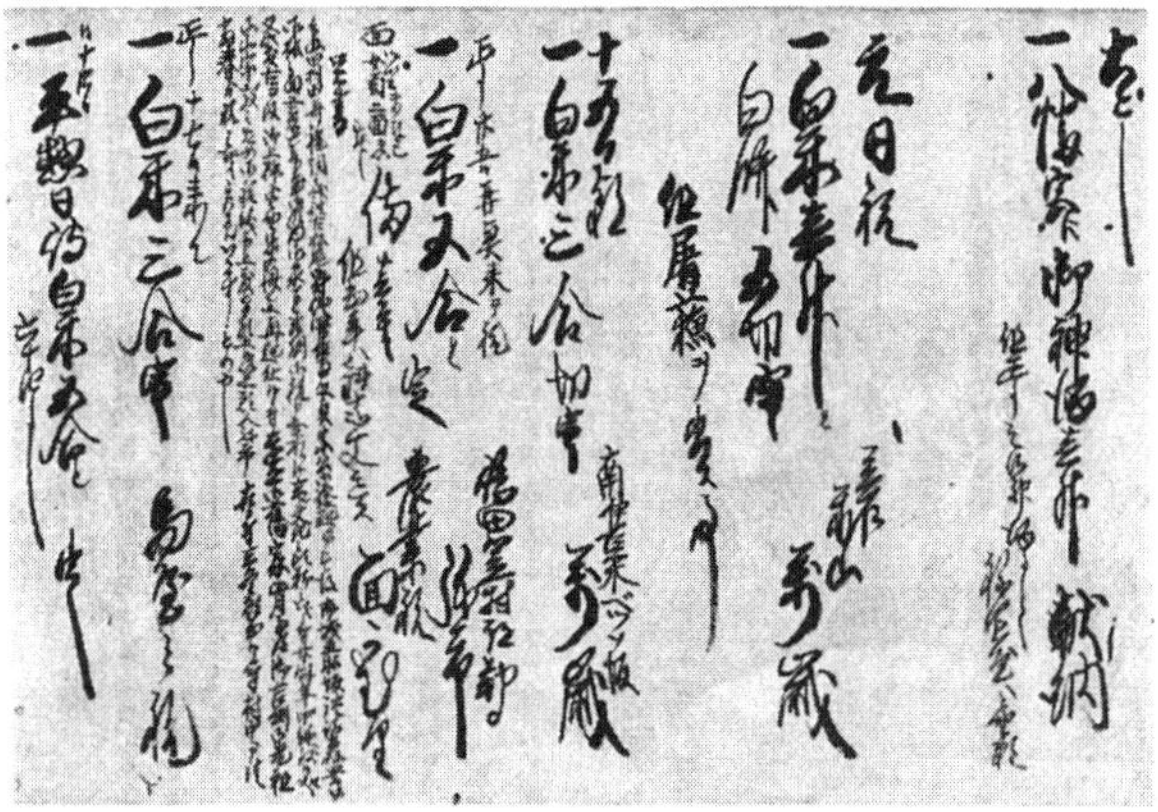

「萬日記覚帳」（大上 関島正司氏文書 434〔関島昌信氏所蔵〕）

釈 文

〔安政六年（一八五九）「萬日記覚帳」表紙裏〕

大とし[1]
一八幡宮江御神酒壱升　献納
　但正月之御神酒として　祢宜屋へ届頼

元日祝
一白米壱升と　立石 米山 萬歳[2]
白餅五切定
　但屠蘇ヲ出ス事

十五日朝
一白米三合切定　南伊豆木ベッソ坂 萬歳

正月廿五日　再興来テ祝
一白米五合と定　嶋田笠村跡勤メ[3] 弥市

面つりまなこ
女面二面ヲ以備壱重　農業祝 面かむり
舞　但当年ハ料十弐文遣ス[4]

（「口上書」拡大図）

正月十七日来ル
一白米三合定　　馬屋之祝

同十四日
一平惣日待　白米五合と　定
六十四文

（拡大図）

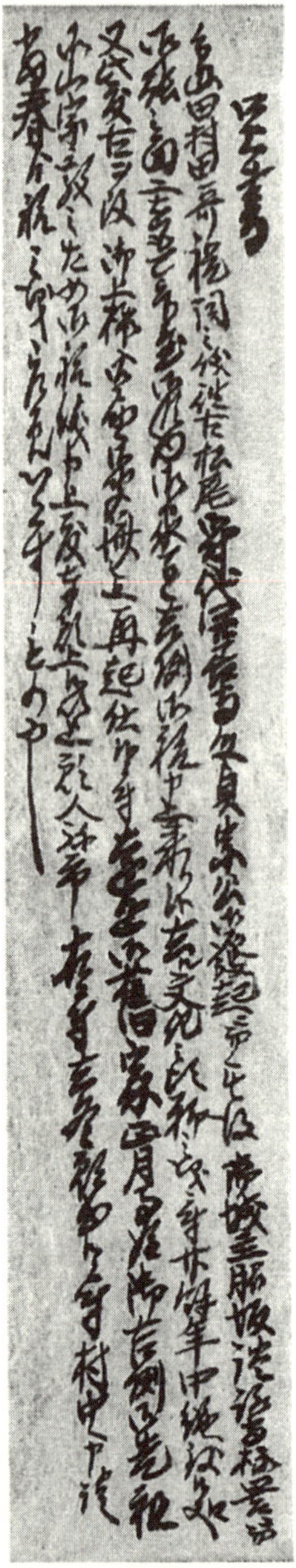

釈文

口上書

島田村田哥[5]祝詞之儀、往古松尾御時代、開善寺殿貞宗公[6]御發起ニ而、其後御城主脇坂淡路守[7]様思召ニ而、御能之面二をもて被下置、御領内御家を吉例御祝申上来り候、去ル文化之頃、聊之儀ニ付、廿餘年中絶致候処、又此度古ヲ改、御上様へ御届、御聞済之上、再起仕候ニ付、遠近御舊家、正月事始[8]、御吉例、御先祖御崇敬之ため、祝儀申上度奉願上候、以上　願人弥市、右ニ付、去冬願出候ニ付、村中へ申談、当春ゟ祝之儀差免いたすもの也

現代語訳

口上書

島田村の田哥祝詞は、むかし松尾時代に、開善寺殿貞宗公が発起され、その後、飯田城主脇坂淡路守様のご意向で、御能の面を二つ下され、御領内の御家に、吉例の御祝を申し上げて来ました。去る文化年間頃、小事により春田打が二〇年余り途絶えてしまっていましたが、このたびまた旧来のことを調べ、御上様へ御届けをし、御許可くださいましたので、再興することになりました。そこで、遠近の御旧家において、正月の事始め、御吉例、御先祖御崇敬のために、御祝儀を申し上げたくお願い申し上げます。以上　願人弥市

右のことを、去冬、（弥市が村に）に願い出てきたので、村中に相談し、当春から祝儀を行うことを許可した。

語句説明

1大とし　おおみそか　2萬歳（万歳）　新年を祝う芸能。太夫と才蔵の二人一組で門付けする。3笠村　嶋田村の中に所在した集落。春田打を担う「笠之者」が集住していた。4料　代金。布施。5田哥　田植神事や田植えでうたわれる歌。6開善寺殿貞宗公　小笠原貞宗（一二九二～一三四七）。信濃守護職。小笠原宗長子として松尾館に生まれる。建武年間、松尾から筑摩群井川に居館を移した。禅宗に帰依し、開善寺を建立した。7脇坂淡路守　脇坂安元（一五八四～一六五三）。元和三年に、伊予国大洲から飯田に入封し、五万石を領した。8事始め　正月二日以降に諸事について初めて行うこと。

解説

正月の祝福芸

正月に初詣に出掛け、一年の安全や幸福を祈願する行為は現在も続いているが、家々の門戸に、万歳や春駒、猿廻などが訪れる情景は、今日ほとんど見られなくなった。信濃国伊那郡下川路村（現、長野県飯田市）関島家の安政六年

（一八五九）「萬日記覚帳」には、正月に近隣から芸能者が来訪した様子を窺い知ることのできる書き込みがある。

それによると、元日には、立石村米山地域の万歳師に屠蘇を振る舞い、白米一升と白餅五切を渡した。この白米と白餅という返礼は、「定め」と記されていることから、毎年の慣例であったことがわかる。一五日朝には、南伊豆木（伊豆木村の高須藩領域）別所坂の万歳師が訪れ、白米三合が渡されている。正月一七日に来訪したという「馬屋之祝」に対しては、白米三合が渡されている。「馬屋之祝」とは、馬屋（厩）の祈禱のことで、猿廻（猿牽）が来訪したことを意味している。猿は馬の病気を治す力をもつとの信仰から、武家や農家の馬屋の御祓いに、猿廻が訪れたのである。この猿廻には地名が記されていないが、下伊那地域では、駒場宿や市田、座光寺に猿廻の集落があった。

さて、記載は前後するが、正月二五日には、「再興来テ祝」と、嶋田笠村の跡を務めることになったという弥市が、「農業祝　面かむり」の舞を披露し、白米五合と一重の備え餅（餅の代りに銭一二文）を渡したと記されている。続いて、「口上書」（引札）の写しと、弥市の勧進を下川路村で許可した経緯が記されている。

「口上書」によると、「面かむり」とは、嶋田村の田歌の祝詞を寿ぐもので、古くは松尾城主小笠原貞宗が始め、その後、飯田城主脇坂安元が下賜した面二つをもって、領内の家々をまわり、吉例のお祝いを申し上げてきたという。ところが、文化期頃、些細なことが原因で二〇年余り中絶していた。このたび旧例を調べ、上様（飯田藩）から許可を得て再起することになったため、遠近の旧家を訪ね、正月事始め、吉例、先祖崇敬のため、お祝いを申し上げにやってきたというのである。

「春田打」

ここで述べられている嶋田村の田歌とは、第二章で述べた嶋田村内の「笠村」という集落に住む「笠之者」と呼ばれた人々が担う「春田打」の芸能である。佐久郡臼田村井出道貞翁が一〇年余りかけて信濃国の奇勝な事物を探し歩き、天保五年（一八三四）に刊行した『信濃奇勝録』には、図（二九頁上段）に示した芸能者の絵とともに、春田打の説明が記されている。それによると、春田打は、嶋田村の「笠村」に一〇軒余りで長年居住してきた「笠之者」が行う。正月から二、三月まで、二人一組で四組に分かれて、春田打の歌をうたい舞い、家々を廻り、米銭を受ける。二人の内、一人は二面を懐に入れ、一人は太鼓を打ち、袋を担ぐ。二面は男女の面で、始めに男面をかぶり、半ばから女面をかぶる。春田打の歌詞は、春の田打ちから、秋の収穫までの農作業を歌ったものである。その有り様は、これまで他で見聞したことがない奇勝なものだと、井出道貞翁は記している。

この「笠村」は、嶋田村の北側上溝地域の段丘上にあった。すでに寛永一四年（一六三七）の嶋田村上溝地区の検地帳にも、「かさ（笠）」という肩書をもつ名請人が五名みられ、屋敷地と田畑を所持していた様子が確認できる。一八世紀半ばの「笠村」には、一五世帯、六〇人〜七〇人の人々が居住しており、土地に根付いた集落を古くから形成していたとみられる。

春田打に門付けする米銭の額は、それぞれの家の身分や格式などで異なっていた。伊豆木の旗本小笠原家では、享保九年（一七二四）正月二三日の条に、「嶋田より佳例の春田打参り候」「毎度の如く米弐升下し置かれ候」と、毎年米二升を渡していたと記録されている。南条村浜島家でも、安政四年（一八五七）に「面かむり」の弥市に、下川路村の関島家と同額の米銭を渡していることが知られる。「笠之者」が毎年門付けに廻る家（旦那場）は定まっており、正月から三月の間の春田打による収益は、かなりのものであったと推測される。

「笠之者」の職分

しかし当時、「笠之者」の人々の行為を、「下賤之所作」と受けとめる観念も存在していた。「笠之者」の一族である勘之丞は、寛永一四年（一六三七）の検地帳で、「ねぎ（祢宜）」という肩書を持つ甚十の子孫で、「笠村」の東に所在した蛭子社の祢宜であった。この勘之丞（斎宮）が、寛保元年（一七四一）に、父の跡目相続を蛭子社の本社である摂津国西宮神社（現、兵庫県西宮神社）に願い出たところ、筋目正しい蛭子社人の家筋かどうか、吟味が行われた。その時問題とされたのは、勘之丞が「非人頭」「下賤」の者であるとの疑惑であった。しかし、嶋田村村役人の証言と、飯田藩寺社奉行の添状により、「非人頭」ではなく古くから祢宜であったことが証明され、蛭子社人としての職分を認められた。そして、勘之丞は、一族の「笠之者」に「下賤之所作」を止め、社人の下役人となるよう求めた。勘之丞が「下賤之所作」と指摘したのは、「戎歌・春田打・二季廻り」という「笠之者」の「職分」であった。しかし、「笠之者」は職分を捨てることを拒否し、職分の内、西宮神社に関わる歌恵比須は止め、春田打と夏・秋二季の勧進を継続するという選択をし、勘之丞と義絶した。

他方、飯田城下谷川の小屋に住む牢守集団（「谷川之者共」）の長である谷川七左衛門からも、「笠之者」に職分停止が持ちかけられた。谷川七左衛門の意図は、飯田藩領で勧進を行う者を、自らの配下に置き、勧進収入の一部を上納させることにあった。実際、飯田藩領を勧進する簓や猿廻、非人は谷川七左衛門の配下にあったが、「笠之者」だけは「古来よりの訳」を申し立て、配下となることを拒絶してきた。今回、谷川七左衛門は、勘之丞の一件を契機に「笠之者」の取り込みを狙ったものの、「笠之者」は拒否し、再び失敗に終わった。

時代は下り文化五年（一八〇八）、領内で「取退無尽」の摘発が行われた。通常の無尽や頼母子講は、特定の組員による共済を目的とする金融組織であるのに対し、「取退無尽」とは、掛け金の額と会日を定めるだけで、誰でも望む者に札を売り、会日に籤に当った者が金を受け取るため、これは賭事と同種として、幕府や飯田藩も禁止していた。それにもかかわらず、「笠之者」たちは秘かに「資金を融資します」などと唱えて勧誘を続けていた。また、この頃、「笠之者」の家作や衣類が華美となり「百姓」身分と紛らわしく、勧進の「礼式」も守られていないということが、村人の間で問題となっていた。このように、藩の御触を守らず、村法も粗略にする状況に対し、村は「笠之者」に、仲間の「頭取」の交替を求めた。しかし「笠之者」は、「病身未熟」を理由に、「頭取役」も「村役」も務められる者は仲間の中に一人もいないと、強く反発したのである。

村の「下役」

ここで「笠之者」が「頭取役」の交替とともに拒絶した「村役」とは、村の「番人」を務める「下役」のことである。「下役」は、村から扶持米を受け取って務める役儀で、下伊那の村々には広くみられた。嶋田村から藩に上申した書面では、「笠之者」が、他所から村に入り込んでくる下賤の者・物貰い・「異常者」を排除してきたと述べている。多くは、村内の巡回警備、野荒らし・博打などの摘発、行き倒れの処理などを役目とし、村により遺体の埋葬も担う場合もあったが、基本的に村人の安全を守る仕事であった。「笠之者」が「村役」を担うに至った経緯は不明ながら、村としては、村の安全のため、「下役」を放棄されることは大きな痛手であった。

そこで村は、飯田城下の谷川七左衛門に、配下の「谷川之者」から「下役」の派遣を依頼し、あわせて「頭取」不在となる「笠之者」の取締りを谷川七左衛門に要請した。これに対し、谷川七左衛門は、「下役」の派遣は承諾したが、谷川七左衛門の「支配」を以前から拒絶してきた「笠之者」の取締りは拒否した。

そもそも「笠之者」が村の指図に従わないことを問題とした嶋田村は、文化六年（一八〇九）正月、飯田藩に、「笠之者」が法を遵守し村の申し付けを守るか、派遣された「谷川之者」の取締りを受容するか、いずれかを選択させるように願った。しかし、村の統制がきかない状況は続き、文化八年閏二月、藩は「笠之者」四人に手鎖の上禁足を命じた。結局、翌文化九年一二月、困窮した「笠之者」は、八幡神社神主大平左馬助・柿木嶋与右衛門・山村源次郎に仲裁を求め、自らの不調法を認め、先規どおり村の指示に従うことを約束し、村側も手鎖の宥免と訴状を取り下げた。

このように、文化九年十二月には、「取退無尽」に端を発する嶋田村と「笠之者」の一件は収束をみた。「笠之者」の戸数と人口は、この一件の頃の一七戸・六二人をほぼピークにその後減少してゆき、明治三年（一八七〇）には八戸・三七人になっている。

春田打の中絶と再興

しかし、春田打の芸能は途絶えてしまった。文政一一年（一八二八）一二月に、嶋田村庄屋家の一人嶋田良造は、春田打の「田祭田哥祝詞」を書き留め、この歌が「イサ（聊）、カノ事」で途絶えてしまったことに対し、「賤キ能ト云エトモ、古キ事ノ絶エタルハ惜キ事」と、この芸能が途絶えることを惜しんだ。そして、「笠之者」に再び行うよう勧めたが、すでに面は宮に奉納し、歌詞は忘れたといって拒絶されてしまった。こうして嶋田良造は、春田打を継承させるべく嶋田村の「番人」の弥市に歌詞を渡し、春田打を再興させたのである。

この弥市とは、文化の一件後に谷川七左衛門から派遣された「谷川之者」で、「簓」（説教者）である。嶋田村寺所に、「弥市」を襲名する頭と配下の者、合わせて二～四軒・一〇～二五人ほどが集住し、年に「一人扶持」（一日米五合）の契約で、村の下役を務めていた。この弥市が再興した春田打は「面かむり」と呼ばれ、安政五年（一八五八）

冬、村として相談し、安政六年正月から門付けを許可した。
呼称は「面かむり」と変わったものの、春田打は明治初期まで「簓」の弥市が伝承していったのである。

〈参考文献〉

市村咸人「春田打」（『伊那』一九五三年一月号）
吉田ゆり子「万歳と春田打ち」（『飯田市歴史研究所年報』一号、二〇〇三年、本書第一章・第二章）
同「天竜川西岸の大きな村」（飯田市歴史研究所編『みるよむまなぶ　飯田・下伊那の歴史』二〇〇七年所収、本書Ⅰ部補論一）

〔補論三〕 南信州の蛭子社人

蛭子社人とは

寛保二年（一七四二）二月二五日付の書状が、西宮神社江戸役所から信州飯田藩堀家の江戸留守居に、届けられた。その書状は、飯田藩領嶋田村に居住し、「西宮職分」を勤めていた勘之丞に関する情報を、嶋田村庄屋から得る目的で書かれたもので、次に掲げるような長文に及ぶものであった(1)。その背景には、前年一〇月、尾州会所が嶋田村勘之丞を「非人頭筋目」と決めつけ、勘之丞との間で係争状況にあったことによる。尾州側の主張では、勘之丞の居所は「下賤者多キ所」であるという。この争点について、西宮社は勘之丞に添状を出した関係者からも様子を尋ねたいと、飯田藩に書状を送ったのである。

［史料1］

未得御意候得共、一筆致啓上候、弥御安康ニ可被成御勤、珍重ニ存候、然ハ去年中西宮表ゟ彼是預御苦労候御領内嶋田村勘之丞事、数十年本社へ姓名も不相知、西宮職分勤居候処、尾州配下之者致吟味、廻旦場所令没収、勘之丞義非人頭筋目之者ニ候段、西宮へ訴置候後ニ、勘之丞致愁訴候得共、下賤ニ無之証跡無之候而ハ難取上旨申渡シ候ニ付、致帰国、各様御添状申請来候得共、是亦西宮江罷出度百姓共願ニ付、御添状被成由ニ而、下賤ニ無之趣も無御座、将亦先年本社支配役人中西平次右衛門御家来中西弥右衛門与申者ゟ取置候由之書付致持参候へ共、

是亦一向不慥書面ニ付、庄屋代与申致同道候嶋田村甚三郎方ゟ、下賤者ニ有之候ハヽ、後日いケ様之御沙汰ニも可被仰立旨、請負印形指出シ候故、然ハ尾州ニ罷在候本社役人蓑和田要人方へ申渡し、吟味之上、配下ニ茂可申付旨書付相渡し置、幸旧冬神主御年礼ニ致出府候序、名こや（古屋）ニおゐて右之段申付、致下向候所、其後要人方ゟ下賤之筋申立候而ハ、勘之丞茂及難義、騒動ニ茂相成候而ハ気毒ニ存候旨ニ而、神主不申付非義不法之書付ヲ以、配下ニ難成趣、是段以之外不埒千万成次第、此間違不届之段ハ本社ゟ要人方へ急度可申付様茂有之候得共、右勘之丞筋目之所、彼方角何れへ承合候而茂、非人頭之筋無相違旨申出ス、然所ニ右甚三郎以書状申越候趣ハ、要人間違之了簡ニ而、西宮ニ而茂不申渡非義之書付ヲ出シ、下賤之沙汰ニ不及書面ヲ以筋目正敷証拠ニ申立、本社配下ニ罷成、神職相立可申存寄ニ而、追付摂州迄茂亦々罷登可申段、無余義ハ存候得共、要人不調法ニ付、已事ヲ（ママ）不従、一旦配下ニ被申付候而茂、弥下賤之筋ニ御座候而ハ、近国惣体配下之難義ニ罷成候へハ、却而騒動混乱之基ニハ相成候得共、勘之丞始終相続可申様茂無之、何分右筋目之所、諸方ゟ申出候通、非人頭等之筋目ニ有之候哉否之所、慥ニ相決し不申中ハ、遠国致往来候而も、本社ニ而茂如何共可申付様も無御座、いケ様ニ吟味仕候而茂、御領主御役所ニ而御吟味可被下ゟ外、慥成義相知レ可申様茂無御座候ニ付、西宮之義ハ便り茂無御座、幸神主茂在府仕候ニ付、勘之丞等在所ニ居候中ニ、私共ゟ右之段々得貴意、様子御返答ニ亦私共迄被仰聞被下度、乍御労煩右之通殊外違却仕候ニ付、宜敷奉頼存候、猶亦蛭子社ヲ茂慥ニ致所持候由ニ御座候、是も御除地ニ而も有之候社ニ御座候哉、亦ハ勘之丞手前之住所ニ致勧請置候事ニ御座候哉、是亦右之序様子□□（破損カ）被下、御返書茂当表御屋敷へ被下候へハ、通達心易様ニ奉存候ニ付、是ゟ得貴慮申候事ニ御座候、恐惶謹言、猶期後音之時候、恐惶謹言

二月廿五日　　　出府西宮社役人

永井主税

宗田内記　専栄（花押）

東原三右衛門様

黒次楠右衛門様

市瀬小左衛門様

人々御中

この書状は、難解な部分もあるが、次のように解釈される。

勘之丞は数十年本社に姓名も知られないまま「西宮職分」を勤めて来たという。そこで、尾州の西宮神社配下の者が、勘之丞の廻旦場を没収し、勘之丞が「非人頭筋目之者」であると本社に訴えた。これに対し、勘之丞も西宮に来て愁訴したが、「下賤にこれ無き証跡」がない限り訴えを取り上げることはできないとして退けられた。そこで、いったん勘之丞は帰国し、飯田藩の添状をもらって参上したものの、これも西宮に出向きたいという領内百姓たちの願出に対する添状で、「下賤」でないことを述べた添状ではなかった。さらに、先年、本社支配役人中西平次右衛門家来中西弥右衛門という者から受けとったという書付を持参したが、これも不確かな書面であった。そこで、庄屋代として同道した嶋田村甚三郎方が、勘之丞が下賤者であったならば、後日どのような咎めも請けるという請負証文を提出したため、尾州にいた本社役人蓑和田要人方に命じ、吟味の上、勘之丞を配下とするようにという書付を渡した。

幸い昨年冬、神主が御年礼に西宮から江戸に出府するついでに、名古屋で右のことを命じて下向した。ところが、その後要人から、「下賤之筋」を申立てると、勘之丞も難儀に思い騒動にもなると心苦しいとして、神主が命じていない「非義不法之書付」をしたため、勘之丞を配下にできないと上申してきた。この間違・不届きな要人に対しては、本社から処罰があるはずながら、「勘之丞筋目」は、どこの誰に問い合わせても、「非人頭之筋」に間違いないとの回答が返って来ている。他方で、嶋田村甚三郎は書状で、要人が間違った考えで神主が命じていない非義の書付を西宮神社に提出し、要人が下賤との判断をしないままの書面で、勘之丞が筋目正しいことの証拠であると主張し、勘之丞を本社配下の神職にするつもりで、追って摂州に参上する考えだという。やむを得ないことながら、要人が不調法であることはおき、勘之丞を一旦配下に命じても、もし下賤の筋目であったならば、近国全体の配下の者たちの難儀となるため、かえって騒動混乱の基となるだろう。勘之丞も将来相続をすることもできないであろう。

何分にも、諸方から申出ているように、勘之丞が非人頭等の筋目であるか否かを、きちんと結しなければ、訴え等のために遠国を往来していても、本社としても申しつけることもできない。どのように吟味するにしても、飯田藩役所で吟味してもらうほか、確かな事が明らかにならないとして、神主が江戸在府しているので、この間に調査して様子を伝えることを求めているのである。

加えて、嶋田村で勘之丞が所持している蛭子社が年貢を免除された除地であるか、または勘之丞の宅地に自身で勧請したものか、をあわせて回答するよう求められた。つまり、蛭子社が公的なものか私的なものであるかが、「西宮職分」を数十年務めてきた社人の身分を裏付ける証拠の一つと認識されていたのである。

ここに記された経過を、時系列に沿って整理し、他の文書からも事実関係を補っていこう。

(1)西宮神社配下の尾州の者が、勘之丞の旦那場を没収し、本社に勘之丞が「非人頭筋目之者」であると訴えた。なお、次の(2)に述べる寛保元年一〇月付の勘之丞の訴状(2)によると、寛保元年九月、名古屋会所から渡辺多門という人物がやってきて、松平秀之助義敏領(高須藩領)の戎をすべて自分が引く、と宣言したというが、そのことを指しているとみられる。

（2）これに対し、勘之丞が西宮に出向き愁訴した。その訴状は、「非人頭筋目」か否かへの言及はなく、次の四点を訴えている。①元禄一五年（一七〇二）、勘之丞の父は西宮神社から社役人に任命されたため、嶋田村の蛭子宮を再興し、それ以降、代々蛭子社の神事を勘之丞の家が勤めてきた。②西宮神社名古屋会所の渡辺他門は、高須藩領域をすべて旦那場とすると宣言した。もしこれまで旦那場としていた高須藩領域の竹佐・山本・中・久米・柏原・虎岩六カ村を失うと、勘之丞の職分が立たない。③高須藩領域の六カ村を失うのであれば、飯田藩領域でこれまで旦那場ではなかった村々を旦那場にしてもらいたい。④下伊那郡には筋目のある蛭子社人がいないため、勘之丞に下伊那郡の支配を認めてほしい。このように、尾州会所の渡辺多門が高須藩領分の旦那場六カ村を召し上げようとしたことへの愁訴にとどまらず、対案として新たな旦那場の要求を出すなど、勘之丞は強気の構えであった。

（3）（2）に対し、西宮神社から「下賤にこれ無き証跡」を提出するように求められ、飯田藩の添状を持参し、再度、西宮神社に参上した。

（4）（3）では不十分とする西宮神社に対し、本社支配役人中西平次右衛門家来中西弥右衛門の書付を持参した。

（5）（4）も不確かとして却下されたため、嶋田村庄屋代甚三郎を同道して再度西宮神社に行き、勘之丞が「下賤者」ではないという請状を直接提出させた。これによって、西宮神社は勘之丞の素性が「下賤者」ではないと判断し、尾州会所の配下に入れるよう蓑和田要人に指示を出した。

（6）名古屋での指示に背き、蓑和田要人は配下にできないと上申をした。要人は、勘之丞が「下賤之筋」であると申し立てることで起こる騒動を回避するためとして、本社神主の指示にない「非義不法之書付」を提出し、配下にはできないと述べた。

（7）江戸役所から「彼方角」（尾州・信州方面）の誰にたずねても、勘之丞は「非人頭之筋」であると回答がある。

（8）他方、嶋田村甚三郎は、（6）の勘之丞を下賤と断定しない書面を、「筋目正敷証拠」と申立て、勘之丞を本社配下の神職とするよう西宮に再度参上するつもりだとする書状を、江戸役所に送ってきた。
（9）勘之丞が「下賤之筋」か否かの確定ができない限り、①無理に要人の配下にしても、近国の配下の者全体の難儀となり、却って騒動・混乱の基となる、②信州と西宮の遠国を往来していても、本社から何とも指示を出すことができない、とし、飯田藩に調査を依頼しなければ、正確なことも判明しがたいという結論に達した。
（10）西宮神社の神主が江戸に在府している間に、飯田藩で嶋田村に居る勘之丞から調査をし、状況を回答してほしい。嶋田村に所在するという蛭子社に関する情報も、飯田藩江戸屋敷を通じて回答をお願いしたい。
以上の経緯を了解し、飯田藩側も早速嶋田村の調査に入った。

「非人頭躰」との噂

まず、寛保二年（一七四二）三月二五日、勘之丞の祖父から、代々当主の妻の出自を書き上げ、「下賤」との縁談がないことを述べた「勘之丞縁談之覚」が遺されている。(3)

［史料2］

勘之丞縁段（ママ）之覚

一祖父　　久太夫
　女房南山善太夫娘
右、南山へ参り詮議仕候所、先年有之候得共、其後潰、親類一切無御座候
一親　　勘之丞

女房供野村兵左衛門娘、是ハ只今迄百姓ニ而有之、只今之兵左衛門子勘之丞いとこニ而、供野村へ今度相尋候所、少も相違無御座候

一子　勘之丞

女房源五郎妹

一弟　武七

一親勘之丞弟　平六

一平六子　今勘之丞従弟　源五郎

右之通詮儀仕候所、如斯ニ御座候、下賤之者と一切縁組不仕候、以上

戌三月廿五日

この史料は、後年、安永二年（一七七三）に嶋田村役人が、村側に控が伝存していないとして、勘之丞家に伝わる書付を写し置いた冊子に収録されている。[4] 差出と宛所の記載がないものの、祖父や親の女房の実家を詮議し、「下賤之者」でないことを証明しようとしていることから、嶋田村の村役人が飯田藩に提出するために作成した書付であると推定される。干支も戌（寛保二年）三月という時期で、前述の調査の一環であったと考えてよいと判断される。

また、この冊子には、「嶋田村蛭子之社勧請之訳年数幷勘之丞筋目之儀御吟味被成候ニ付申上候口上之覚」と題され、勘之丞と嶋田村の村方三役が飯田藩に提出した回答書も収録されている。回答の内容は次の五ヵ条に及んでいる。年紀はないが、朱書と内容から判断し、やはり当該飯田藩による調査の一環で作成されたものと推定される。[5]

［史料3］

嶋田村蛭子之社勧請之訳年数幷勘之丞筋目之儀御吟味被成候ニ付申上候口上之覚

一嶋田村蛭子之社、往古有来申候得共、勧請之由来年数等之儀者相知不申候、社地ニ建候、古来何百年とも不相知森ニ而御座候、社地勘之丞居宅四拾間余引離罷在候事

右之所、前々御地頭様御除地書共有置候土地ニ而御座候、祠之高サ四尺六寸、四方四尺六寸ニ而御座候、社地

東十五間 南七間
西十二間 北十一間　百廿六坪

一勘之丞義、数代嶋田村之者ニ而、五代以前甚十、寛永十四丑年嶋田村惣御検地御座候節、禰宜甚十と名記有之、屋敷其外田畑御検地請候土地、只今子孫勘之丞迄数代控罷在申候、七代以前左源と申、其子清十、其子甚十、其子久太夫、其子又久太夫、其子勘之丞、其子当勘之丞迄七代者歴前相知申候、其以前名者相知不申候、三代以前久太夫、元禄六酉年、当国駒場村天台宗長岳寺住持乗圓法印九十年護身法授与之書付、牧下久太夫祐政と宛名御座候、人外之者ニ候者、右之通授与有之間鋪義ニ御座候事

一親勘之丞、西宮へ罷登り御役人中西弥右衛門殿ゟ免許状申請、御影相納候旦那場書付等迄申請、右之段去冬於西宮申上候節、御役人中被仰候者、右弥右衛門義者訳有之弐拾六年以前追放被仰付候、免状者元禄十五午年ニ而、四拾年以前弥右衛門役相勤候内差免し候書付ニ而、控有之候旨被仰聞候、右之免状去冬辻重左衛門殿江預ケ置、重左衛門殿ゟ書替証文御渡、只今所持仕候事

一当勘之丞母ハ、当国供野村百姓兵左衛門と申者娘ニ而御座候、妻ハ一類之内、従弟源五郎妹ニて御座候、右兵左衛門縁者ニ紛無御座候段、則書付取差上候事

一勘之丞儀、当村代々禰宜ニ而御座候処、当時貧賤ニ而相暮罷在候ニ付、非人頭躰ニ相聞候、御不審ニ思召、段々御吟味被成候、勘之丞恵美須社を持、御影所々へ配候禰宜職分、世上一統下賤成職と人々存罷在候処、今

度従西宮御改之趣ニ而者、賤敷職分ニ而無御座候義と奉存候、勘之丞代々禰宜ニ無紛、往古身上宜時節者、人々重ク存候義と存候得共、近年不身上ニ罷成、自然と世上之唱も不宜様ニ罷成候、数代嶋田村之者、筋目有之者ニ而、非人頭ニ而者曾而無御座候、依之去冬於西宮証文差上申候、当前不身上ニ而相暮申候とて、下賤成者ニ而ハ筋目も無御座様ニ世上之唱ニ逢、下賤之者ニ相立申候儀、嶋田村之者共残念至極奉存候、当時不身上ニ而相暮候迄ニ而、非人頭と申証拠、外ゟ申立候義有御座間鋪と奉存候事

右之趣、今度嶋田村百姓共幷勘之丞委細御吟味被成候付申上候通、少茂相違無御座候、為後日印形仕差上申候、以上

嶋田村蛭子社禰宜　勘之丞

同村惣百姓代　孫四郎

同村長百姓　孫四郎

同　留兵衛

同　五郎左衛門

組頭　武兵衛

同　何左衛門

同　喜平次

庄屋　長四郎

同　伊平次

（朱書）
「武兵衛組頭勤申故
右寛保二戌年カ
年月不見候　」

同　　　甚三郎

（1）嶋田村の蛭子社につき、勧請された経緯や年数は不明としながらも、社地は東側一五間・西側一三間・南側七間・北側一一間の一二六坪の土地で、前々から除地であり、祠は高さ四尺六寸、四方も四尺六寸の立法体で、これが社地に建っている。その社地は何百年経っているか不明な森となっており、勘之丞の居宅から四〇間余離れている。

（2）勘之丞が「人外之者」（「非人」）ではない。勘之丞は七代以前から代々当主の名前がわかる家筋であり、五代以前の甚十の時代、寛永一四年嶋田村惣検地帳に、「禰宜甚十」として名請けし、その屋敷・田畑を現在の勘之丞まで子孫が継承している。また、三代前の久太夫は、下伊那郡駒場村長岳寺住持乗圓法印から牧下久太夫祐政と宛名を記した九十年護身法授与の書付を受けており、「人外之者」（非人）ではないことは明らかである。

（3）西宮神社の免状について。親勘之丞が西宮に参上し、免許状と御影を収める旦那場の書付も申し受けた中西弥右衛門は、二六年前、正徳五年（一七一五）に訳あって追放された人物であるが、弥右衛門勤役中の元禄一五年（一七〇二）に発給された免許状であると控で確認できる。それを、去年冬、辻重左衛門に預け、重左衛門から書替証文（かわりに交付された同等の効力を持つ証文）を渡され、現在も所持している。

（4）勘之丞の母親は、供野村百姓兵左衛門娘で、妻は従弟源五郎妹である。勘之丞は兵左衛門の縁者であるとの書付を提出する。

（5）勘之丞は、代々嶋田村の禰宜であるが、現在は貧賤に暮らしているため「非人頭躰」と噂されている。勘之丞は、恵比須社を持ち、御影を所々に配る禰宜を職分としているが、世上では、こうした禰宜職を「下賤成職」と思っている。ところが、今回西宮から御改めがあり、この職分が「賤敷職分」ではないことを知った。勘之丞は、代々禰宜であり、往古に身上がよいときは人々も重んじていたが、近年不身上（貧困）となり、自然と世上でよく言われなくなった。数代嶋田村に在住する、家筋の明確な者であり、「非人頭」では決してない。以上の理由で、昨年冬に西宮で証文を提出した。今は不身上な暮らしをしているため「下賤之者」だと世上で言われるのを、嶋田村の者たちは残念に思っている。現在、不身上に暮らしているだけのことで、「非人頭」という証拠や外から言い立てているようなことは、あり得ないと考えている。

この書付の文中にある、「昨年冬」とは、前述した［史料1］（6）の、庄屋代甚三郎が勘之丞に同行して西宮に参上した時のことを意味しているとみられる。したがって、この［史料3］は、寛保二年の飯田藩による吟味に対して提出されたものと推定して間違いないものと考えられる。

この後、寛保二年一二月一日付で、摂州西宮社家東向佐膳・同社人辻重左衛門から牧下勘之丞へ、次の覚書が渡された。(6)

［史料4］

申聞ス口上之覚

此度御領主御役人中幷庄屋中ゟ茂書状申請罷登、段々願之通聞置候之間、追而吟味申上、別紙申付候証文之通、弥相違無之ニおいてハ、万端願之趣ニ相済候様申付、免状に茂相渡し可被申間、其旨可相心得者也

十二月朔日

摂州西宮社家　東向佐膳印

同　社役人　辻重左衛門印

牧下勘之丞江

すなわち、飯田藩と村の庄屋中からの書状をもって西宮に参上して願った事柄について、吟味を行った結果、別紙証文どおりで問題なければ、すべて願いどおりになるよう申しつけると、勘之丞の願いが聞き届けられる方向で述べられている。ここでいう別紙とは、同冊子に記された旦那場の覚書とみられる。これを表に示したのが、第二章第9表1・2である。これをみると、そもそもの発端となった寛保元年九月の尾州会所渡辺多門の宣言どおり、高須藩領域の六カ村は失い、そのかわりに飯田藩領以外の下伊那地域の知久知行書・座光寺知行書・代官所支配の村々を旦那場とするという内容であったことがわかる。

さらに、同年一二月二一日付で、西宮神主吉井左京亮目代山下主膳から牧下斎宮宛の、「相改申宮之事」と題する一札が記載されている。これは、恵美酒宮一社（高四尺六寸・広四尺六寸、一二六坪・除地）が、「神明長面」と引き合わせて相違ないとして、牧下斎宮（勘之丞）が控える社であることを認めた証文であった。

以上の経緯は、すでに寛保二年一一月晦日付で、摂州西宮社役人辻重左衛門から嶋田村庄屋森本甚三郎に宛てた書状で知らされていた。それによると、嶋田村からは兵三郎が勘之丞に同道して西宮に参上した。こうした嶋田村の村役人らに支えられながら、勘之丞は蛭子神社の神職の「筋目之者」であることを西宮本社から認められたのである。

「笠之者」の義絶

寛保二年（一七四二）一二月、勘之丞は、嶋田村の縁者に対し「兄弟・一家之縁を切」「義絶」することを求める願書を、飯田藩寺社奉行に提出した(7)。なお、この文書に年紀はないが、［史料5］の差出人名が、「勘之丞」ではなく神職として「牧下斎宮」であることから、［史料4］で西宮神社から神職として正式に認められた後のものとみられる。

また、「笠之者」が村役人に牧下斎宮（勘之丞）との義絶を代官所に願い出た寛保二年一二月付の文書が、本史料の前に記載されていることから、［史料5］を寛保二年一二月に作成されたものと判断した。

［史料5］

乍恐書付を以奉願候御事

一私儀先祖ゟ神職相勤候而、嶋田村笠と申所ニ数代住居仕来り候所、近年ニ至貧窮仕、縁者之者共下賤之営栄を以渡世仕来候処、当春至蛭子神像賦与之儀ニ付、本社西宮ゟ私筋目御吟味之儀御役所迄申来候ニ付、私先祖神職之筋、村中ゟ書付を以申上候処、委細御吟味之上、本社役人迄添翰被成被下候ニ付、本社ニ而茂私先祖神職之儀被申付、難有奉存候、然処、私縁者笠之者共、同様ニ戎哥・春田打・二季廻り、下賤之所作仕候而、御町幷御村方勧進仕罷通候、右下賤之所作、向後相止、私下役相勤渡世仕候得と申渡候得共、少々之儀ニ而者渡世難成候段申、得心不仕候、依之兄弟一家之縁を切、私神職相勤候得者、向後義絶仕候、然上者家業之儀、下賤之者共同様ニ勝手次第之儀ニ奉存候、右之段被為聞召分、被為　仰付被下置候ハヽ、難有奉存候、以上

嶋田蛭子社人

牧下斎宮

寺社

御奉行様

この史料により、はじめて牧下斎宮（勘之丞）が嶋田村の「笠」という所に代々居住し、「笠之者」が縁者であることが判明する。「笠」とは、すでに第二章や補論一で述べたように、嶋田村の中に包摂された「笠村」という集落で、そこに居住する「笠之者」は、「戎歌・春田打・二季廻り」により、町や村を「勧進」する集団であった。斎宮は、自身が神職の筋目であることが認められた後も、「下賤之所作」である「勧進」を縁者が続けていることを西宮神社

から咎められることを恐れ、「笠之者」に「勧進」を止めさせ、斎宮の下役を務めることを渡世とするよう求めた。しかし、「笠之者」は、斎宮の下役という「少々之勤」では生計が成り立たないとして、この申し入れを拒絶した。そこで、斎宮は「笠之者」が「下賤之業」を家業とすることは自由とし、そのかわり斎宮とは「義絶」し、縁者ではないと宣言し、これを認めるよう飯田藩寺社奉行に求めた。

これを飯田藩は認めたことが、「笠之者」が嶋田村庄屋に提出した同年一二月晦日付の一札から知ることができる。(8)

［史料6］

一札之事

一今度私共御願申上候ニ付、斎宮殿ゟ下役人相勤候ハヽ、御配分可被下候間、向後下賤之業相止可申旨被仰聞候処、少々之配分ニ而者、大勢之者共渡世難成候得共、只今迄之通、哥戎・春田打之所作幷二季廻り仕度段申候得者、下賤之業致候而者、本社江之仰訳茂無御座候得者、縁者幷皆之者共義絶可致旨被申渡、斎宮迄義絶之一札指出申候、依之私共御願之通、哥戎・春田打之所作幷二季廻り之儀、先規之通被為仰付難有奉存候、以上

寛保二年戌十二月晦日

善八
弥五平
平介
久七
喜八
平六
源介

文蔵
清吉
半七
小平
源五郎
武七
甚六
清蔵

嶋田村三ケ所
御庄屋衆中様
御組頭衆中様
御百性衆中様

この史料には、斎宮が「笠之者」に「下賤之所作」を止めさせようとした背景と、「笠之者」が義絶を選択した理由が、［史料5］よりやや詳しく記されている。すなわち、斎宮は本社への言い訳（「本社江之仰訳」）ができないため、また「笠之者」は斎宮の下役となることで「配分」を受け取ることができるが、その「配分」は少ないもので、「笠之者」の生計を支えるには十分ではない、ということがその理由だった。ここに名を連ねる「笠之者」一五人には、それぞれ妻や子供等の家族がおり、元文五年（一七四〇）段階で男女合わせて六三人に及んでいたことが知られており(9)、大きな集団であった。

ここで、前掲［史料2］に掲げた斎宮（勘之丞）の縁談覚書をみると、斎宮の父勘之丞の弟平六と、斎宮の弟武七が、連名する笠之者の中に見えることに気づく。また、平六の子は源五郎で、これも連名の内にその名を見出すことができ、さらに斎宮の女房は源五郎の妹であり、平六の娘ということになる。［史料2］では斎宮（勘之丞）の筋目が非人と縁組をしていないことを証明するために、父勘之丞の妻（斎宮の母）が供野村百姓兵左衛門の娘であることが強調されていたが、斎宮の女房の出自には言及されていない。もし源五郎が百姓身分であるならば、記されるはずであるが、それがないことに鑑みると、源五郎が笠之者である可能性が極めて高い。つまり、平六や武七のように、蛭子社人の家を継承しない次三男は、「笠之者」として「勧進」を行っていたものと考えられる。このように、斎宮と「笠之者」とは一族であり、「笠」という集落に代々居住する一つの社会集団であり、この実態を知る地域の人々からは、斎宮（勘之丞）を「非人頭」と見なしたということができる。

西宮神社の掟と「下賤」

以上、下伊那地域に居住した牧下斎宮（勘之丞）を通して、西宮神社の蛭子社人の実態を垣間見てきた。最後に、斎宮が血縁の兄弟を含む「笠之者」と絶縁しなければ、本社への説明が付かないとした根拠は、どのようなものであったのか。寛保二年（一七四二）二月に、西宮本社支配所が出した五カ条の「本社支配所定」(10)の二条目と三条目に、次のように記されている。

［史料7］

一恵美須神像田神神馬御守札等賦与之事幷平生共不行儀之振舞堅ク有間敷候、将亦神像等賦与之義、下賤成事之様ニ古来申習し、依之銘々茂如何ニ存候者不少趣ニ相聞之候、全以　西宮太神宮与申御神体之絵形ニ候へハ、下賤かましきなと申事沙汰之限有間敷所ニ候間、心底ニ茂左様之義堅存間敷候

一縁組等之事茂、武家・社家・町人・百姓之外、不慥他諸職人与取遣有間敷候、別而他社神職之人へ対し、無礼ハ勿論、随分和順ニ相交、多クハ随順可申事

二条目にあるように、神像等を配札する行為は、古くから「下賤」なことであると言い習わしている世間の風潮を

認識し、それゆえ各地の蛭子社人が自身でそのような意識を持つことを厳しく戒めている。逆にいえば、蛭子社人には「下賤」と通じる者が多かったことを示唆しているといえよう。また、縁組についても、三条目で、武家・社家・町人・百姓身分以外に、「不犒他諸職人」との縁組を禁じる条文をあえて入れているように、身分的に周縁化された人々との縁組が行われていた実態を窺わせる表現となっている。

つまり、斎宮（勘之丞）のような存在は、決して例外的なものではなく、まさに西宮神社が取り締まりをすべき実態を表現していたものといえよう。

斎宮（勘之丞）は、寛保二年一二月、「笠之者」とも義絶し、正当な蛭子社人と認められ、地域で作成される「宗門改帳」においても「蛭子社人」という肩書が付されることになった。しかし、安永二年（一七七三）、斎宮が亡くなり跡を次いだ伜松次郎（勘之丞）は、西宮神社への修復料を滞納し、像札の配布も怠り、実際には「笠之者」が行うに至る。この実態が本社側に知られ、ついに天明三年（一七八三）、嶋田村の擁護も虚しく、免許状を剝奪されることになるのである。[11]

注

（1）「御社用江戸日記」寛保二年正月六日御年礼（西宮神社所蔵）。
（2）『長野県史　近世史料編』第四巻（二）一二七〇号。
（3）国文学研究資料館所蔵・森本家文書二三C一六。
（4）国文学研究資料館所蔵・森本家文書二三C一六。
（5）国文学研究資料館所蔵・森本家文書二三C一六。
（6）国文学研究資料館所蔵・森本家文書二三C一六。
（7）『長野県史　近世史料編』第四巻（二）一二七二号、小木曽知恵子氏所蔵文書八六—一一・一五四—一四で原本校合を行って使用した。

（8）小木曽知恵子氏所蔵文書八六―三。

（9）「笠之者宗門改帳」（国文学研究資料館所蔵・森本家文書二三Ｃ一―七）。

（10）「御社用江戸日記」寛保二年正月六日御年礼（西宮神社所蔵）。

（11）国文学研究資料館所蔵・森本家文書二三Ｃ一六。

第三章　下役と身分的周縁

はじめに

本章は、百姓や町人身分とは区別された身分的周縁の者たちが、どのように地域社会と関係を持ちながら生活していたかを考察するために、信濃国下伊那郡を素材として、これらの人々と地域社会との関係をできるだけ具体的に明らかにすることを目的とする。

すでに第一章・第二章において、正月の万歳を行う「簓」（説教者）と、下伊那地方に固有な正月芸である「春田打」を担う「笠之者」について考察を加えた。そこでは、三井寺近松寺という本所を持つことで「説教者」となった簓と、本所を持たない芸能者集団である笠之者の実態について検討した。あらかじめ本章の前提となるかぎりにおいて、前章までで明らかにした点をまとめると次の五点になる。

第一に、簓の仲間組織である。下伊那郡に広く確認される簓は、一九世紀前期には立石村を中心とする米山組、飯田城下・上郷・下郷を中心とする飯田組、天龍川東岸の地域など、いくつかの「組」を形成し、こうした仲間組織に属することで自らの利害を守っていた。

第二に、簓が近江国関蟬丸神社（別当寺三井寺近松寺）の支配を受けていたことである。立石村斎藤家を組頭とする米山組は、享和元年（一八〇一）に蟬丸神社から、説教免許状と「関清水大明神蟬丸宮御由来之巻物」を下付され、蟬丸神社の支配を受けることになった。説教者は、近江国関蟬丸神社に神役を勤めるかわりに、説教の免許状を下付され、諸国の巡回を保証されていた。関蟬丸神社は各地の説教者を組に編成し、それぞれの組に「組頭」を置き、「組頭」を束ねる「小頭」を置き、さらに郡または国ごとに「惣頭」を置くという機構を設け、説教者を統制していたのである。下伊那地方では、立石村斎藤家が「小頭」を、そして文政年間以降は同家が「惣頭」を務めていたとみられる。

第三に、簓と村との関係である。簓は、支配領主の牢屋が置かれている村では牢守を務め、また悪党の取締り、村の巡回、火事の駆けつけ、死者の埋葬などの村役を務めていた。こうした仕事は、「不浄穢敷職分并番人等」として関蟬丸神社から禁じられていたものの、説教者の実体であった。このように職分の上では「非人」と通底しあうがゆえに、関蟬丸神社は説教者と「非人」との差異化をはかることに腐心した。天保期に発覚した飯田組説教者と「非人」との縁組一件においても、加担した説教者を除名し、「非人」に落とすという処分を行っていた。

第四に、本所が果たした役割である。三井寺が発給した免許状は、説教職の活動を保証するものであるが、さらに同職や他の職分の者との間での勧進場争いに効力を発揮した。高須藩本藩の長吏が、下伊那にある藩領域の警固役を勤めることを求めた時、説教者らは本所に働きかけて高須藩との折衝を委ね、勧進権を確保することに成功したのである。

第五に、下伊那郡嶋田村に固有な芸能である「春田打」を担う「笠之者」についてである。春田打とは、田楽の系譜を引き、鎌倉時代以来の伝統を誇示し、飯田藩主からも称賛をあびたという芸能である。これを担う笠之者は、嶋田村笠に居住する集団で、西宮蛭子社人と同族であった。しかし、蛭子社人の配下に入ることを拒否し、これと義絶し、春田打の芸能者であり続けることを選択した。村から自律した集団を形成し、嶋田村の番人＝「村役」を務めていたが、一九世紀前期に集団の統制が緩み、春田打の芸能も放棄してしまった。その後、嶋田村の説教者がこの芸能を引き継いだが、明治初期には芸は途絶えたという。この集団は、本所や権力への編成がみられない段階における身分的周縁と地域社会との関係を考える上で重要である。

以上、前章において明らかにした事実を踏まえながら、本章では次の二点を課題とする。第一は、簓や笠之者などの身分的周縁が、地域社会において「不浄穢敷職分并番人等」を担っていたのはなぜかということである。これは、地域に「非人」が存在するか否かという問題ではなく、必要とする村の警固役をどのような者に担わせるのかという、地域社会を構成する人々の意識から考えるべき問題である。すなわち、村や町が形成されていく過程において、どのような者が阻害され、地域社会の周縁に追いやられるのか、そしてこうして作られた村や町の人々と身分的に阻害された人々がどのような関係を築いていくのか、という視点から考えてゆくことが求められる(1)。

第二に、これと関連して、「不浄穢敷職分并番人等」という職分が「非人」のそれと通底しあうにもかかわらず、説教者や「笠之者」と「非人」との間に、「下賤」という点において線引きをしようとしたことである。それは、説教者や「笠之者」が意識的に自らを差異化しようとするばかりではなく、地域社会からも明らかに区別されていたとみられることである。前章では、簓や「笠之者」と深く関わりのある飯田城下の「非人」ともいわれる「谷川之者」について十分には検討することができなかった。そこで、本章では「谷川之者」の実態を明らかにするとともに、簓や「笠之者」などとの関係を考えることにより、地域社会の重層と複合の構造(2)について考察していく。

なお、前章で指摘したように、下伊那地域の簓が三井寺の支配を受けるようになるのは、最も早い米山組の享和元年以降とみられる。簓は三井寺の支配に入ると、「説教者」と呼ばれることになることは、次の史料から裏付けられる(3)。

［史料1］

差［　］(欠損)申一札之事

一我等共代々鄙摺之者ニ而、御村方下役相勤来り申候所、近来三井寺政所様万歳楽之御改御座候ニ付、仲間之者共内ニ而、年々三井寺江万歳楽御免之冥加永上納仕候、依之往古之名、説教与御改被下候ニ付、我等共密名右説教ニ御願申上候所、御聞済被下置難有仕合ニ奉存候、右様ニ被成下候而も、御村方下役之儀、古来勤来り候通、御役之義、昼夜ニ不限御村廻り、博奕吟味、御祝言、御仏事、御葬式、隠亡、行倒之仕舞、其外不寄何事仰付通り急度御勤可申候、我等共子々孫々迄申伝、右御役相勤、御百姓様御無礼無之、心得違無之様相慎可申候、若御本山ゟ御改有之、右御役難相勤り候節ハ、我等替り役相拵、御村方御差支無御座候様ニ仕、御暇ヲ願、他出可仕候、為後年一札差上申候、以上

天保七申年三月　　民　吉　㊞
清五郎　㊞
権兵衛　㊞

山本
御庄屋所

これは、天保七年三月に山本村鄙民吉他三人が、三井寺の支配を受けることになり、「往古之名、説教与御改」められ、村での呼称も鄙から「説教」と改めることを村の庄屋に求め、それを認められたという一札である。村々の史料にみられる呼称は、これほど厳密な使い分けをしていない場合もあるが、このように区別することが通例であった

ことを確認しておきたい。なお、本史料の「下段」に関する記述は後に検討する。また、本章では本所の支配を受ける以前の存在形態から考察を加えていくため、「簓」という呼称を用いることにした。

一　簓の存在形態

まず、簓に焦点をあて、近世前期からの説教者の存在形態を考察し、本所に編成される以前の簓と地域社会との関係を考えてゆく。

1　一八世紀以前の簓の存在形態

下伊那地域には、すでに指摘したように、一九世紀前期段階で、天龍川東岸に北から、福与村佐藤九郎兵衛を頭とする組、林村三浦三太夫を頭とする組、知久平村森杢太夫を頭とする組が存在し、対岸の天龍川西岸には、北から市田村加藤林太夫を頭とする組、立石村斎藤杢太夫家を頭とする組と、その南の親田村斎藤磯太夫を頭とする組が存在していた。これらの組頭は太夫号を称しているように、近松寺の支配に入った後、小頭である立石村斎藤杢太夫のもとに編成された「組」の頭であった。立石村を中心とする米山組が近松寺の支配下に入ったのが享和元年（一八〇一）であることから、この頃から、下伊那地方で近松寺の支配が及ぶようになったものと推定される。勿論、それ以前から村々に簓が存在し、お互いに旦那場の利害調整が行われていたがゆえに、近松寺は容易に簓の組織化に成功したことは想像に難くない。

まず、近松寺の支配を受ける以前の簓の存在状況を確認するために、近世前期から一八世紀段階の様相を検討して

（穢）が含まれていることが確認でき、第３表をみるとこの穢は上郷の別府村と下郷の上川路村に居住することが判明する。但し、別府村はその後の史料からも穢の存在は確認できないが、上川路村は、前述のように近世前期の検地帳からその存在が確認される。また、一四世紀前期開基の開善寺があり、穢との強い関係性を想定できよう。これについては、第五章で検討する。

次に、寛政一〇年（一七九八）に実施された飯田藩領の人馬数改めを、第４表として掲げた。第４表—⑷は、第２表—⑵の「河原者」に相当する者を示しているが、穢（「竹羅摺」）は二軒、一二人を確認することができる。この二軒が飯田藩領のいずれの村に所属しているのかはこの表から明らかではないが、後述するように天保一三年（一八四二）に上川路村の穢千代蔵が欠落ちしたあと、嶋田村弥市に跡役を依頼していることから[6]、上川路村と嶋田村の穢であると推定される。なお、上郷下郷で穢が二軒というのは、前章で明らかにした天保六年段階の上谷川九人、上郷筋の上飯田村一人・下黒田村一人・下市田村三人、下郷筋の山村一人・名子熊村一人・嶋田村一人・上川路村一人・北方村一人に比べてかなり少ない。これは、享和元年以降天保期にかけて三井寺の支配が及ぶとともに、村に下役として配置される穢の家数が増加していったことを示していると考えられる。

第２表—⑴　宝永３年 飯田領「民家」書上

		家数（軒）	人数（人）		
			男	女	計
惣町方家（飯田城下）		560	1,309	2,174	4,483
上郷中		1,082	3,011	2,787	5,798
内	箕瀬町・愛宕茶屋	127	128	162	290
下郷中		1,160	3,852	3,307	7,859

第２表—⑵　飯田領「河原者」書上

		家数（軒）	人数（人）		
			男	女	計
河原者		45	—	—	199
内	牢守一族	11	—	—	62
	両筋猿牽・竹羅摺・穢多等	34	—	—	167

［出典］　宝永３年「（領内町村明細改留帳）」『長野県史』近世史料編第四巻（二）1262号

おきたい。近世前期の検地帳に、「ささら」という肩書を持つ名請人を見い出すことができる。たとえば、慶安元年（一六四八）八月に上飯田村から畑一町九反六畝二四歩が分けられ、飯田城下の桜町の町並みが作られた際の反別書上げには、[4]「さゝら　久作」の土地として中畑二一歩と同一畝一八歩の二筆が含まれている。また、寛文一三年（一六七三）正月に上川路村の高持百姓一人別の定納高を書き上げた「上河路村百姓数之事」には、[5]三人の「さゝら」がみられる。上河路村の簓の定納高は、第1表の階層構成表をみると、いずれも一石未満と他の百姓にくらべてきわめて低くなっていることがわかる（上川路村の簓は、第五章参照）。

その後宝永三年（一七〇六）に、この上飯田村と上川路村を含む飯田藩領で、人別改が実施された。これを表にまとめたものが、第2表―(1)(2)である。この内、上郷筋一三カ村、下郷筋一六カ村についてそれぞれの家数人数の内訳を示したものが、第3表―(1)(2)である。まず、第2表をみると、(1)「民家」と区別される(2)「河原者」に、「竹羅摺」

第1表　寛文13年上河路村定納高による階層構成表

定納高（以上～未満）	人数
14～　石	1人
13～14	0
12～13	1
11～12	0
10～11	0
9～10	1
8～9	4
7～8	1
6～7	4
5～6	3
4～5	6
3～4	1
2～3	0
1～2	0
0～1	3
合計	25

［出典］　寛文13年1月27日「上河路村百姓数之事」（『長野県史』近世史料編第四巻（二）1258号）

第3表—(1)　宝永3年　上郷村方石高寺社民家等書上

		村　高（石）	社	祠	寺	山臥	堂	民家	竹羅家	穢多・ささら	穢多	ゑびす	備　　考
上郷	出原村	157.07	1	—	1	—	—	10	—	—	2	—	
	吉田村	1077.639	1	—	1	—	—	—	—	—	—	—	
	大島山村	385.0349	2	—	1	—	—	35	—	—	—	—	
	牛牧村	636.03	2	—		—	3	74	—	—	—	—	
	下市田村	1528.157	2	1	2	—	3	164	—	—	—	—	正保2年上下2村に分かれる
	上市田村	183.617	—	2	—	—	2	24	—	—	—	—	
	座光寺村	2030.4858	2	3	3	—	3	203	—	—	—	—	
	上黒田村	342.5365	1	—	—	—	5	32	—	—	—	—	
	下黒田村	783.8686	1	—	1	—	2	70	—	—	—	—	
	飯沼村	1250.876	1	—	1	1	—	124	—	—	—	—	
	南条村	450	1	—	1	—	1	35	—	—	—	—	
	別府村	4085.33	1	—	1	—	—	78	—	5	—	—	
	上飯田村	1713.23	3	4	3	—	6	125	—	—	—	—	
上郷合計		11678.4748	25	11	15	1	28	1800	0	5	2	0	

［出典］　宝永3年「(領内町村明細改留帳)」『長野県史』近世史料編　第四巻(二)1262号

第3表—(2)　宝永3年　下郷村方石高寺社民家等書上

		村　高（石）	社	祠	寺	山臥	堂	民家	竹羅家	穢多・ささら	穢多	ゑびす	備　　考
下郷	山村	1313.863	1	—	1	—	1	153	—	—	1	—	
	名子熊村	486.0996	2	1	1	—	—	67	—	—	—	—	
	一色村	159.896	2	—	—	—	—	25	—	—	—	—	
	北方村	497.019	1	1	1	—	2	122	—	—	—	—	
	大瀬木村	592.1987	2	—	1	—	4	127	—	—	—	—	
	上殿岡村	18.8223	—	1	—	—	1	22	—	—	—	—	
	下殿岡村	307.055	1	2	1	—	1	29	—	—	—	—	
	島田村	2013.848	1	6	1	—	4	192	—	—	—	10	
	毛賀村	520.7494	1	1	—	—	1	55	—	—	—	—	
	駄科村	559.8802	1	—	1	—	1	93	—	—	—	—	
	長野原村	224.386	—	—	—	—	—	22	—	—	—	—	
	桐林村	640.6838	1	—	—	—	1	71	—	—	—	—	
	時俣村	160.1595	—	2	1	—	1	56	—	—	—	—	
	上川路村	233.24	1	—	1	—	—	33	5	—	—	—	
	三日市場村	436.103	2	—	—	—	1	54	—	—	—	—	
	中村	291.961	—	2	—	—	1	31	—	—	—	—	
下郷合計		8321.5253	18	12	10	0	19	1158	5	0	1	10	

［出典］　宝永3年「(領内町村明細改留帳)」『長野県史』近世史料編　第四巻(二)1262号

第４表―(1)　寛政10年３月改　飯田・上郷・下郷　家数・人馬数一覧

	家数	人数			馬数
		計	男	女	
御町分	544	5816	3069	2747	7
上郷 箕瀬・愛宕坂共	1221	7521	3899	3623	744
下郷分	1606	8375	4341	4034	704
大平・勝負平共	25	135	69	66	0
合計	3596	29887	11377	10470	1455

第４表―(2)　寺院・門前

	家数				人数				馬数
	寺	塔中	門前	計	僧	男	女	計	
御町寺院・門前共	18	7	48	73	96	141	125	362	0
上郷寺院・門前共	14	2	9	25	49	63	19	131	13
下郷寺院・門前共	11	1	32	44	36	92	81	194	7

第４表―(3)　同心者・山伏・社人

	家数	人数				馬
			男	女	計	
同心者	38	16	—	—	16	0
山伏	29	14	25	52	91	0
社人	37	14	83	80	177	8

第４表―(4)　谷川・夷・簓・猿牽・癩・穢多

	家数	人数		
		男	女	計
谷川七左衛門	12	27	24	51
谷川非人	2	21	23	44
夷	15	31	34	65
竹羅摺	2	12	10	22
猿牽	20	46	32	78
癩	2	10	9	19
穢多	12	30	29	59
合計	65	177	161	338

［出典］　寛政10年改「飯田上郷下郷人馬数」(『長野県史』近世史料編　第四(二))

ところで、第４表―⑷にみえる「谷川七左衛門」・「谷川非人」の「谷川」とは、第１図のように飯田城下を貫通する谷川の河原で、「牢守一族・非人小屋有、古来ゟ段々建、牢屋并河原者を差置候事」[7]といわれる地域である。谷川七左衛門が「牢守一族」で、「谷川非人」とは、第４表―⑷にみえる家数二軒、男女合計四四人を数える非人の集団である。谷川の非人小屋は、『飯田細釋記　追加』[8]によると「延宝三年卯春ゟ夏に至て天下一同に飢饉す、辰年は猶々飢饉して餓莩山野に充々、乞食非人夥しく町々の道路をふさぐ、城主これを憐愍有りて、仮に助舗を補理入れ置かせ玉ふ、これよりして今の非人の助舗とは成たり、其時の長を三太郎といふ、今も長の名とせり」と記されているように、延宝三年（一六七五）・同四年の飢饉を契機に飯田城主によって建てられ、長は三太郎と名乗っているという。

他方、第一章で指摘した天保六年の簓と谷川非人との婚姻一件に関与していた「上谷川簓組」の四人が随身した浅右衛門は、「谷川両小家之頭役」[9]であるという。つまり、谷川には上小屋と下小屋が置かれており、その頭役が浅右衛門であったといえる。

「谷川七左衛門」一二軒は、谷川に居住する牢守一族で、第２表でみえる「牢守一族」である。谷川にある「籠屋」とは、第１図で確認することができる。元文五年（一七四〇）八月、時又村高野屋銀次郎が完成したという『信濃国飯田記』[10]には、「牢守七左衛門一類へ毎年茶筌竹三百文ツヽ、被下、古ハ弐百文宛運上差上候由、中頃より運上ハ不召上候而被下候事」と、飯田藩が牢守七左衛門一類に茶筅竹を下付し、茶筌を製作させ、運上をとっていたと記されていることから、谷川七左衛門一類は竹細工を行う簓であることが知られる。但し、実態は簓であっても、藩からは「牢守」身分として把握されていたため、第４表では「簓」ではなく牢守一族の「谷川七左衛門」として現れている。この他、第４表にみられるように、飯田領内には「夷」＝「笠之者」、「猿牽」、「癩」、「穢多」の存在が知られるが、

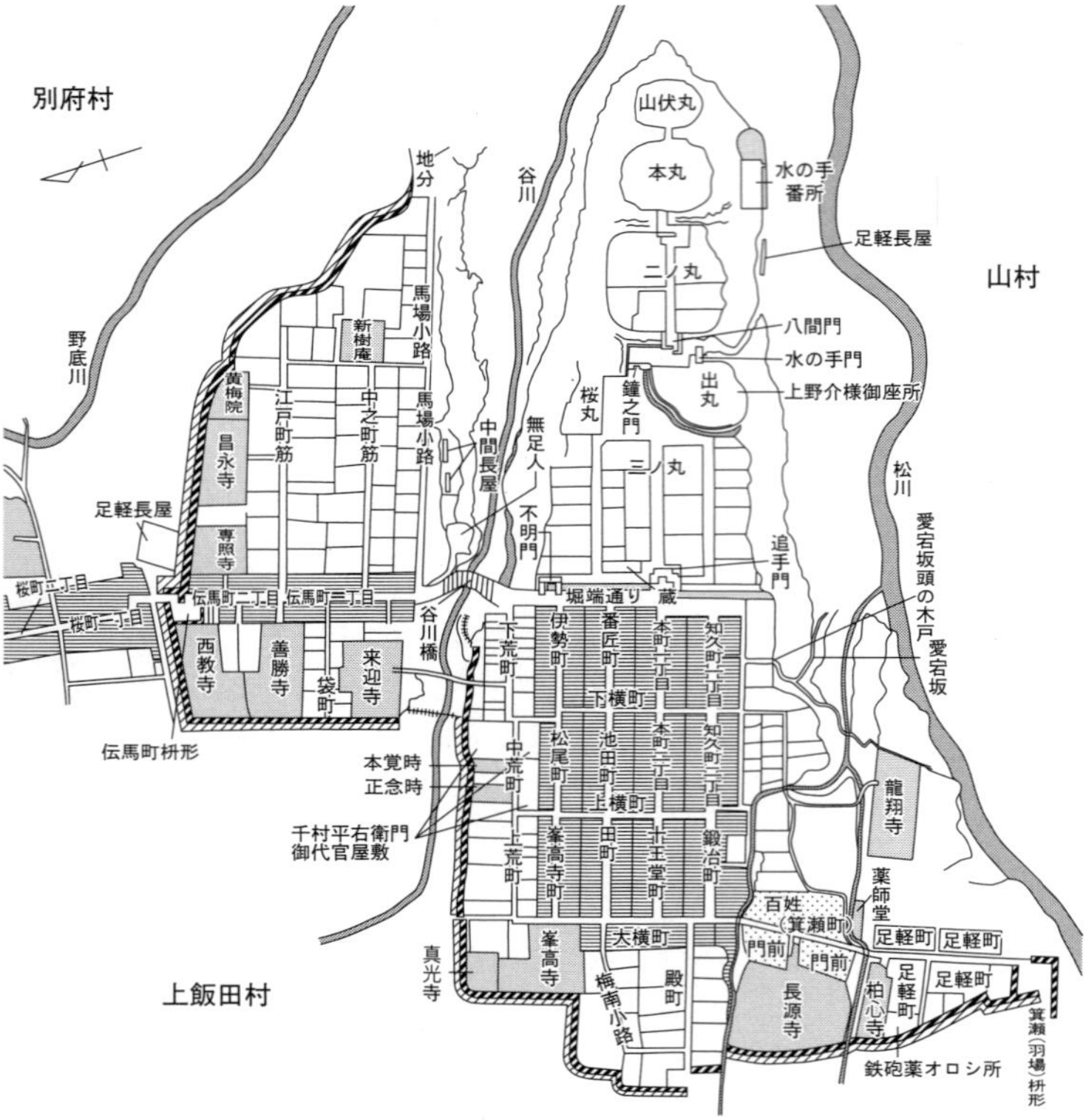

る　よむ　まなぶ　飯田・下伊那の歴史』（飯田市、2007 年）より。「飯田城下図」（1660 年代前後
教育会所蔵）をもとに作成されたもの。この絵図では、谷川橋の下部の河原（西側）に矢来柵で囲
田城下絵図では、ここに小屋が建てられていることが確認できる。

これらは次章で検討する。

次に、飯田藩領以外の地域をみておきたい。天龍川東岸の知久平村では、享保一三年（一七二八）に「さゝら控高」として中畑六斗二升四合、同三斗六升三合九勺六才、上畑一斗九升五合の定納高の土地が書き上げられている。この内中畑六斗二升四合は、検地帳に付いていると記載されていることから、近世前期から「さゝら控高」として存在したものとみられる。なお、知久平村には天明六年（一七八六）に簓六人（男女各三人）[11]、嘉永二年（一八四九）に一軒二人[12]、慶応四年（一八六八）に一軒四人[13]が確認されるが、「さゝら控高」の存在から、近世前期から村に一軒程度の簓が居住していたものとみられるのである。この他、知久平村に隣接する柏原村には、天明七年段階で「さゝら場主」四軒二二人（男一四人、女八人）が居住し、四軒で五人組も構成していたが[14]、安政三年[15]（一八五六）、明治二年[16]（一八六九）には一軒宛に減少している。また、知久平・柏原村より北に位置し、交代寄合知久氏の陣屋が置かれた阿嶋村に、おそくとも享保一五年から簓三〜四軒を確認することができる。中でも、享保一五年の宗門帳では、四軒の簓が、新田年貢高をそれぞれ四合、八升七勺、三斗三升二合九勺、五斗一升五合一勺と、わずかながら新田を所持していること

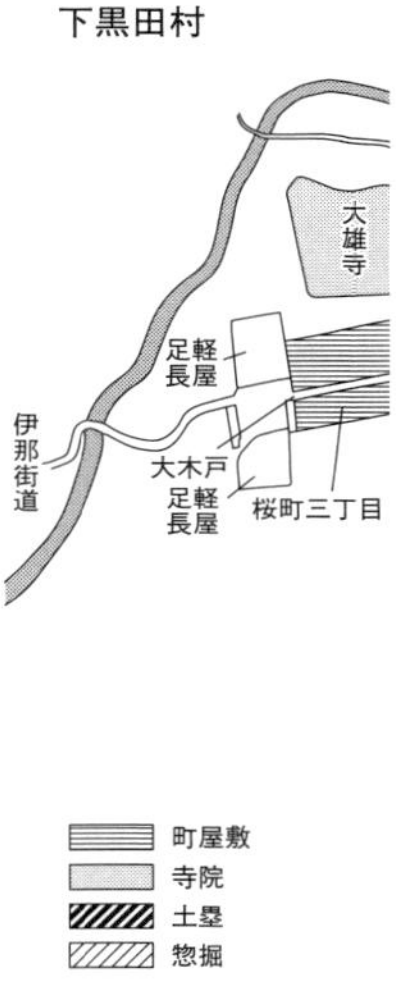

第１図　飯田城下町絵図
［出典］　飯田市歴史研究所編『み
の作成か。253×301 cm、下伊那
った空間がみえる。享保７年の飯

が知られる。他方、同知行所の河野村では、延享三年（一七四六）から天保五年まで断続的に伝存する宗門人別帳で、二軒から三軒ずつみられる簓はすべて「地なし」と記され、土地所持はみられない。[17]また、隣村の田村村でも、寛保三年（一七四三）段階で三軒一一人、[18]明治四年に一軒一〇人[19]の簓が居住していたが、享保三年、明和六年度ともに簓に該当する者の年貢高はみられない。[20]

なお、第一章で詳述した飯田藩領の南に展開する地域では、立石村の簓がおそくとも正徳期以来米山の畑地と屋敷地を村から借地して居住していたことが知られており、山本村の簓四世帯も、他の百姓地を借地していた。[21]

以上、断片的な史料からではあるが、一八世紀段階までの簓の存在状況について判明することは以下の二点である。第一に、簓は村や町に定住し、在方では新開地などの狭小な土地を所持する場合もみられるが、耕地というより主として小屋掛けの居住地とみられ、簓が農耕を主な生業としているとはみられないことである。第二に、簓は近世初期から「ささら」と表記され、百姓身分とは区別された存在であったことである。但し、飯田藩で「牢守」を務める谷川七左衛門とその配下が、「牢守一族」と呼称され、第一章で明らかにした米山の簓が旗本近藤氏の「牢守」として宗門帳に登録され、さらに幕府直轄領の今田村でも牢守を務める簓が「牢守」として捉えられるなど、実体は簓であっても牢守の役を担う場合は、公的身分を「牢守」として掌握された。

では、村や町に定住する簓は、どのような役割を果たすことで百姓・町人や他の諸集団と関わりを持ち、地域社会を構成していたのであろうか。次に、簓の職分を確認しながら、村や町との関わりを検討していきたい。

2　「役」負担

「役」負担の問題を考える時、公権力に対して果たす「役」と、村や町に対して果たす「役」を区別して考える。

まず、前者の公権力に対して果たす「役」は、牢守であった。但し、すべての鄬がその役を担っていたわけではなく、居住する村や町に領主の「牢屋」が存在する場合である。下伊那地域では、前述した飯田城下の谷川、幕府直轄領の今田村、旗本近藤知行所の立石村の他に、旗本知久知行所の阿嶋村の四カ所が確認されている。このうち、今田村に幕府領の牢屋が置かれていたのは、今田村の土豪二木氏の屋敷に下伊那の幕領支配のための陣屋が設けられていたためである。[22] また、立石村と阿嶋村にも、それぞれ近藤氏と知久氏の陣屋が置かれていた。

一方、村や町に対して鄬が担った「役」は、「下役」であった。「下役」の内容は、小川村と山本村の鄬が村に誓約した一札から知ることができる。まず、第一章［史料7］小川村の鄬しなと藤七が寛政三年に村に入れた一札[23]では、次の三点にまとめられる。①百姓の祝儀・不祝儀（「めっさい」）・法事の際に出仕すること。とくに「めっさい」の時には、「御棺へ御掛被成候衣類ハ取申間敷」と断っていることから、遺体の埋葬に関わる仕事であったことがわかる。②「あぶれもの」を「取しづめ」ること。すなわち、狼藉者の捕縛である。③「毎日御村中を廻」ること。すなわち村の巡回警備である。

他方、山本村の場合は、本章［史料1］「御役之義、昼夜ニ不限御村廻り、博奕吟味、御祝言、御仏事、御葬式、隠亡、行倒之仕舞、其外不寄何事仰付通り急度相勤可申候[24]」とあり、①日々の村巡回警備、②博打取締り、③祝儀不祝儀の際の出仕と死者の埋葬、④行き倒れの始末、⑤そのほか村からの命令による役目である。

さらに、立石村の場合は、第一章［史料6］村の庄屋からの申し渡しに、次の三項目が規定されている。[25] ①「盗賊幷悪党もの見付候節者、早速からめ置、庄屋所へ訴へ、指図を以相行べき事」。つまり盗賊や悪党者の捕縛である。②「火事之節、村方ハ勿論、仮令隣村成とも早速かけ付、けし可申候、其節うせもの等無之様ニ気を付可申事」とあり、村や近隣での火災に際し、駆けつけて消火にあたること。また、その際の防犯警備の役目である。③「村方諸作

経費内訳（史料より抜粋）	出典
盗賊火早キ節三ケ村廰共ニ遣し	文化7年正月「村諸勘定賄帳」（無番）
正人塚ニ行だをれ者有之、去酉ノ大晦日ニ廰ニ小屋掛ケ致させ、其上当正月元日ニ死去ニ付、堀いけ并薪いろいろ入用、格別之時分柄故、壱分猶吉親子へ取せ申候	文化11年正月「村入用諸勘定差引帳」（1-396）
無宿者帰牛原へ案内ちん也	文化13年7月「阿島むら用帳」（1-105）文化14年正月「村入用諸勘定差引帳」（1-107）
同断ニ付ろうそく代也	
無宿者帰牛原へ廿弐度両家ゟ遣し候案内賃	文化14年正月「村諸勘定覚帳」（1-426）
同断、壱度ニろうそく壱丁つゝ代也	
無宿弐人壱宿代	
八幡宮ニ乞食病人有之候処、平左衛門畑へこやかけ致し出し置候処、翌日相果申候ニ付、観音江無心致し片付候酒手也	
（盆後無宿泊り）、帰牛原へ案内賃、ろうそく代共ニ	
下道所ニ泊り候四人分払	
無宿壱人貫キ寄後泊り	
帰牛原へ無宿案内賃、同ろうそく代共ニ壱度六四文ツヽ也	文政2年正月「村諸勘定覚帳」（無番）
無宿泊り候代七人分渡	
無宿者帰牛原へ案内并下道ニ泊りも有之	
無宿泊り、原へ案内ちん并らうそく代	文政5年正月「村諸入用勘定覚帳」（無番）
無宿者弐人泊り代	
無宿者案内并ろうそく代也	
同断、壱人泊り代	
親子三人泊り	文政7年正月「歳内萬覚帳」（無番）
木せん壱人	
木せん壱人	
木せん壱人	

て替えた部分のみである。

第5表　阿嶋村簓関係支出一覧

年月日	金銭高	支払い先
文化7年7月7日	金2朱800文	忠左衛門殿へ
文化11年7月	金3両3歩727文	半七殿へ
文化13年12月15日	800文	猶吉へ
	264文	猶吉へ
文化14年7月10日	1貫100文	下道へ
	364文	下道へ
	200文	下道へ
	300文	下道へ
	1貫664文	下道へ
	400文	下道へ
	100文	下道へ
文政2年7月11日	732文	下道へ
	700文	下道へ
	900文	下道へ
文政5年7月1日	732文	下道へ
	200文	下道へ
文政5年12月28日	864文	下道猶吉へ
	100文	下道猶吉へ
文政7年2月14日	—	下道へ
同7月17日	—	下道ニ泊り
同閏8月朔日	—	下道ニ泊り
同10月27日	—	下道へ

[出典]　いずれも宇佐美家文書（喬木村歴史民俗資料館所蔵）
[注]　文政7年度は、村入用のうち、宇佐美家が名主として立

もの盗み取もの無之様、随分気を付可申候、若盗ミ取者見付候ハヽ、其場を追ひはらひ可申事」。すなわち、田畑の作荒らしの監視と盗人の捕縛である。

以上のように、「下役」は、村の警備と盗賊・狼藉者の捕縛、火事の駆けつけといった、百姓の生活の安全を確保するための仕事が共通にみられ、これに埋葬に関わる隠亡の仕事や、行き倒れ人の始末などが、村によって加えられたことが明らかになる。

次に、簓が行った「下役」のあり方を、阿嶋村を中心とし、具体的に検討しておきたい。第5表は、文化七年（一

八一〇）から文政五年（一八二二）までに、阿嶋村が村入用から鄽に支払った支出の内訳を抜き出したものである。この表から、次の二点を指摘することができる。第一に、行倒人の処理である。文化一一年七月には、正人塚という所に行倒人があったため、大晦日に鄽に小屋を作らせたが、翌正月元日、行倒人は死去した。正月元旦に遺体の処理をさせることになったことに配慮し、金一歩を特別に鄽の猶吉親子に渡したと記されている。[26]また、文化一四年七月一〇日、八幡神社にいた病気の乞食のために、平左衛門の畑地に小屋掛けをした。ところが、病人は翌日死去したため、「下道」（＝「下役」）鄽猶吉を通して埋葬を依頼した観音寺に酒手を渡したという。[27]このような行倒人の処理については、他村の場合においても知られている。田村村では、天保七年（一八三六）三月一三日、金毘羅参詣者を村人宅に一宿させたところ、「夜中病気発シ歩行難出来ニ付、医者に見せ候処、疫病之由ニ付、川原渡合沖村地之分江出し、家相補理、下役ニ申付、右之場所へ出し置候、尤喰物之儀者、村中百姓分へ帳面ニ致、其郷地ゟ相始申候、疫病故喰事運呉候儀も難出来候故、下役方迄持参致し、夫ゟ下役共持参り養ひ申候」とある。すなわち、一夜の宿を提供した金毘羅参詣者が夜中に発病し、疫病との診断を受けたため、集落からはずれた川原の村地に家をたて、村の「郷地」（小集落）で順に食事を用意して養生させたという。[28]その際、小屋をこしらえて病人を移し、食事を病人に届けたのが、下役であった。

第二に、無宿者の処置である。無宿者は、村に来訪しても正式には旅籠屋に泊まることはできなかった。[29]阿嶋村では、無宿者を、善三郎という人物の家に泊めていた。善三郎がどのような者であったかは明らかではないが、おそらく非人身分の者と推定される。文化一三年七月二五日、「無宿者払方多分ニ付、つり頭寄せ、仲ケ間内并小使共ニ寄合」[30]と、善三郎への払いが村入用の中でも多額に及んだため、釣頭（五人組頭）と小使役の寄合がもたれた。この後、無宿者の宿を善三郎から帰牛原彦左衛門に変更することになった。しかし、帰牛原は村の中心地から離れているため、無宿者を帰牛原まで案内していく役割を簓が負うことになった。帰牛原彦左衛門と善三郎との関係は明らかではないが、今は簓の関り方を確認しておきたい。また、これと同様の例は、上川路村でもみることができる。上川路村では下役民蔵に対して、「非人留并内村方見巡り褒美料白米壱斗・青銅二十疋ヲ遣し」(31)ており、行き倒れや無宿を収容する非人溜りの管理や、村内の巡廻を下役に行わせていたことが明らかになるのである。

3　簓と村・村人の関係

それでは、下役に対し、村として一定の反対給付を支給していたのか。あるいは、何らかの扶助を行っていたのか。次に、簓と村・村人の関わりを、具体的に検討していく。

まず、下役に対する給与であるが、阿嶋村と上川路村の村入用帳を検討する限り、毎年計上される定例の入用に、簓の下役に対する給分を確認することはできない。むしろ前項でみたように、行倒人の処理や無宿人対策など、具体的な下役を務める度毎に、村入用から礼金が出されていたとみられる。しかし、前述したように知久平村においては、「さゝら控高」の存在が確認され、また後述するように、上川路村では簓に納高三斗二合と柿相米四合の合計年貢高三斗六合分の土地を与えていたことが判明する。これらのことから(32)、一定の給分はみられないものの、耕作地の宛行いにより生活の保証を行っていた可能性を指摘することができる。

その他、次のような場合には、村として合力していることが確認される。第一に、簓が居住する家屋の普請である。阿嶋村では、文化七年(一八一〇)、簓猶吉の家屋敷普請にあたり(33)、必要経費金四両一歩二朱のうち、阿嶋村知久家中からの勧化分金一歩二朱と、阿嶋村百姓一軒当り銭五〇文、納高一石当り三六文が拠出されている(34)。また翌年、焼失した簓長松の居宅再建費金三両銭三九五文の内、知久家中の勧化分金〇両程、阿嶋村を除く知久知行所三か村の勧化金一両銭三〇〇文以外は、阿嶋村の村人から一軒当り二四文、納高一石当り一八文で出金した。[35]この他、上川路村では、天保一四年度の村入用帳に、特別経費として「下役小家普請入用、白木竹木大工人足諸雑用」二九貫五九二文が計上されており、上川路・時又・桐林村の軒割りで支出されている。[36]

第二に、代替わりに際しての勧化である。天保四年（一八三三）には、上川路村簓民蔵に対し、「代替ニ付、去ル巳年勧化願候処、村中ニ而金壱両遣し候」として、村から金一両を勧化することになっていたことがわかる。[37]

第三に、生活の扶助である。天保一四年度、「下役屋敷御年貢追々不納御未進」と、下役が屋敷年貢を未進しているとして、上川路村下役の屋敷年貢不納分金一両分を村入用から支出している。[38]また、阿嶋村では、文政元年（一八一八）、簓猶吉親子が「仲ケ間内附合等ニ而借用も出来仕候ニ付、私共仲ケ間内之芝居興行仕候様、御村方江奉願上候様申出候」と、簓仲間の付き合いで借金が嵩んでいるため、簓仲間で芝居興行を行う許可を求めた。ところが、村方で相談した結果、「芝居ニ而ハ銘々失墜」となる、つまり村人の費えを避けるため、芝居は許可せず、村中で金七両を勧化することになった。[39]

以上のように、下役を務める簓の生活を支えるために、村として居住家屋や生活の扶助を行っていたことがわかる。それでは次に、村人個人と簓との関係を、阿嶋村名主宇佐美家の場合に即して検討しておきたい。

第6表―(1)(2)は、宇佐美家の一年間の経営帳簿にあたる「歳内萬覚帳」[40]から、簓に関わる部分を抜き出して表にしたものである。(1)が文政七年度、(2)が翌文政八年度である。(1)の文政七年度の「歳内萬覚帳」は、次の一八の「口」から成っている。1金銭かし、2金銭かり、3請取、4入用、5給金、6歳貢（年貢―筆者注）、7雇人、8買物かり、9売物、10村用、11遣ひ物、12貰ひ、13万貸、14万借、15本役、16作物、17飯米、18万覚。本帳面はすべての項目が宇佐美家自身の経営に関するもので、このうち、10「村用」とは、村入用で支払うべき事柄を、名主である宇佐美家が立て替えて支出したものの控えであり、15「本役」も宇佐美家が勤めるべき本役負担分についての出勤記録になっている。こうした史料的性格を確認した上で、これらの口の中から簓（=下道）が関わる項目は、第6表のように六つの口にわたっていることがわかる。

まず注目されるのは、1「金銭かし」にみられる、簓（=下道）徳治郎への二件、合計金一両一歩の時貸しである。二件とも、二カ月以内に返済されている。この借金は、次の4「入用」にみえる三月一〇日の「代替り勧化」金二朱とともに、徳治郎の代替りに関わって宇佐美家から出金されたものとみられる。阿嶋村に居住する簓は文政七年正月一六日段階で、第7表の二軒である。徳治郎は、猶吉の実子ではなく、文政六年に女房と娘二人の四人を猶吉が引き取って、跡を継がせたものである。そのため徳治郎は、代替わりに伴う支出を宇佐美家から借金し、村からも勧化をうけたと推定される。

なお、11「遣い物」に「新盆見舞」として、麦粉二（二升カ）とささげ二把が徳治郎に渡されているように、猶吉は亡くなり、不祝儀が渡されたものとみられる(41)。

次に注目されるのは、簓が宇佐美家の田植え、田打ち、稲こきなどの農作業を手伝っていることである。まず、7「雇人」にみえるように、「下道　いと」は、稲こきを一四日分勤め、その謝礼としてみやしけ大根四把と餅白米一斗を受け取っている(42)。この「いと」とは、第7表の「文次郎女房」である。文次郎は文政四年の宗門帳からみられなくなることから、いとは女手で生活するために宇佐美家に手伝いに出たものと考えられる。ところで、「歳内萬覚帳」の5「給金」に付け込まれるのは、基本的に年契約をしている下男・下女で、その仕事は家内手伝い、農作業から本役勤めの代行まで、多岐にわたっている。これに対し7「雇人」に記されるのは、単発の雇用人に、文政七年度には、いとの他、農作業、洗濯、お灸とさまざまな雑用のため毎年雇われている「市介内」（市介女房）、農作業のための

対象	内容
徳治郎へ	三月朔日迄　同六日受取
下道　徳治郎へ	五月六日受取
下道　徳治郎へ	代替り勧化
徳治郎へ	目方百廿め　うなぎ七すし代
下道弐人へ	祝儀
下道いと	いねこき14日分
下道　徳治郎へ	見舞
下道　徳治郎へ	なすなへ弐百本并田うへいろいろ三日之礼
同人内	田うち田うへ二日之礼
下道　徳治郎へ	升物也
下道へ	新盆見舞
下道弐人へ	
下道　徳治郎へ	秋見舞之礼
下道　いとへ	秋見舞之礼
下道　いとへ	いねこき十四日之礼
徳二郎へ	秋見舞之礼
徳二郎	
下道　徳治郎分	〆弐百本　外ニ田うへ之節三日見舞有 右二色之礼ニ小麦一斗弐升くれ申候
徳治郎	田うち
同　壱人	田うち
徳治郎	ないとり
同人	田うへ
同　壱人	同
下道　徳治郎	田たなし二日、麦まき壱日
下道　徳治郎内	田こなし壱日
下道弐人へ	見舞

「磯介内」（磯介女房）・「兼蔵殿内儀」などがみられる。しかし、これらの雇人といととの違いは、前者が「賃」（労働の報酬）として銭を受け取っているのに対して、いとは野菜や米といった現物支給であったことである。

このような報酬の違いは、簓の徳治郎についてもみられる点である。徳治郎は、18「万覚」の「五月見舞受覚」と「秋見舞」と記されるように、田打ち・苗取り・田植えと田こなし・麦播きを手伝い、11「遣い物」の「田うへばく」にあるように小麦一斗二升と、「秋見舞之礼」としてのみやしけ大根四把・糀味噌一重・麦粉二升を受け取っている。

第６表―(1)　文政７年度「歳内萬覚帳」よりみた廝との関係

口取	項目	月日	金銭・物
金銭かし		１月29日	金１歩
		３月17日	金１両
入用		３月10日	金２朱
		６月28日	300文
		12月７日	200文
雇人	いねこき	閏８月23〜９月17日	みやしけ大根４わ
			餅白米１斗
遣物	年玉	３月１日	里芋１斗５升
	田うへばく	６月27日	小麦１斗２升
		同	白米３升
		同	麦２斗
	新盆見舞	―	麦粉２
			ささけ２わ
		―	籾２斗
		―	みやしけ大根４わ
		―	みやしけ大根４わ
		12月20日	餅白米１斗
		12月27日	糀味噌壱重
			麦粉弐升
貰ひ	年暮貰	12月29日	ごぼう１わ
万覚	籾種覚	４月21日	なすなへ80本
		５月３日	同100本ほど
		同	なんばんなへ20本
	五月見舞受覚	５月17日	―
		同	―
		５月19日	―
		５月20日	―
		同	―
	秋見舞	９月６・９・10日	大根４わ糀味噌１重麦粉２升遣し
		９月８日	わら９束ほどほこ竹13本くれ
	田うへ	５月20日	―

［出典］　文政七年正月「歳内萬覚帳」（宇佐美家文書）

この他、茄子の苗二〇〇本を宇佐美家に譲った礼も、この田植え等の礼に含まれていた（18「万覚」の「籾種覚」）。また、「同（徳治郎）内」へ「田うち・田うへ二日之礼」として白米三升、「田こなし壱日」にわらと竹が渡されているように、徳治郎女房も田打ちと田植えを徳治郎とともに手伝い現物支給を受けていたことがわかる。このように簓の農作業への報酬は、確認される限り現物支給であった。これは、簓が宇佐美家と「雇用」契約関係を結ぶ立場になく、「手伝い」とそれに対する「謝礼」の受授という、出入関係に包摂されていたことを示しているといえよう。但し、

対象	内容
徳治郎	10月26日迄、戌3月迄断、新帳へ出ス
下道ゟ	米1斗3升搗賃
下道 春駒へ	
下道　若物	川除け1日
	田打ち1日
	田植え1日
下道2人へ	見舞へ
下道2人へ	
下道　徳治郎へ	田うへ1日・ないとり（苗取り）1日、なすなへ（茄子苗）170本礼
下道　若物へ	三日之礼
下道　徳治郎	秋見舞之礼
下道　いとへ	秋見舞之礼
下道2人	
下道　いと	年玉
下道ゟ	
下道2人へ	次に「籾1俵ほと　こじき籾」あり
下道　徳二郎	〆2日并なすなへ礼、小麦9升粉にしてくれる
下道　徳治郎	
下道　金太郎	

第６表―⑵　文政８年度「歳内萬覚帳」よりみた範との関係

口取	項目	月日	金銭・物
金銭かし		９月16日	金１歩
請取		10月17日	11文
入用		正月17日	12文
雇人		５月５日	わら２束・白米３升
		５月11日	
		５月15日	
	本田うへ雇人	―	―
遣物	田うへばく	６月14日	麦２斗
		―	小麦９升粉にして
		―	白米３升・わら２束
		10月６日	みやしけ大根２わ・麦粉３升
		10月６日	みやしけ大根２わ・麦粉２升
		10月	籾２斗
貰ひ		正月13日	柿10くし
	年暮貰ひ	12月30日	ぞふり２足・がぞり２足
作物		―	籾２斗
万覚		４月15日24日二度に	なすなへ170本
		５月14日	ないとり１日
		５月15日	田うへ１日
		９月22日半日	礼、大根２束、麦粉３升遣し
		９月23日４つ頃ゟ	
		９月24日４つ頃ゟ	
		９月26日４つ頃ゟ	
		９月23日４つ頃ゟ	礼、大根２束、麦粉２升遣し
		９月24日４つ頃ゟ	
		９月26日４つ頃ゟ	

［出典］　文政８年正月「歳内萬覚帳」（宇佐美家文書）

4「入用」の六月二八日、土用の日に、うなぎ七筋代三〇〇文とあるのは、徳治郎がうなぎを捕獲して宇佐美家に納めたことを示している。
最後に、簓に対する定例の勧化を確認しておきたい。まず、4「入用」一二月七日の「下道弐人へ」祝儀二〇〇文とは、諏訪御師の暦代や初穂料と並んでつけ込まれていることから、簓二人への年玉と推定される。その他、11「遣い物」の籾二斗は、月日が記入されていないが、「駒場村さるや（猿屋）」への籾二斗と並んで記されていることから、秋の収穫後の勧化とみられる。さらに、11「遣い物」の「升物」として徳治郎に渡された麦二斗は、やはり「駒場村さるや」と「伊久間村舟人」への升物の麦二升と並んで記帳されていることから、夏の収穫後の勧化とみられる。つまり、宇佐美家から簓に、二季の勧化が行われていた。逆に、12「貰ひ」に「年暮貰」として、徳治郎がごぼう一把を持ってきているのは、簓が宇佐美家に歳暮を渡していることを示している。

第7表　文政7年　阿嶋村簓の家族構成

世帯単位	続柄	名前	年齢
一軒	父	猶吉	71
		徳治郎	29
	母	—	69
	女房	—	20
	娘	竹の	6
	同	まつ	2
一軒	文次郎女房	—	40
	娘	くら	5

［出典］　文政7年正月16日「宗門御改帳」宇佐美家文書

以上、宇佐美家と簓の関係をみると、二季廻りと年礼などの儀礼、金銭の貸借の他、農作業の手伝いと、かなり密接な出入関係が存在していたことを指摘できる。但し、このような密接な関係は、村の名主であるがゆえのものとみられ、村人すべてと結ばれていたわけではないと考えられる。

二　「下役」と身分的周縁

次に、下伊那地域で「下役」を務める簓以外の者を検出し、「下役」を担う身分的周縁の内部構造を明らかにしていく。

1　芸能と身分的周縁

下川路村関島家の安政六年（一八五九）「萬日記覚帳」(43)の冒頭部分（前掲補論二参照）をみると、関島家には、立石米山の万歳、南伊豆木別所坂の万歳、嶋田村笠村の跡を務める弥市の農業祝、そして馬屋の祝＝猿牽が門付けし、これに対して関島家では毎年定まった祝儀を出していることがわかる。

このうち嶋田村笠村の跡を務める弥市の農業祝とは、「笠之者」の「春田打」のことを意味している。「笠之者」とは、前章で述べたように嶋田村の「笠村」という地域に集住する芸能者で、前掲第4表で「夷」と一括された人々である。「口上書」写しをみると、文化頃に笠之者がささいなことから春田打を途絶させたが、二〇年余りたって弥市により再興されたと述べられている。これは、前章で触れた、文化五年（一八〇八）に嶋田村村役人が笠之者の礼式の乱れを糺すために、笠之者の頭取を更迭し、新たな頭取をたてようとしたことに端を発する一件を指していると考えられる。笠之者は、適任者がいないことを理由に頭取を選出することを拒むと同時に、それまで務めてきた「村役」＝村の「番人」を放棄した。そこで、文化八年閏二月、村役人は笠之者が「村方下役」を務め、村役人の指図に従うことを求めて代官所に出訴した。(44)その吟味中に、笠之者四人が手鎖の処分を受けたが、八幡神主大平左馬助らが内済に入り、一件は終息している。おそらくこの数年に及ぶ一件が原因で、笠之者の春田打は途絶えたものと推測される。

春田打を復活させるのに力を注いだのは、嶋田村庄屋嶋田良造である。嶋田良造は、文政一一年（一八二八）一二月に春田打の「田祭田哥祝詞」を写し取り、その末尾に次のように記している。(45)

［史料2］

此哥享和之頃迄、笠村ナル者雌雄ノ面ヲ以テ四組ト成、正月事始ニ邑中舞歩行、イサヽカ事ニテ差留置タリ、予思ニ賤シキ能ト云トモ、古キ事ノ絶タルハ惜キ事ニ思、笠ノ者可致由申ト云トモ、面ハ宮ニ奉納ノ由、哥詞ハ忘失ノ申ス断申テ不致、依之当番人ナル弥市ナル者ニ申付、絶タルヲ続、昔ノ古風ヲ残シ、児童ニ見セシムル者也

ここには、途絶えていた笠之者の春田打を再興しようとする嶋田良造の思いが綴られている。すなわち、享和頃までは笠之者が雌雄の面をつけ、四組にわかれて正月事始めに村中を歩いていた。しかし、些細なことから途絶えてしまった。いかに賤しい能といっても、古いことが絶えることを憂えた嶋田良造は、笠之者に再興を呼びかけたものの、すでに面を八幡神社に奉納し、春田打の歌詞を忘れたとして、笠之者は再興しようとしなかった。そこで良造は、当時嶋田村の番人を務めていた弥市に申しつけて再興し、古い風習を残し、子供たちに春田打をみせることにしたという。ここで跡を務めることになった弥市とは、すでに述べたように簓であった。

簓が行う芸能は、これまで述べてきた万歳の他、正月の春駒や、芝居興行、高砂舞、初駒など、多岐にわたっている。たとえば、田村々の簓松五郎の倅栄三郎が、田村々村役人に春駒を願い出たとき、村役人は「川野村下役相違、差留メ候替り、差ゆるし申候」[46]と、それまで廻っていた隣村河野村の簓に替えて栄三郎の門付けを許している。また、前述したように、阿嶋村簓猶吉親子が借金の返済のために「仲間内之芝居興行」をしたいと村に願い出ている。さらに、南条村浜島家の安政四年正月「諸色記録帳」[47]の「例年御初穂控」には、高砂舞・初駒という門付けも記録されている。このように、簓は万歳のみならず、多様な正月の祝福芸を担っていたのである。

2　「下役」と身分的周縁

それでは次に、猿牽などの身分的周縁と村・村人の関わりについて検討していく。

まず、猿牽については、次の史料が注目される。(48)

［史料3］

証文之事

一私儀、駒場村ゟ当村江引越村役相勤申候ニ付、御役所様ゟ被仰付候御用之儀御座候節、何様之儀ニ而も早速罷出、急度相勤可申候、勿論村方ゟ御用之義被仰付次第、何ニ而も昼夜共ニ違背仕間敷候、其外御上之儀ハ申上ルニ不及、村方衆中へ子孫ニ至迄無礼我儘成義申間敷候、為後日証文仍而如件

猿引

寛延弐年巳三月　　四郎三郎㊞

庄屋　御百姓　衆中

これは、駒場村の猿牽が寛延二年（一七四九）に久米村に引越し、「村役」（下役）として、高須藩の御用と村方の御用を務めることを誓約したものである。駒場宿には、猿牽の集団が居住していた。

南条村では、慶応元年（一八六五）、「上飯田村左内配下、加々沢癩之者与次郎厄介ニ御座候處、当丑三月村方下役ニ召抱候」として、癩者＝与次郎のもとで「厄介」となっている、三十三歳吉太郎家族、男一人、女四人の計五人を下役に召し抱えたことを、飯田藩に届けている。(49) この一文から、加々沢には、癩の人々が居住していたこと、癩者は上飯田村の左内という者が支配していたことがわかる。

また、先述したように、嶋田村の下役は文化年間まで笠之者が務めていたが、文化五年からの一件の後、谷川七左衛門が派遣した弥市に引き継がれたものとみられる。弥市は、おそくとも天保一四年（一八四三）以降その存在を確

認できる。弥市の家族には「厄介」の女性三人と「配下之者」の家族が含まれており、家族数も明治初年までの間に九〜一五人、その配下も最大で総人数二五人に及ぶ集団をなしていた。

このように、下役は村にとって不可欠な存在であった。それまでの下役が「村役」を務められなくなった時、村々はどのように対応したのか、伊豆木村の場合についてみておきたい。伊豆木村下役の弥作は、天保一三年二月七日に立石村米山の簓弥吉倅兼十郎とともに欠落ちした。(50) そのため、六月二八日に「留守居として上川路村民蔵倅千代蔵、改名仕庄六と申者、当事(時)るすいニ差置申候」とあり、近村の上川路村簓民蔵倅千代蔵を当分留守居として置くことになったという。(51) ところが、千代蔵自身も天保一三年七月に欠落ちしたため、上川路村下役の跡役は嶋田村簓の弥市に申しつけられた。(52) このように、下役は村にとって必須の存在であったため、欠落ちがあっても即刻留守居を置くか、跡役をすみやかに補っていた。前掲［史料1］でも、本所の意向で村役を務められなくなった時は、「替り役」を拵えると約している。その際、近村の下役に依頼することが通例であったとみられる。

3　谷川七左衛門と町・村との関係

それでは次に、飯田城下の谷川七左衛門と村々の関係を考察していく。はじめに、谷川七左衛門が飯田城下において担った役割について考察する。その際、谷川七左衛門を頭とする簓の牢守一族と、谷川非人との違いに注意しながら検討していきたい。

まず、牢守と非人が飯田藩から課された役について、『飯田萬年記』(53) には、次のように記されている。

［史料4］

一不明御門坂頭ヨリ伝馬町坂頭迄ハ、谷川ノ非人共役ニ掃除仕候

一谷川通ノ内人放レ場ニ候故、牢守ノ八郎兵衛出店仕、夜ハ四ツ迄行燈出置可申旨御願申上候処、御免、出店仕候事

ここから、谷川非人は飯田城の不浄門といわれる不明門（第1図参照）から伝馬町入口までの谷川橋辺りの掃除役＝キヨメを担っていたことがわかる。一方牢守八郎兵衛は、人家から離れた谷川通りの治安を守るためという名目で、店を出し、夜四ツ時（二二時前後）まで明りを灯すことを許可されている。この店とは、前述した『信濃国飯田記』に、七左衛門が藩から茶筅竹の下付を受けて運上を上げたと記されているように、篾の生業の一つである竹細工の店と考えられる。これに対して、非人は生産労働には携わらず、飯田藩が飢饉後の延宝四年に煙草作りを奨励したときに、煙草の茎を集めて一〇筋を一把として鳥目三銭で買い取ったと前述の『飯田細釋記　追加』に記されている。(54)

次に、飯田城下の町との関係で谷川非人と牢守一族との違いが注目されるのは、無宿の捨て子や行き倒れ人の処置への関わり方の違いである。享保七年（一七二二）一一月八日、大横町梅南小路木戸際に、腰の立たない一〇歳の子供が放置されていた。吟味したところ、平谷村の者であるというので、郡方代官から平谷村に問い合わせが行われた。しかし、平谷村藤七が自分の倅ではないと言ったため、「谷川八兵衛へ被仰付、非人部屋へ被遣、大横丁之者立合相渡し申候」と、代官が谷川八兵衛に命じて非人小屋に引き渡したという。(55)ここで、谷川八兵衛とあるのは、［史料4］の谷川八郎兵衛と同じ者で、のちに谷川七左衛門と呼ばれた頭とみられる。

また、正徳四年（一七一四）一一月には、堀端伝馬町筋に六歳の男子が捨てられていた。この子は、「当秋、女乞食右之子連廻り候間、谷川非人小屋ゟ、御領分乞食無用之由申候ヘハ、其後何方ハ（ママ）参候哉見ヘ不申候、右之子ニ紛無之ニ付、七左衛門罷出、谷川非人小屋へ入置候由之事」(56)と、一旦は断った女乞食が連れていた子に間違いないと判明したため、谷川七左衛門から谷川非人小屋に引き渡されたのである。

正徳六年五月には、上黒田村の往還に居た山村の者という病人が、飯田町に送り届けられた。しかしこの者は、二四、五年前まで山村で譜代奉公をしていたものの、譜代の縁を切った後は山稼ぎで各地を転々としていたことが明らかとなり、歩行が可能となるまで藩から助扶持一人扶持を与え、谷川七左衛門に預けられることになった。この病人は結局七月に亡くなっている。(57)

このように、飯田城下の行き倒れ人や無宿の捨て子などは、藩の役人から谷川の牢守に一旦預けられ、それから必要のある者は非人小屋へ引き渡すという手続がとられていたことが明らかになる。この手順を考えると、牢守が谷川非人を配下に置く関係にあったとみられる。この点は、上川路村において、「非人留(溜)」を簓民蔵が管理していたように、下伊那地域の簓と非人の序列関係にも通じていると推定されるのである。

飯田町は、谷川の牢守に対し、町入用から年間銭一貫四〇〇文を支給していた。これは、飯田町が目明に渡す「目明礼金」金一両一歩、銭三四四文と比べると少額であるが、「年々目明へ六町七町ゟ金子差遣し有之、幷ニ谷川へも同様ニ候」と記されているように、「目明礼金」とともに町の治安維持のための入用として毎年計上されるものであった。(58)

この他、牢守は、飯田領内において、操り・芝居などの芸能興行を行っていた。享保一五年度には、次のように寺社の御免勧化による興行と並んで、「谷川牢屋之者共」による操りが認められている。(59)

［史料5］

享保十五年戌春於御領分狂言操り相撲之類御免

上飯田今宮ニテ操り十日　　神主願主

別府天王原ニ而操り十日　　谷川牢屋之者共願

嶋田村柿木嶋ニテ狂言芝居十日　龍祥寺願
嶋田村八幡原ニテ角力　関甲州ゟ来ル

すなわち、飯田城下北東の別府村天王原で、一〇日間の操りが認められている。

以上、断片的な史料から検討を加えた結果、谷川の牢守一族は、谷川非人を配下に置き、藩から牢守と治安維持の役割を与えられる一方、町からは在方の廓と同様に、町の番人としての役割を期待されていたことが明らかになった。そして、その対価として、町入用からの供出金と、芸能興行の特権が与えられていたといえよう。

最後に、下伊那の在方と谷川七左衛門との関係について考察する。

飯田藩領上川路村では、天保五年（一八三四）一二月の「不事」入用（臨時支出）に、谷川七左衛門への棟役金一歩が計上されている(60)。これについて、「例年弐百文宛棟役遣ス之処、七左衛門願ニ付、午年ゟ十ケ年分来ル卯年迄テ、当役庄右衛門遣し置ニ依、印置申候」と注記があり、谷川七左衛門に毎年渡すべき銭二〇〇文が、一〇年分をまとめて、庄右衛門が支給したと書き記されている。また、天保一三年には、「本貫雑用惣役分」（定式入用）の中に、「谷川七左衛門壱代ニ壱度之勧化」とあり、谷川七左衛門の代替り勧化分が出金されていたことがわかる。このことから、谷川七左衛門が上川路村を旦那場としていたことは明らかであろう。他方、天保七年の「不事」入用には、「谷川上小屋ノ者、上原渡しニ候ニ付勧化」として米一斗を支出した記事があり、谷川非人も勧進にまわっていたことが知られる。

また、今田村では、月番の村役人が役務の参考にするために村の公式行事を記した「今田村定式」の九月の項目に、牢守への出銭が記されている。今田村は飯田藩領に組み込まれるまでは、飯嶋代官支配の幕府領であったが、その時代には、「飯嶋牢守谷八村廻り、但し賃銭弐百文(61)」と、飯嶋陣屋の牢守谷八が廻村していたことが確認できる。一方、天保一四年に飯田藩領に編入されて以降は、「飯田谷川牢守廻りニ見へ候節者、月番ニ而弐百文遣し可申事」[62]、「谷川下役廻りニ見へ候節者、月番ニ而弐百文遣し可申事」[63]とあり、飯嶋牢守に替わって谷川の牢守が廻村するようになったこと、また勧進銭高も上川路村と同じ銭二〇〇文であることが判明する。

以上のことから、飯田藩領の村々には、谷川七左衛門配下の牢守が旦那場として廻村する権利を持っており、年額銭二〇〇文という定まった金銭を村から受け取っていたと推定されるのである。

それでは、谷川七左衛門と領内の簓との関係はどのようになっていたのか。この点を考えるため、飯田藩領嶋田村で下役を務める笠之者が、谷川七左衛門の支配を拒絶した一件を検討する。

笠之者は、第二章および［補論三］で述べたように寛保二年（一七四二）に牧下斎宮と義絶し、それまで職分としていた春田打と歌恵比須のうち、歌恵比須を停止することになった。この経緯を、西宮本社側の史料で補いながら、再度整理して述べておきたい。

事の発端は、西宮神社名古屋会所の渡辺多門が、寛保元年九月に下伊那の高須藩領をすべて旦那場とすることを牧下斎宮（勘之丞）に通告してきたことにある。その直後の一〇月に、勘之丞は西宮本社に愁訴し、高須藩領内でこれまで勘之丞の旦那場であった竹佐・山本・中・久米・柏原・虎岩六カ村は、渡辺多門の旦那場から除外するか、または、飯田藩領内でこれまで勘之丞の旦那場ではなかった村々を含む高須藩領以外の地域すべてを、自分の旦那場として認めることを求めたのである[64]。この双方の訴えを聞き、西宮本社が問題としたのは、①勘之丞が数十年本社へ姓名も知らせないまま、「西宮職分」を務めてきたこと、②勘之丞が「非人頭筋目之者」であるとみられること、の二点である。勘之丞は、①については、元禄一五年（一七〇二）に西宮社役人中西弥右衛門が発給した免許状を証拠として提出し、嶋田村に蛭子社を所持していると訴えた。また②については、勘之丞に同道した嶋田村庄屋代甚三郎が、

「下賤者ニ有之候ハヽ、後日いヶ様之御沙汰ニも可被仰立旨」と身元を保証する請印を提出した。しかし、西宮本社は、「非人頭」ではないとの証拠がないとして、名古屋会所の本社役人蓑和田要人に吟味を申しつけた。その後、要人は「下賤」か否かの判断を下さなかったため、西宮江戸役所が飯田藩江戸留守居に、勘之丞の筋目と蛭子社について吟味を委託した。飯田藩は、嶋田村に証拠書類の提出を命じ[65]、これを受けて嶋田村村役人と勘之丞の連名で、「嶋田村蛭子之社勧請之訳年数并勘之丞筋目之儀御吟味被成候ニ付申上候口上之覚[66]」が提出された。

この口上書では、次の三点が述べられている。第一に、勘之丞が所持していると主張した嶋田村蛭子社の由緒の正しさについてである。蛭子社は領主から除地と認められている上、社地は何百年とも知れない古い森にあり、しかも勘之丞の居宅と続き地であるとし、勘之丞の主張を擁護した。第二に、勘之丞が七代以前から続く筋目ある禰宜の家柄であることである。第三に、「非人頭躰」という噂により西宮神社側が不審に思っている点については、「当前不身上ニ而相暮申候とて、下賤成者ニ而ハ筋目も無御座様ニ世上之唱ニ逢、下賤之者ニ相立申候儀、嶋田村之者共残念至極奉存候、当時不身上ニ而相暮候迄ニ而、非人頭と申証拠、外ゟ申立候義有御座間敷と奉存候」と、あくまで「不身上」であるためであり、嶋田村としても「非人頭」とする世間の証拠ない申し立てを残念に思っていること、が述べられている。この口上書を受けて、西宮本社は勘之丞に改めて免許状を下付し、蛭子社人であることを認めたのである。但し、旦那場は先規どおり、高須藩六カ村と飯田藩の一部を除く村々とした[67]。

こうして勘之丞（斎宮）が蛭子社人と認められたため、勘之丞の縁者である笠之者の処遇について問題が浮上することになった。

斎宮は、笠之者が「戎歌・春田打・二季廻り、下賤之所作」をし、「御町并御村方勧進」してまわることをやめさせ、自分の「下役」を務めるよう求めた[68]。斎宮は、自分が蛭子社人であるためには、「非人頭」という「下賤者」ではないことが条件となっていたため、縁者が「下賤之所作」である「勧進」を行う者であってはならなかったのである。

しかし、ここで注意したいのは、笠之者の処遇に谷川七左衛門が関与してくることである。谷川七左衛門は、笠之者に「其方村中只今迄致来候諸事之職分相止、斎宮殿同前自今已後仕候様と被存寄儀」と、これまで笠之者が行なってきた「職分」（戎歌・春田打・二季廻り）をやめて斎宮同様の職分を務めること、つまり斎宮の下役となることを求めてきた。これに対して笠之者は「無筋義」として、七左衛門の関与の停止を求めて嶋田村に願い出た。すると、嶋田村役人は「他村之者共同様ニ、遂断を而成共可廻哉」と、他村の者＝下役のように七左衛門に断ってまでも勧進に廻るかと尋ねたという。逆にいうと、他村の下役らは、谷川七左衛門の許可を得て廻村しているということになる。この間の事情は、笠之者から村役人になされた、次の回答からも窺うことができる。(69)

［史料6］

先年江戸表団左衛門(ママ)ゟ諸国書出シ有之候節、谷川親七左衛門ゟ御領分中支配可致旨、依之私共義も支配請候様ニと申、再三及争論候所、私共義古来ゟ訳御座候而申分相立、御領分之内私共斗断不致、先規之通相廻り申候、唯今改り七左衛門支配ニ相成候而者、此上如何様成儀被申掛候而も違背難成筋ニ御座候而、迷惑至極ニ御座候、依之何様之義相成候共、七左衛門方江断ヶ間敷儀決而致得申間鋪旨（下略）

すなわち、江戸の穢多頭弾左衛門が諸国に支配を及ぼそうとしたとき、先代の谷川七左衛門がこれを排除し、自ら飯田藩領の支配をすることになった。その際、谷川七左衛門が笠之者を支配しようとしたため、再三にわたって争論となり、笠之者が「古来ゟ訳」を申し立て、支配を免れてきたという。そのため、今回も谷川七左衛門の支配を受けることは決してできない、と回答したのである。ここから、おそくとも一八世紀半ば近くには、飯田藩領域は谷川七左衛門の旦那場となっており、笠之者を除く村の下役は谷川七左衛門の傘下に入っていたことが明らかになるのである。

それでは、飯田藩領以外には、谷川七左衛門の支配は及んでいたのであろうか。ここで注目されるのは、次の三つの事例である。第一は、千村平右衛門預所支配の清内路村において、嘉永二年（一八四九）三月、「谷川七左衛代替り之節ニ者四百文づゝ出銭可致事」と取り決められたことである。(70) 毎年谷川七左衛門が清内路村を廻村していたかを確認できないが、谷川七左衛門の旦那場は千村平右衛門預所にも存在していたことがわかる。第二は、第一章で触れた、高須在住の長吏清右衛門が下伊那の高須藩領一万五千石の「下役取〆」を行うとして、文政元年（一八一八）に簓（説教者）の勧進を差し止めようとした一件である。この時、説教者は、仲間の頭役である立石村斎藤家を惣代として、本所の三井寺政所に高須藩との交渉を願い、長吏清右衛門の排除に成功した。この一件に谷川七左衛門がからんでいないことから考えると、高須藩領域に谷川七左衛門の支配は及んでいなかったとみられる。第三に、前述した今田村の事例のように、飯嶋代官所領は、飯嶋牢守谷八が廻村しており、谷川七左衛門の旦那場となるのは、飯田藩領に組み込まれてからであることである。

以上、断片的な事例からではあるが、下伊那の下役に対する谷川七左衛門の支配は、飯田藩領を中心とし、一部千村平右衛門預所に及ぶ程度であったものとみられる。なお、千村預所が旦那場であったのは、その役所が飯田城下荒川町番屋に存在したことと関連があるともみられるが、後考に待ちたい。

おわりに

以上、本章においては、簓をはじめ、「下役」を担う身分的周縁と地域社会との関係に焦点をあてることにより、生活の次元において、身分的周縁を含み込んだ地域社会のあり方を明らかにしようとした。最後に、本文で述べたことをもとにしながら、冒頭に掲げた課題について考察を加えておきたい。

まず、治安維持のための村の番人を、簓が担うことになった経緯についてである。本文でも述べたように、簓の存在は近世初期から確認されるもののその数はきわめて少なかった。その後、しだいに軒数が増加するとともに、簓を抱える村も多くなってゆく。村は簓に下役を担わせるが、下役の欠落ちがかなり多くみられるように簓の定着率は低く、流動的な存在であったといえる。しかし、村から簓がいなくならないために、村として留守居を置くなどして、村役を担う下役を確保しようとした。他方、簓の中にも「家」を形成する者もあった。阿嶋村の簓について、享保一五年（一七三〇）から文政一〇年（一八二七）まで五二冊伝存する「簓類宗門御改帳」[71]を追ってみると、襲名慣行はみられないものの、個々の世帯の印鑑は第8表のように繋がっていることが確認される。このうち、本文でも触れた徳治郎一家のように、養子形式の相続も交え、印鑑を受け継いで、「家」を永続させている。

次に、地域社会の人々が、簓や笠之者と「非人」との間に、「下賤」という線引きを行っていたことである。簓や笠之者は、「下賤之業」・「下賤之所作」は行うが、「下賤之者」ではない、「下賤之者」は「非人」である、という認識が地域社会に存在した。これは、簓が非人を配下に置いていることにも現れている。このような簓と非人の序列が生まれた経緯を考えるために、次の二つの史料が示唆的である。

第8表　阿嶋村享保15年～文政10年までの穢の系譜

1	享保15年		延享5年		天明5年											
	弥四郎	⇒	弥四郎	⇒	源吉	寛延2年～文化2年に断絶										
			林村弥三郎倅		弥四郎倅											
2	文化2年															
	長松	文化8年林村に移住カ														
3	享保15年		・明和2年		明和4年		安永7年		安永8年		安永10年		寛政元年		文化2年	
	源四郎	⇒	弥八郎	⇒	はな	⇒	喜兵衛	⇒	徳蔵	⇒	徳蔵女房	⇒	徳蔵	⇒	徳蔵女房はな	文化11年断絶 猶吉と同じ印となる
			源四郎倅		弥八郎従兄弟		はな夫		はな夫、喜兵衛と別人		はな		他ヨリ立帰り			
									飯田より引っ越し							
4	享保15年		寛保3年		天明5年											
	伝九郎	⇒	伝九郎	⇒	九重郎	寛延2年～文化2年に断絶										
			伝九郎倅		伝九郎倅											
	天明5年															
	弥八	天明8年断絶														
5	寛政元年		文政7年													
	猶吉	⇒	徳次郎	⇒	（継続）											
	川ノ村ヨリ立帰り															
	源吉と同じ印															
6	文化11年		文政4年													
	文次郎	⇒	文次郎女房	⇒	（継続）											
	猶吉倅															
7	享保15年															
	与平治	享保15～寛保3年に断絶														

第一は、正徳六年（一七一六）閏二月の飢饉に際しての史料である。飯田領では飢人が多数出たことから、飯田藩は一日一人一合の「御介扶持」を与え、「御領分ゟ非人等」が他出しないように申し渡したという[72]。ここでいう「非人」とは、飢えて居所を捨てて放浪する者を意味している。第二は、元禄一三年（一七〇〇）の「辰之悲人帳」という柏原村の施行記録である[73]。ここでも「悲人」は飢人を意味する。これら二つの史料から、非人とは、飢えて日常生活を送ることのできない人々、施行の対象とならざるをえない人々を意味する言葉であったと知ることができる。本章で述べたように、飯田藩が谷川に非人小屋を建てたのも、延宝三、四年の飢饉を契機としていた。居所を持たない飢人を収容する施設である非人小屋に頭が生まれ、その頭が統率する集団が「非人」に転化する。これを飯田藩が掌握し「谷川非人」と呼ぶことで、身分としての「非人」を生み出したのである[74]。

こうして飯田城下では、谷川七左衛門―谷川非人、飯田藩在方では谷川七左衛門―簓―非人、そしてこの序列に組み込まれないものとして笠之者という位置づけがなされることになった。この序列で最下位におかれたため、「非人」の行う勧進＝「下賤之業」、「非人」＝「下賤之者」と認識され、簓や笠之者とは区別されたのであった。

注

（1）　下伊那の簓や「笠之者」について論及している西田かほる「近世の身分集団」（高埜利彦編『日本の時代史』一五、吉川弘文館、二〇〇三年）では、「下賤」認識は「下役」の代償としての二季廻り（勧進）からもたらされるものとし、「長吏や非人が存在すれば、下役の多くは彼らの担うところとなったはず」にもかかわらず、下伊那地域の「非人の設置は、政治的かつ後発的なものであった」ため、簓が下役を務め、簓が本所を持っても下役から自由になりえなかった、と指摘している。しかし、ここで考えられているのは簓・非人と本所・支配領主との関係であり、地域社会からそれらの発生や社会的な役割を考察する視点がみられない点、本章と立場を異にする。なお、同氏の論考の個々の点について論及する余裕がないため、本書第一章・第二章、および本文を参照していただきたい。

（2）塚田孝『近世身分制と周縁社会』（東京大学出版会、一九九七年）、同「身分的周縁と歴史社会の構造」（『シリーズ　近世の身分的周縁』6、吉川弘文館、二〇〇〇年）。

（3）天保七年三月「差［（欠損）］申一札之事」（瓜生節次家文書、飯田市歴史研究所写真資料）。

（4）「桜町通り　同（正保—筆者注）五年子三月立之」（『長野県史』近世史料編第四巻（二）一二六二号）とある。

（5）『長野県史』近世史料編第四巻（二）一二五八号。「定納高」とは、飯田藩領で用いられた年貢高で、百姓の持高にかわって用いられた。検地施行後、名寄帳登録人の高に年貢立を乗じて算出し、「定物成帳」に列記して、検地役人の連署で村に交付された（拙稿『兵農分離と地域社会』校倉書房、二〇〇〇年、三六七頁）。

（6）「永歳控留記帳」（上川路区有文書、飯田市歴史研究所写真資料）。

（7）慶長一七年〜享保一九年「役用古記録抄帳」弐番、下伊那教育会、飯田市歴史研究所写真資料（のち『飯田・下伊那史料叢書　近世史料編1　飯田町役用古記録』飯田市歴史研究所刊）。「役用古記録抄帳」は、飯田本町問屋の桜井氏が、宝暦九年頃にそれまでの飯田城下に関する出来事を書き留めた記録であるが、愛宕坂・茶屋町へと町場が拡大していく経緯について記した享保初年の部分に、「谷川牢守一族・非人小屋有、古来ゟ段々建、牢屋并河原者を差置候事」とある。また、これと記述内容が酷似した安政四年頃記されたとみられる「飯田萬年記」（『新編伊那史料叢書』第三巻、一九七五年）には、「谷川牢守ヨリ非人小屋有リ、古来ヨリ牢屋有之故河原者ヲ被指置候事」と記されている。いずれも底本から写し取っているため、表現に違いがみられるが、飯田城下の谷川には享保以前から牢守一族と非人小屋が存在していたことがわかる。

（8）『新編伊那史料叢書』第三巻、一九七五年。

（9）前掲注（1）本書第一章［史料8］。

（10）飯田市立美術博物館所蔵窪田資料。

（11）天明六年三月「覚」（飯田市下久堅宮内通美家文書、飯田市歴史研究所写真資料）。

（12）嘉永二年三月「伊那郡知久平村鄽宗門御改下帳」（飯田市下久堅宮内通美家文書、飯田市歴史研究所写真資料・以下同家の史料はこれによる）。

（13）慶応四年三月「伊那郡知久平村鄽宗門御改書上帳」（飯田市下久堅宮内通美家文書）。

(14) 天明七年三月「伊那郡柏原村さゝら場主宗門御改帳」(飯田市上久堅福与信夫家文書、飯田市歴史研究所写真資料)。
(15) 安政三年三月「伊那郡柏原村鮖場主宗門御改帳」(飯田市下久堅宮井治彦家文書、飯田市歴史研究所写真資料)。
(16) 明治二年三月「伊那郡柏原村鮖場主宗門御改帳」(宮井治彦家文書)。
(17) 河野通俊家所蔵文書、中曽根文書(豊丘村歴史民俗資料館所蔵)による。
(18) 寛保三年正月「宗門御改帳　田村々　さゝら一党」(宇佐美家文書、喬木村歴史民俗資料館所蔵)。
(19) 明治四年正月「筰人別御改帳」(河野一馬家文書、豊丘村歴史民俗資料館所蔵)。
(20) 享保三年「御分知本田新田御年貢指出シ帳」、明和六年「御分知田村　本新御年貢帳」(以上、福沢文雄家文書、豊丘村歴史民俗資料館所蔵)。
(21) 前掲注(1)本書第一章二三〜二四頁。
(22) 「信州伊奈郡郷村記」(『新編伊那史料叢書』第一巻、歴史図書社、一九七五年)。
(23) 前掲注(1)本書第一章[史料7]。
(24) 前掲注(3)天保七年三月「[　]申一札之事」(瓜生節次家文書)。
(25) 文久二年二月「立石村籠守江申渡す加条事」(村松新助氏文書、『長野県史』近世史料編第四巻(二)一四七五号)。
(26) 文化一一年正月「村入用諸勘定差引帳」(宇佐美家文書一―三九六、喬木村歴史民俗資料館所蔵)。
(27) 文化一四年正月「村諸勘定覚帳」(宇佐美家文書一―四二六)。
(28) 「天保六年十月ゟ　公用日記」(河野一馬家文書)。
(29) たとえば相模国三浦郡浦賀町においても、旅籠屋に止宿していた善光が、止宿中急病となったことから身元がわれ、無宿と判明すると、すぐさま非人小屋頭五兵衛に引渡されている(嘉永元年「御検使緒控」横須賀史学研究会編『相州三浦郡東浦賀村(石井三郎兵衛家)文書第四巻』一三八頁)。
(30) 文化一四年正月「村入用諸勘定差引帳」(宇佐美家文書一―一〇七)。
(31) 前掲注(6)「永歳控留記録」。
(32) 同右。

(33) 年貢納高。知久知行所では、百姓の持高は、免率五〇%の年貢納め高で表示した。
(34) 文化七年七月「簓猶吉家屋鋪入用割合帳」(宇佐美家文書)。
(35) 文化八年六月「簓長松家焼失ニ付普請入用割帳」、文化八年三月「諸入用之通」(以上、宇佐美家文書)。
(36) 前掲注(31)「永歳控留記録」。
(37) 同右。
(38) 同右。
(39) 文政元年六月「簓親子芝居代勧化帳」(宇佐美家文書)。
(40) 宇佐美家文書。
(41) 文政八年度の「宗門御改帳」(宇佐美家文書)には、猶吉の名はみられない。
(42) この二品目は、第6表「歳内萬覚帳」では、11「遣ひ物」に「秋見舞之札」と「いねこき十四日之札」として記帳されているものに該当する。
(43) 関島正司家文書。
(44) 文化九年十二月「乍恐奉願上候口上書之事」(小木曽知恵子家文書)。
(45) 文政一一年一二月「田祭田哥祝詞」(小木曽知恵子家文書)。
(46) 天保六年「公用日記」(河野一馬家文書)。
(47) 安政四年正月「諸色記録帳」(浜島保正家文書、飯田市歴史研究所写真資料)。
(48) 坂井善夫家文書、飯田市歴史研究所写真資料。
(49) 慶応元年三月「下賤之者人別書上帳」(浜島保正家文書)。
(50) 天保一五年正月「辰年中日記覚帳」(今村久家文書、飯田市歴史研究所写真資料)。
(51) 同右。
(52) 前掲注(31)「永歳控留記録」。
(53) 『新編伊那史料叢書』第三巻。

(54) 前掲注(8)。
(55) 前掲注(9)「役用古記録抄帳　弐番」。
(56)「正徳四年七月ゟ　郡方覚書」(今牧新治家文書、飯田市歴史研究所写真資料)。
(57) 同右。
(58)「役用古記録抄帳　三番」(下伊那教育会所蔵、飯田市歴史研究所写真資料)。
(59) 前掲注(55)「役用古記録抄帳　弐番」。
(60) 以下上川路村村入用の記述は、前掲「永歳控留記録」による。
(61) 文化一四年「今田村定式」(龍江支所文書、飯田市歴史研究所写真資料)。
(62) 天保一五年七月「今田村定式　中組庄屋控」(今田中組共有文書、飯田市歴史研究所写真資料)。
(63) 天保一五年七月「今田村定式　上組屋控」(龍江支所文書、飯田市歴史研究所写真資料)。
(64) 寛保元年一〇月「以口上書申上候御事」(『長野県史　近世史料編』第四巻(二)一二七〇号)。
(65) 寛保元年「御社用江戸日記」(西宮神社所蔵)。
(66) 安永二年七月「当村蛭子社人斎宮所持書付写　覚書」(国文学研究資料館史料館所蔵森本家文書二二C―一六)所収。本文の口上書には年月日が記されていないため、安永二年に写した嶋田村庄屋森本氏が「寛保二戌年カ」と朱書を添えている。
(67) 第二章第2表参照。
(68)「乍恐書付を以奉願候御事」(『長野県史　近世史料編』第四巻(二)一二七二号)。
(69) 延享元年六月「書付を以奉願候御事」(『長野県史　近世史料編』第四巻(二)一二七四号)。
(70) 清内路下区有文書四―一九九。これは、清内路村が、上清内路に各主役を立てることで、実質的に上下に分村する際に定められた取極である。なお、本史料の存在は、吉田伸之氏の御教示による。
(71) 宇佐美家文書。
(72) 前掲注(56)「正徳四年七月ゟ　郡方覚書」。
(73) 橋爪淑子家文書(飯田市歴史研究所写真資料)。

(74) 塚田孝は「近世における非人身分とはというと、近世において生み出された非人(=乞食)が非人という呼称のままに集団化を遂げ、身分として捉えられたもの」(「近世身分制研究と非人論の見地」『賤民身分論』明石書店、一九九四年、一三九―一四〇頁)と述べている。

〔追記〕本章は、二〇〇四年度部落問題研究者全国集会における報告をもとに、宇佐美家文書、西宮神社文書、小木曽知恵子文書などから新たに史料を加えて脱稿したものである。なお、二〇〇四年度三菱財団人文科学研究助成「日本近世における身分的周縁と地域社会」を受けた研究成果の一部である。

第四章　飯田藩領域の牢守による下役の編成

――谷川七左衛門と猿牽・簓――

はじめに

本章は、信濃国下伊那地域、とくに飯田藩領域を対象として、地域社会を構成する社会集団相互の関係を解明することを目的とする。具体的には、飯田藩牢守一族と猿牽に焦点をあて、藩領域に居住する簓（説教者）、笠之者などの宗教的芸能者集団との関係を検討し、地域社会の全体的把握を目指す。

近年「身分的周縁」に関する研究は急速に進展し、「士農工商」の枠組みでは捉えきれない多様な身分集団の実体が明らかになってきた(1)。こうした研究動向の中で、筆者が信州下伊那地域を素材として、検討を加えてきたことは、次の三点にまとめられる(2)。第一に、簓（説教者）と呼ばれる人々の実体と、村人との関係、さらに簓が本所となる関蟬丸神社に組織化される過程とその意義である。第二に、下伊那地域に特有な「春田打」といわれる芸能と歌夷の担い手である嶋田村の「笠之者」について、村人および西宮神社（夷社人）との関係、そして本所を持たない芸能者集団の実態を明らかにしたことである。第三に、飯田城下谷川に居住する「谷川七左衛門」と呼ばれた飯田藩の牢守集団に関して、断片的史料からではあるが集団の性格を考察した。

これまでの検討は、諸集団それ自体の実体解明とともに、従来、百姓や町人の視点から進められてきた村落共同体研究に対し、百姓や町人とともに地域に居住しながら、周縁化された人々に焦点を当てることにより、両者を含み込んだ地域社会の全体像を明らかにすることを企図したものである。そのため、前章までは主として一八世紀後期から一九世紀前期を対象とした分析にとどまり、こうした身分集団がいつ頃形成され、どのような過程を経て近世身分制下において周縁に位置付けられたのかには言及してこなかった。しかし、笠之者や一部の簓は、中世に遡る由緒を持ち、百姓の村内部にあって独自な十数件の集落を形成している。このような集団が、中世から近世にどのような変容を経験することになったのか、明らかにする必要がある。

この点で注目されるのが、中世社会における「散所」・「宿（夙）」の存在と声聞師集団の存在形態に関する研究である。現段階では、世界人権問題研究センター編『散所・声聞師・舞々の研究』(3)に集大成されるような研究成果が蓄積され、畿内および西国における声聞師らの居所であった「宿」の近世における実態が解明されつつある。(4)こうした成果に学ぶと、東国、とくに本章の対象とする下伊那地域においても、「散所」や「宿」に相当する集落の存在と、声聞師と同様な芸能者集団の存在を前提とすることができると考える。以下、こうした前提に基づいて、仮説的な見通しを述べておきたい。

たとえば簓のなかでも、下伊那郡立石村米山の簓は、「米山衆（こめやま）」とも呼ばれ、近世を通じて十数軒の集落を成し、甲賀三郎の家臣であるとの由緒を有する集団であった。(5)米山で語られる伝説では、甲賀三郎は諸国を漂泊ののちに、里人の尊崇を得て地頭として城を構え、その地にあった立石寺の大旦那となり、寺を再興したといわれている。立石寺は、天安元年（八五七）に京都の僧宥範阿闍梨が開基した寺で、室町時代には松尾城主小笠原氏の庇護下で、十余の末寺を持ち隆盛したといわれる。この立石寺の近く、甲賀三郎の城と伝える地域に、米山の集落が所在するのである。以上のことは、米山が立石寺と関係を持つ「宿」であり、米山の人々が声聞師の末裔であることを示唆している。また、下伊那郡嶋田村笠村に集住する笠之者は、蛭子を祭ることから元禄期には西宮恵比須神社の社人としての免許を受ける者の一族であった。ただ、その由緒には古代の塚の番人とするなどの諸説があり[6]、いずれの寺社と関係を持っていたのかは明らかではない。しかし、中世以来存在した笠村という集落（「宿」）が、太閤検地の過程で嶋田村に組み込まれ、嶋田村の村役（下役）を務める地位に置かれたと理解される。

さらに、簓や笠之者との争論や調停にしばしば見え隠れしていた下伊那地域の猿牽集団も同様の視点で位置づけることができる。飯田藩領下市田村にある新井原には、文政九年（一八二六）・一〇年に猿牽一三軒[7]、嘉永七年（一八五四）には猿牽一五軒、簓三軒[8]が居住していたことが知られている。下市田村は、太閤検地段階で、市田領七八一一石三斗三升四合九勺の中心である「市田本郷」一七一九石七斗七升四合であったが、正保二年（一六四五）、伊那街道沿いの宿場町である原町が上市田村一八三石六斗一升七合として分かれ、下市田村となった。市田領には、天永三年（一一一二）に比叡山竹林院観誉僧都の開基と伝えられる天台宗の瑠璃寺が所在する。天正一〇年（一五八二）に織田氏の伊那侵攻により堂舎は消失したといわれるが、往時は一八坊もの塔頭を有した有力寺院であったという[9]。本尊薬師如来の縁日に行われる獅子舞では、幣帛を携えた猿と赤鬼・青鬼が獅子の警固をすることになっているという。この瑠璃寺の獅子舞に登場する猿の存在が、下市田村新井原の猿牽集団と瑠璃寺との関係を示唆している。すなわち、新井原も中世以来存在した「宿（夙）」の系譜を引く集落であるという可能性がみえてくるのである。

本章では、かかる中世以来在地社会に集住していた社会集団が、太閤検地を契機とする村切りと身分編制を受けた結果、百姓を中心とする地域社会に組み込まれ、下役を担うことになったのではないか、という視点に立ち、とくに前章では実体の全容が未解明であった飯田藩牢守一族と非人、そして猿牽に焦点をあてて検討を深めてゆく。そして、これまで明らかにしてきた諸集団間の関係を整理し、下伊那地域における社会組織の全体像を提示し、城下町と在地社会を含めた地域社会の近世的な編制の実体を解明する手がかりとしたい。

まず本論に入る前に、飯田藩の領主支配の変遷と、藩領域における諸身分集団の概要を、前章までの繰り返しとなることを厭わず、必要な限り述べておく。飯田藩は、徳川家康の五カ国領時代以後、天正一八年に毛利秀頼が入部し八万石を治め、その後文禄二年（一五九三）に京極高知八万石、慶長六年（一六〇一）から小笠原秀政五万石と変遷した。慶長一八年に小笠原秀政が信州松本に転封となったあと、元和三年（一六一七）に脇坂安元が伊予国大洲から入部するまでは、幕領で小笠原家の預地となっていた。元和三年から寛文一二年（一六七二）までは脇坂領五万石、寛文一二年からは堀親昌二万石となり、廃藩置県に至る。

堀氏時代の飯田藩領域は、領内が城下（町方）・上郷・下郷に区分されており、それぞれの町人・百姓の家数・人数の総計は、前章（第三章）に掲げた第2表―(1)のとおりである。[10] また、これとは別に、末尾に「河原者」として四五軒、一九九人が書き上げられている。その内訳は、第三章第2表―(2)のように、飯田城下の「牢守一族」一一軒・六二人と、上郷・下郷の猿牽・竹羅摺・穢多などの河原者が三四軒・一六七人となっている。また、上郷・下郷の内訳は、第三章第3表―(1)(2)のように、上郷一三カ村、下郷一六カ村となっている。この史料には、一村ごとに村高と小物成米・榑木米を含んだ宝永三年（一七〇六）度の取米高と引分、田畑の反別と、反別に対する免率、さらに薪・藁・炭・縄という現物納めの小物分、そして寺社や堂・祠の書き上げと、最後に百姓の民家戸数、および百姓としては括られない穢多・簓・夷の家数が記されている。これをみると、吉田村については不明ながら、出原村に穢多が二軒、上川路村に簓が五軒、別府村には穢多・簓が五軒、嶋田村に夷が一〇軒居住していたことが判明する。このうち嶋田村の夷一〇軒は、「笠之者」といわれる人々である。

さらに、寛政一〇年（一七九八）に飯田城下と上郷・下郷、山間部の集落である大平・勝負平の家数・人数・馬数を改めた「寛政十年御改　飯田・上郷・下郷人馬数」[11]をみていこう。ここには、百姓・町人の調査結果と、寺院・塔頭・門前の僧、同心者・山伏・社人と、「右之外」として谷川七左衛門・谷川非人・夷・竹羅摺・猿牽・癩・穢多の家数と人数がそれぞれ記され、最後にすべてを合わせた家数・人数・馬数が書き上げられている。これを表にした第三章第4表—(4)をみると、第三章第2表—(2)では「牢守一族」として括られた飯田城下の谷川七左衛門一二軒・五一人と、同じく飯田城下の谷川非人二軒・四四人、嶋田村の夷一五軒・六五人、竹羅摺二軒・二二人、そしてのちに詳述する下市田村の猿牽二〇軒・七八人、癩二軒・一九人、穢多一二軒・五九人を確認することができる。

以上、これらの調査は、必ずしも実態を反映していないおそれもあるが[12]、飯田藩が公式に把握していた領域内の諸身分集団を概観することができるものと考える。これを踏まえた上で、まず飯田城下の谷川に居住する「谷川七左衛門」と総称される牢守集団を検討してゆく。

一　飯田藩牢守　——谷川七左衛門——

1　飯田城下の中での位置

本書第三章に第1図として、一七世紀後半と推定される飯田城下図の翻刻を掲げたが、飯田城は天竜川の扇状台地の突端に東南に向いて位置し、松川・谷川・野底川にはさまれた台地上の平地部分に城・武家屋敷・町屋敷・寺院が配置されていることがわかる。谷川は、飯田城下の中央を北西から南東に向け流れる川である。谷川が走る部分は深い谷になっており、堀端通りから伝馬町に入るために、谷川橋が架けられている。この橋の袂の右岸に飯田藩の牢屋が設けられており、ここに牢守一族谷川七左衛門配下の集団が居住していた。

谷川七左衛門の一族について、これまで明らかにしてきた事柄を踏まえながら整理すると次のようになる。まず、元文五年（一七四〇）八月に完成された『信濃国飯田記』[13]に、城下町の町人・諸職人の役負担を記した後、「牢守七左衛門一類へ、毎年茶筌竹三百文ツ、被下、古ハ弐百文宛運上差上候由、中頃より運上ハ不召上候而被下候事」と述べられている。すなわち牢守七左衛門一類は、毎年茶筅竹を三〇〇文づつ飯田藩から下賜され、茶筅を製作して二〇〇文づつ運上を上納していたが、中頃からは、運上を上納せずとも茶筅竹が下付されていたという。このように谷川七左衛門一類は竹細工を行う簓であり、簓が飯田藩牢守の役を負うようになり運上を免除されたと推定されるのである。谷川七左衛門一類に簓が含まれていたことは、元和五年（一六一九）九月の飯田城下の検地帳で、谷川の名請人となっている者の肩書に「かこや（籠屋）」「かこつくり（籠作）」がみられる点からも示唆される[14]。同検地においては、曲輪内の田畠（「出来分」[15]）の中で新たに七三石六斗五升四合八夕が打ち出され、起返分の田畠（「ふるおこし分」）一〇石八斗二合四夕五才とともに高入れされた。このうち谷川の地名が付された土地は、「出来分」二四筆、「ふるおこし」九筆の合計三三筆である。この内、「出来分」は上飯田村庄屋源四郎と、源四郎一族とみられる源太郎の名請地であるが、「ふるおこし分」九筆のうちの三筆に「かこや」「かこつくり」の彦右衛門の名請地（上田一畝一五歩、石高二斗二升五合、中田三歩、一升四合一才、下畑八歩、二升九合三勺）が含まれている。つまり、古くから谷川に田を開いていた者の中に、籠作りの簓とみられる者が含まれていることがわかる。彦右衛門と七左衛門との関係は不明ながら、こうした簓に、飯田藩が牢守の役を担わせていった可能性が示されているのである。いま、牢守の役が課されるようになった時期を明らかにすることはできない。ただ、『役用古記録』の享保二年（一七一七）の記事に、「谷川、牢守一族非人小屋有、古来ゟ段々建牢屋、并河原者を差置候事」と、谷川には牢守一族の非人小屋が古来から段々建てられ、そこに牢屋も出来、また河原者が非人小屋に収容されるようになったとある。(16) 他方、『飯田細釋記　追加』(17) によると非人小屋が設置された年次は、延宝四年（一六七六）夏とされている。

［史料1］

谷川　旦過(タンクワ)

此非人の助舗は、延宝四年辰夏出来す、延宝三年卯春ゟ夏に至て、天下一同に飢饉す、猶々飢饉して餓莩山野に充々、乞食非人夥しく、町々の通路をふさく、城主これを憐愍有りて、俄に助舗を補理、入れ置かせ給ふ、これよりして今の非人の助舗とハ成たり、其時の長を三太郎といふ、今も長の名とせり、茲年天下煙草を作る事を被停止、依之烟草元成煙草の茎を集て、十筋を一把として、鳥目之銭に換たり、翌年ハ御免有りて旧のことし

延宝三年春から夏にかけて天下一同飢饉であり、翌年もいっそうの飢饉で、山野に餓死者が充満し、多くの「乞食非人」が飯田の町々の道をふさいだ。これを哀れに思った飯田城主（堀親貞）が、小屋を仮設して「乞食非人」を収容し、これが非人小屋になったというのである。これらを考え合わせると、すでに一七世紀初頭迄に谷川に土地を持っていた籠作り（籠）が、牢守を務める役を負うことになった。その後、延宝期の飢饉を機に、谷川で非人を収容する非人小屋も管理するようになった、といえよう。

さて、牢守一族が担った役割には、次の五点がある。第一に、牢屋の管理である。ただし、処刑や仕置きなどの行刑への関わり方については、現在のところ明らかにすることができない。

第二に、捨て子や行き倒れ人の処置、および領内への不法滞留者の取締りである。飯田城下の町方で発見された行き倒れ人や捨て子は、町奉行から谷川七左衛門に命じて非人小屋に収容した。その手続きを、第三章で触れた享保七

年一一月八日に大横町梅南小路木戸際で発見された一〇才の子供の場合で確認しておきたい。[18]一〇才の子供は腰が立たない状態で放置されていた。この通報を平作から受けた七町庄屋の野原文四郎が吟味したところ、子供が平谷村藤七伜の岩松と答えたため、飯田町の下代二人に届け出、下代から町奉行の杉本所左衛門に言上された。そこで、町奉行からの指示に従って、野原文四郎が平谷村に書状を送った。ところが、平谷村からは藤七に岩松という伜はいないとの返書が来たため、町奉行は谷川八兵衛に子供を非人小屋に収容するように命じた。そこで、大横町の者の立会いで子供は谷川八兵衛に引き渡されたという。同様に、本書第三章で紹介した他の二例からも、飯田城下の町方で発見された行き倒れや捨て子は、飯田町奉行の命令で谷川七左衛門（八兵衛）に預けられ、非人小屋に収容されたことが確認できるのである。

領内への不法滞留者の取締りについては、文化四年（一八〇七）六月に飯田藩の触れに次のようにみえる。[19]

［史料2］

近来御領分江身分不正之もの、猥ニ人別ニ入不埒候、既今度松尾町へ円吉と申もの、さゝら身分ニて出生を偽り、借宅渡世致し居候ニ付、吟味之上、夫々ニ御咎筋申付候、自今右類疑敷者於有之者、当人ハ牢守七左衛門ゟ直ニ出生相糺、仕置可申付候、右一族幷大屋・組合・其筋之役人ハ、吟味之上急度咎可申付候

これは、飯田城下松尾町に簓身分でありながら借宅して渡世を営んでいた円吉の一件を契機に、領内に身分を偽って滞在している不法滞在者を摘発し処分する方針を領内に通達したものである。その不法滞在者の出生を糺して仕置きを行うのは、牢守の谷川七左衛門であることが判明する。

第三に、領内の見廻りと召捕りである。寛政一一年（一七九九）二月一九日に出された「若き者」の風俗取締りに関する飯田藩の触れには、次のように記されている。[20]

［史料3］

一婚姻祝儀等之節、石打或者私之意趣を以及狼藉、作物抔理不尽ニ荒し候類、前以御停止ニ与触置候所、近来若キ者風俗悪しく、其儀も忘却致し□(虫損)々ニおゐて不埒之儀共有之段相聞、不届至極ニ候、以来右躰之義有之ニおゐてハ、同心共、廻り役之外、谷川之者へ兼而申付置、召捕急度御咎可申付条、末々小前之者迄不洩様可申聞置者也

すなわち、婚姻や祝儀ごとでの石打ち・狼藉・野荒しなど若者による乱暴行為取締りのために、廻り役（目明し）や「谷川之者」に、同心たちがこうした役を申し付けておき召捕らえて処罰を行うとの趣旨の触れである。ここでは、前項で指摘した領外からの不法滞在者だけでなく、領内の不埒者の取締りも「谷川之者」すなわち牢守の役目となっていたことが知られるのである。

第四に、穀留めの監視である。たとえば、天保九年（一八三八）正月二三日、下市田村の百姓が他所に米一駄を運び出そうとして、巡回していた谷川の二人に差し押さえられるという一件が起きている[21]。この谷川の二人は、「出穀改」のために藩領内を見廻っていたもので、二人一組であった。なお、今回の巡回は、飢饉時に藩がとった穀留政策の際に行われたものであるが、これ以外にも、必要に応じて藩から警備役を命じられることが予想される。

第五に、野犬の捕縛などである。享保一五年二月、「犬之義、主有之候ハヽ、つなき置候様ニとの事、主無之ハヽ、谷川共へ被仰付、被為駆取候様ニ承候[22]」と『飯田町役用古記録』にあり、野犬は「谷川共」、すなわち牢守一族が駆除を行うように命じられていたとみられる。

次に、牢守一族の勧進行為について述べておきたい。牢守一族については、他の簓や笠之者のように、夏秋の二季廻りを行っていた事実を確認できない。しかし、牢守一族が二季廻りを行っていなかったのではなく、村や町から毎

年定額を集金し牢守一族に支給していた、「棟役金」がこれに当るものとみられる。つまり、町や村の入用に二季廻り分が定式化されていたと考えられる。たとえば、飯田城下の町方からは、伝馬町・桜町をのぞく一三町の入用として、年末に銭一貫四〇〇文が「谷川之者へ」として渡されていた[23]。また、藩領の村でも、上川路村では「棟役金」として毎年二〇〇文、今田村でも二〇〇文が渡されている[24]。また、下市田村では天保九年七月二三日に「谷川七左衛門牢扶持棟役取集、当年ゟ同人廻り候趣相定候段申来り、村方下役金左衛門案内ニ而[25]」と、やはり「牢扶持棟役」が集金されていることが知られるのである。

この他、臨時の勧化としては、代替り勧化がみられる。天保一二年三月一六日、下市田村において「谷川七左衛門病難旁大ニ窮困ニ相成候ニ付、壱世壱度之御願御上様江内々御願申上、御領分中勧化致度、此段何分御願申度由申来り[26]」として、谷川七左衛門が病難と困窮を理由とし、飯田藩の許可をとり領内で勧化を行うとの願いが下市田村にあった。上川路村においても、「谷川七左衛門壱代ニ壱度之勧化」として支出されている[27]。このように、牢守一族は飯田城下や藩領の村々を勧進場とし、定式・臨時の勧化を募っていたことがわかる。

最後に、谷川七左衛門と芸能との関係を指摘しておきたい。谷川七左衛門一族は、享保一五年春に「別府天王原ニ而十日　谷川牢屋之者共願」と、操狂言を一〇日間願い出たり[28]、清内路村において「谷川芝居」興行を行うなど[29]、人形浄瑠璃や狂言芝居の興行主でもあったことが知られている。この点は、後に述べる谷川非人の芝居興行とも関わって、谷川の者たちの一つの特徴である。

2　簓との関係

次に、牢守谷川七左衛門とともに谷川に居住する「谷川之者」と呼ばれた簓について検討する。前掲第三章第2表

(4)寛政一〇年（一七九八）度の家数人馬数調査では、「谷川非人」は家数二軒存在したとされている。このように藩側では二軒を「谷川非人」と捉えているが、実際には二軒とは上小屋・下小屋からなっており、また、それぞれの小屋に居住する集団の性格は異なっていたとみられる。それは、天保五年（一八三四）から六年にかけて一大騒動となった非人と説教者の縁談[30]に関わる史料から窺えるところである。第一章では、一件の経緯や非人と簓（説教者）との関係を十分には述べていなかったが、ここであらためて飯田藩領上郷筋下市田村などの新たな史料を加えながら、事実関係を整理し、「谷川之者」について検討しておきたい。

天保五年三月六日、下市田村名主中村家のもとに猿牽で下役の頭吉左衛門が、簓（説教者）の八五郎・林太夫・作左衛門を同道して訪れた[31]。これらの説教者は、後述する猿牽とともに、下市田村新井原に居住していた。その用件は、飯田藩領内の説教仲間が相談の上、御上（飯田藩）へ願書を提出したことを知らせる挨拶であった。

［史料４］

（天保五年三月六日）

下役頭吉左衛門幷萬蔵ト八五郎・林太夫・作左衛門同道ニ而罷出、谷川上小屋善次郎嫁ニ、下古屋ゟ尤内々不儀有之様子、右上小や浅右衛門肝煎致候ニ付、仲ケ間内談事仕、下小やとハ平世付合等一切不致程之儀、然処上小や浅右衛門肝煎、上小や江縁組致候儀捨置がたく、仲ケ間談事之上御上江願書ヲ以願出候、右ニ付何様之御苦労かけ可申哉も相知不申候間、此段内々ニ而御願申上候、右四人之者共罷出候

八五郎らの説明によると、谷川の上小屋吉次郎の嫁につき、下小屋から内々不義があった様子であること、それを上小屋の浅右衛門が肝煎りしたというのである。すなわち、説教仲間と下小屋とは日頃から一切付き合いをしない間柄であるにもかかわらず、上小屋の浅右衛門が両者の縁組を取り持ったことに問題があると伝えた。

すでに前章までで指摘したように、この一件は説教者が非人と縁組をしたため、「上谷川簓組」の善次郎以下四人が本所の三井寺から説教職を剥奪され、説教仲間から義絶されたというものである。つまり、この史料から上小屋の者は説教者であり、下小屋の者は非人であるということが判明する。さらに、飯田藩領下郷筋嶋田村名主らの書留をもとに編纂された『島田記』(32)に、この三カ月後の七月四日以降の事態を記した記事が所収されている。

[史料5]

●天保五年年七月四日、山村ゟ廻文来り披見候所、説教派之下役共谷川上小屋頭浅右衛門与之公事之義　上ミゟも御沙汰有之ニ付、会談いたし願可上段、明五日堀端井筒屋小十方へ御寄合可被成候、尤庄屋衆御立会可被成与申来ル、尤当村下役弥市も来り、右御願申上候与云、其訳者、谷川上小屋善次郎が倅雛次郎、下小屋善太郎が娘きみ与申女与不儀候、説教派之者共六ケ敷申候而儀絶致候段申出候所、浅右衛門是女を拾ひ取、子分ニ致し、表向ニ而媒致し、妻合致候、依之村々説教之者浅右衛門が印形下ニ者不相成与申、公事ニ相成り、目明シ谷川支配ハ致候へ共、村々下役之支配迄ハ難出来、扨又宗門印形上小屋説教之者不致候故、宗門方ゟ厳敷印形致候趣催促有之、不被捨置けハしく相成り、村々説教之者上郷下郷一同飯田へ寄合、村々へ願書認差出候故、無拠義御捌キ可被成、御捨置被遊候ハヽ、説教之者故水上京都三井寺へ欠抜可申候、左候而ハ如何様ニ相成候半も難計、是非共願ヒ御取上被遊、一ト先御吟味被遊候様奉願上候、与申上ル、御手代様被仰候者、善太郎娘ヲ勘当致スか、雛次ヲも勘当致候へハ申分無之哉与被仰候、村々答候ハ、左ニ相成候ハヽ、申分ハ有間敷候、中々只今ニ至り町下代衆・目明迄も浅右衛門幷善太郎が方へ御片寄被成候へハ、早速ニ者難参、先ツ村々ゟ下役共願書ニ別紙書添致し可願上候間、御取上ケ被成下候様仕度候与申上候所、其義御聞済ニ而上郷村役人衆共殿岡屋ニ而掛合、村々下役共を呼出シ此段申含メ、夜更帰村、同九日、浅右衛門・善太郎・町下代衆ニ而御内吟味有之由、右ニ付今日村々願書も差上度、山村ニ而願面出来、三役人印形致ニ付、当村三ケ所ゟ印形相集メ、新井庄屋七右衛門殿出ル、五郎左衛門ハ名代禎次郎を出ス、段々町下代衆ニ而内吟味有之与いへ共、下代衆兎角浅右衛門か方を引、村々下役共之申分を不用様子ニて、弥市抔も深意（ママ）無くとそ思ひ候か、其後弥市御役所へ過言申候迚、手錠を受け申、永々之手錠ニ而五日目〳〵封印改メ、組頭同道候て出申候、篠田定兵衛様町下役（ママ）代り佐野孫左衛門様壱人ニ相成り、暫く御吟味も相延引ス（下略）

これによると、嶋田村名主のもとへ、天保五年七月四日、「説教派之下役共、谷川上小屋頭浅右衛門与之公事之義、上ミゟも御沙汰有之ニ付、会談いたし願可上」と、説教者の下役らと谷川上小屋頭浅右衛門との公事について、飯田藩からも指示があるため、飯田城下村々の名主で会合を行いたいという廻文が山村から来た。嶋田村では、村の下役で説教者の弥市からも名主に挨拶があり、この公事に関わる事情が次のように説明された。

すなわち、公事の原因は谷川上小屋の善次郎の倅雛次郎と下小屋の非人善太郎娘きみが不義をしたため、説教者らは善次郎を義絶しようとしたところ、上小屋の頭浅右衛門がきみを養女として雛次郎に嫁がせた。つまり、浅右衛門がきみを捨て子として「拾い取」り、自らの養女とすることで身分を引き上げて、雛次郎と縁組させたのである。このように、本来は婚姻を許されない説教者と非人の婚姻を、飯田城下の谷川上小屋の頭が取り持ったため、飯田領内の上郷・下郷村々の説教者らは、浅右衛門の「印形下」にはならないと主張し、争論になったということがわかる。

ここで注目すべきは、次の二点である。第一は、上小屋の頭である浅右衛門は、上小屋と上郷下郷村々の説教者を飯田藩の人別支配上は支配下に置いていたということである。しかし、「（説教者が）宗門印形上小屋説教之者不致候故、宗門方ゟ厳敷印形致候様御催促有之、不被捨置けはしく相成り、村々説教之者上郷下郷一同飯田へ寄合、村々へ願書認差出候」と、谷川上小屋の説教者が宗門人別改帳への捺印を拒否し、宗門改めを受けないため、藩の宗門方役人から催促があり、事態が険悪となり、上郷・下郷の説教者が飯田で一堂に会し、それぞれの村に願書を提出する状況に至っていた。

第二に注目すべきは、「目明シ谷川支配ハ致候へ共、村々之下役之支配迄ハ難出来」ということである。すなわち、目明しが「谷川」(=牢守一族・上下小屋)の支配を行ってきたが、谷川の下に位置する村々の下役(説教)支配は直接行っていないとの認識であることがわかる。これは、下市田村名主中村家の日記(天保五年七月四日)に、次のように記されていることからも窺える。

［史料6］

(中村家日記　天保五年七月四日)

下役吉左衛門始鄽之者共、先達而願出候谷川下古屋上屋与不儀、浅右衛門取持候ニ付、不筋段難捨置願出罷有候所、今以御紀も無之延引ニ相成候間、御村役人様方御慈悲ヲ以、何分急と落着致候様御願申度申出候、下役共願之儀、飯田目明しへ願出候趣、尤下役共之儀、目明し支配与承ル

このように、下市田村の説教者が藩への願書を目明し経由で提出しており、村役人も下役の支配は目明しが行うと理解しているように、支配系統が不明確であったことがわかる。

目明しとは、『飯田萬年記』では、「御領分中盗物為御吟味ノ、目明シ被指置可然トノ御事ニテ、伝馬丁九左衛門・太右衛門両人江、元禄十六未年初テ被仰付、毎暮一人ニ付金弐両ツヽ被下置候、其外町中ヨリ最合金取集遣候事」[(34)]と記されているように、元禄一六年(一七〇三)に領内の盗人吟味のために設けられた職で、伝馬町の九左衛門と太右衛門が任命された。藩からは、毎年暮れに金二両ずつ給金が支給され、この他に町中から集められた金が渡されたという。これは、前章でも指摘した「目明礼金」金一両一歩、銭三四四文のことで、「年々目明へ六町七町ゟ金子差遣

し有之、幷ニ谷川へも同様ニ候」と、城下町の十三丁で集金して目明しと谷川七左衛門に遣わしていた礼銭であった。[35]このように、本来は盗人吟味の役職ではあるが、これが「谷川」とその下の領内の下役を支配する組織になっていたのである。

さて、この一件は事件の発端が天保五年二月頃とみられるが、結論が出されるまで一年以上かかった。その間の事情は、［史料6］に、いまだに藩の取調べも開始されないため、村役人の力で早く解決してほしいと、下市田村の簓が村役人のもとに嘆願に訪れたことからも知られる。[36]これを受けて、下市田村の名主も、翌五日、飯田堀端の殿岡屋において、上郷の上飯田村・下黒田村とともに会合を開いた。[37]天保六年時点で、上飯田村一人、下黒田村一人、下市田村に三人の説教者が居住しており、この説教者を抱える村名主が会合を開いたということになる。話し合いの結果、上郷・下郷村々の名主で藩の手代衆へ「無拠義、御捌キ可被成、御捨置被遊候ハヽ、説教之者故、水上京都三井寺へ欠抜可申候、左候而ハ如何様ニ相成候半も難計、是非共願ヒ御取上被遊、一ト先御吟味被遊候様奉願上候」[38]、すなわち、説教者は「水上」＝本所である三井寺に藩を通さずに直訴する可能性があり、そうなるとどのような展開となるかも予測できないため、ぜひとも藩として説教者の願い出を取り上げ、吟味を始めてほしいと申し出たのである。

第一章で述べたように、下伊那地域の簓は、一九世紀初頭から近江国関蟬丸神社の別当三井寺に従い、万歳楽の免許を受け、「説教」と名乗るようになっていた。その数も、一九世紀に入ると増加し、下伊那地域では立石村の斎藤夲太夫を小頭とし、そのもとに親田村斎藤磯太夫組・知久平村森夲太夫組・林村三浦三太夫組・福与村佐藤九郎兵衛組・下市田村加藤林太夫組という少なくとも五つの組に分かれ、仲間組織を形成していた。[39]このうち、下市田村加藤林太夫を頭とする組は、飯田藩領域の簓を構成員とする組で、「飯田組」と呼ばれることもあった。この飯田藩領域の説教者が団結して、村々の名主らを動かして藩に働きかけたのが、この天保五年の不義一件だったのである。

手代衆としては、この一件は非人の善太郎娘を勘当するか、説教者の雛次郎を勘当すれば片がつくと見ていた。しかし、村々の名主らは、すでに飯田町下代衆と目明しまでもが、谷川上小屋頭の浅右衛門と非人の善太郎に加担している状況では、説教者らの強い反発があり、そう簡単には行かないとの見通しを持っていた。そこで、まずは説教者らの願書に、名主らが添書をつけて再び願い出るので、これを藩として取り上げるように、町下代衆と話をつけたのである。

ようやく七月八日から、浅右衛門が呼び出され内吟味が開始され、これに合わせて説教者らの願書に名主らの添書をつけた願書が提出された。しかし、町下代衆の内吟味は、「浅右衛門か方を引、村々下役共之申分を不用様子」と、浅右衛門の肩を持ち下役の主張をきかない様子で、説教者らは苛立ちを募らせた。下市田村名主の日記には、八月一六日、同二六日、八月末に、鄕が飯田の内吟味所に呼び出され、村役人が同道したとの記事がみえる。その中に、同道した村役人の話として、次のような吟味の様子が記されている。(40)

［史料7］

篠田定兵衛様御吟味ニ而、兎角谷下古屋善太幷上古や浅右衛門へ御贔屓有之、落着ニ相成兼罷在候処、上飯田下役松兵衛外ニ壱人、吟味中過言申候ニ付手錠申ル(ママ)与被仰候所、御同役左野孫左衛門様被仰候ハ、手錠之儀者我等ハ不承知ニ候、達而御打被成候ハヽ、我等ハ御同席難致与、其座ヲ御立退被成、右ニ付御吟味御流ニ相成申候

すなわち、内吟味において町下代衆の篠田定兵衛が下小屋善太郎と浅右衛門に依怙贔屓な判断をしていたため、上飯田村の松兵衛ともう一人の説教者が過言を述べ手錠を打とうとした。これに対し、町下代衆の佐野孫左衛門が異論を唱え内吟味を退席し流会となったという。内吟味については前掲［史料5］『島田記』も言及しており、過言により手錠となったもう一人の説教者は、嶋田村説教者の弥市であること、またこの後、下代衆の中も分裂し、篠田定兵

衛が下代を退任となり、佐野孫左衛門一人となったため、吟味が延引したと記されている。

こうして藩の吟味が滞るうちに、説教者の本所である三井寺から、飯田組の頭加藤林太夫に、神役奉仕のための上京を促す書状が九月八日に到来した。(41)

［史料8］

以書付申達、然者当五月廿四日蟬丸宮御祭役ニ其組ゟ不罷登、等閑之至ニ候、此節斎藤杢太夫組用事有之罷登候ニ付、其組之義相尋候所、当春以来其組争論之義も有之趣承申候、右争論之義、其振ニ寄り御当方へ可申出候、尚又此九月廿四日ハ旧祭之日ニ而、被執行候義も有之候間、九月廿四日ニ者可罷登候、若無據難相登訳合茂有之候ハヽ、其趣以飛脚断書可差出候、以上

三井政所

加藤林太夫組

例年五月二四日の関蟬丸神社の祭礼には、諸国の説教者が上京し、神役を奉仕し役銭を納めることが義務となっていた。ところが、加藤林太夫組の者はこの一件のために上京しなかった。この事情について、三井寺は伊那郡立石村斎藤杢太夫組の者から様子を聞き、加藤林太夫組の争論に関する報告と、旧例祭に当る九月二四日の上京を求めたのである。しかし、飯田組の説教者は飯田藩から禁足とされていたため、九月二四日も上京することはできなかった。すると一〇月に入り三井寺から立石村斎藤杢太夫を通して飯田組説教仲間の村々と飯田藩の奉行所宛に書状が到来し、飯田藩と三井寺の間でも交渉が行われることになった。(42)

この一件に対し、飯田藩は、翌天保六年四月二一日に裁定を下した。(43) この日の下市田村名主の日記には、飯田組の説教者も出頭して内吟味が行われ、「浅右衛門義旧例ニ背候取計ひ致候ニ付押込、谷上古(小屋)や善次郎、下古や善太両人

御調之、御しかり、不義致候而人子共ハ引分候様被仰付候」と、不義の仲介をした上小屋頭浅右衛門は旧例に違反したかどで押込、不義をした二人の親たちは御叱り、当人らは別れるよう命じられた、とある。

他方、本所である三井寺からは、説教者である上小屋善次郎の身分に関する処分が行われたことが、第一章［史料8］に掲げた次の飯田組の仲間申合せの一部から知られる。(44)

［史料9］

此度縁談之争論ニ付、上谷川簓組之内、善次郎并兼五郎・通弥・勝次郎、右四人者、同所谷川両小家之頭役浅右衛門、非人江致隋身候段不埒ニ付、　御本山三井御政所様より説教職御召放被遊候、殊ニ浅右衛門儀者、説教職・非人之わかちを乍存、腹溺成縁組為致、其上媒人迄仕、右依不心ニ得、(ママ)
御当御役所様より押込・戸〆被仰付、急度御呵有之候、依之右四人者共宗門帳下賤与相成、非人同前ニ替り候ニ付、右之者共向後致破門候

すなわち、上谷川簓組の内で、雛次郎の親である善次郎と、それに加担した三人の簓は「説教職」を剝奪され、宗門帳は「下賤」、「非人同様」にされ、本所から「破門」されたのである。他方、浅右衛門については、本所の処分はなく、飯田藩からの押込・戸〆・御叱り処分を受けたと記されているにとどまる。(45)

以上、飯田組説教仲間の縁談をめぐる争論一件から、飯田城下谷川の上下小屋に居住する集団間に簓と非人との差異があったこと、本所三井寺の配下にある簓は、非人＝下賤とは異なる社会的地位にあるとの認識が存在したことが明らかになった。それでは、飯田藩の場合、非人とはどのような集団であったのか、次に「谷川非人」について整理しておきたい。

3　谷川非人

前述したように、『飯田細釋記　追加』によると、飯田藩の非人は延宝三年（一六七五）の飢饉後に牢守一族のもとに設置された小屋に収容した飢人の集団から生まれた。延宝四年当時の長が三太郎といい、その後も非人の長は三太郎と称すという。(46)藩から非人に与えられた役は、「不明御門坂頭ヨリ伝馬町坂頭迄ハ谷川ノ非人共役ニ掃除仕候」と、飯田城不明門前から伝馬町入口までの掃除役であった。(47)

先に述べたように、下小屋の非人を管轄していたのは、牢守一族の谷川七左衛門である。非人が牢守のもとで行刑役に関わっていたかは明らかではないが、藩領内の村に派遣されて村の下役（番人）を務める場合もあった。補論二で明らかにしたように、下伊那地域では簓が下役を務める場合が多くみられたが、嶋田村のように、下役を務めていた笠之者が下役を拒絶したために、村として谷川七左衛門に下役の派遣を依頼する場合もみられた。嶋田村は、文化六年（一八〇九）、谷川七左衛門に下役の派遣を頼み、「壱人扶持宛ニ而弐人扶持米遣シ、夏秋両度集之儀者惣百姓中心持次第銘々相勤可申筈ニ相定メ、則谷川之内上小屋弥市、下小屋善太郎右両人下役致候」(48)と、一人扶持ずつの扶持米と百姓の心次第の夏秋二穀で、二人の下役を雇用することに決定した。そして派遣されてきたのが、上小屋の簓弥市と、下小屋の非人善太郎であったのである。

次に、谷川非人の勧進について検討するために第1表を作成した。第1表は、飯田城下の江戸町に住む藩士柳田東助為善の日記(49)から、文久元（一八六一）・二・三年分にみられる門付けの記述を抜粋したものである。柳田家は、江戸詰めであったが、隠居して万延元年（一八六〇）から飯田城下江戸町に住むことになった。そのため、文久元年の日記は、傍輩の水野氏から施し物の程度について教示を受ける様子が記されており、逆に武家の慣例を知ることができ

第１表　飯田城下武家屋敷への勧進

文久元年（1861）

1月3日	猿	御厩江参候猿、昼後来、御家中一統参候ニ付、玄関ニ而獅子祝儀舞、無間罷帰候、但米三合・拾弐銅遣、昨年之通
1月4日	座頭	今昼前、座頭三十五人配当貰ニ来候間、壱人一銭つゝ之当ニ而、三十六銅遣候、尤正月計者何方ニ而も遣候事
1月5日	瞽女	こせ配当貰ニ来ル、正月者遣候事之由、壱人江壱文ツヽ之当テニ而、三十壱人組合之旨申聞、都合三十壱文差遣候事、但最初十四人分、弐度目九人、三度目八人、都合三十壱人ニ相成候事
1月7日	谷川非人	谷川之非人之よし、銭貰ニ来、米三合か廿四銅貰候旨当人申聞候間、水野氏へ承ニ遣候処、五文ニ而も六文ニ而も遣候得ば宜、年々定置ニも不及、其位ニ而宜、弐文・三文位遣候処も有之候得共、分限ニも寄候、五・六文位遣候得者宜敷旨申聞候事
1月7日	春駒	春駒と申もの参り、最初参候春駒へ者、三合ニ弐十四文遣為舞候、其後度々参候間、夫へ者五文ニ而も六文ニ而も遣候得ば宜旨、水野氏ニ而教差越候事
1月10日	春駒	谷川之もの之由、春駒来り、取次之口ニ而まい候、尤始而参候ニ者、米三合・十弐銅遣候よしニ付、三合ニ銭十二銅遣候、御札かいこの御札一枚、折候かみ小サき品一枚差置罷帰候事、但来春者拾弐銅計ニ可致事
7月14日	物貰い	物もらい来、昼前一銭ツヽ遣、其外あまりものも遣候事
7月16日	谷川之者	谷川之者来候間、五文遣ス、正月も同断

文久２年（1862）

1月3日	谷川下小屋之もの	谷川下小屋之もの惣代之よし貰ニ来候間、昨年水野へ承合候趣も有之候間、銭五文差遣候事
1月3日	谷川	谷川之よし、大黒天御札江竹ささら弐本添持参致候間、御初尾十弐銅差遣候事
1月4日	猿	如嘉例、今朝御厩へ参候猿来り、於玄関為舞候、獅子舞致候事、如例、但米三合銭十弐銅差遣
1月4日	座頭	座頭配当貰ニ来、三拾弐人之由ニ付、一文ツヽ三拾弐文差遣
1月4日	瞽女	こせ配当貰ニ来、十壱人之由申聞候間、壱文ツヽ之割拾壱文差遣候事

1月5日	瞽女	今日もごぜ七人之由、七文差遣候事
1月13日	春駒	今日春駒来、入口ニ而如例はやし、御初尾十弐銅ひねりニ致差遣、かひこ玉御札と赤紙切少々差置候、但昨年ハ三合、十弐銅遣候へとも、当年ハ世間並ニ十弐銅遣置候事

文久３年（1863）

1月3日	谷川惣代下小屋之もの	谷川惣代下小屋之もの貰ニ来る、昨年遣候通、銭五文差遣候事
1月3日	谷川	谷川ゟ大黒天御札江、竹ささら二本添持参、右者御初尾十弐銅差遣候事
1月4日	座頭	座頭配当貰ニ来、三十四人之旨申聞候間、銭三十四銅相渡遣候事
1月4日	瞽女	ごせ配当貰ニ来候間、八人之旨申聞候間、八文差遣候
1月5日	瞽女	ごぜ十三人之よし、弐人来、十三文差遣候事
1月5日	瞽女	同（ごぜ－筆者注）六人之よし、弐人猶又来、六文差遣候事
2月3日	面かぶり	今朝、面かぶり来、入口ニ而舞、御初尾十弐銅遣
7月15日	谷川下小屋之もの	谷川下小屋之もの、盆之配当貰ニ来候間、正月之通、銭五文差遣候事

［出典］『旧飯田藩士柳田家日記「心覚」』（飯田市美術博物館・柳田国男館、2004年）

る。

まず、文久元年一月七日、「谷川之非人之よし銭貰ニ来」とある。当人が言うには、米三合か廿四銅貰うというので、傍輩の水野氏に問い合わせたところ、「五文ニ而も六文ニ而も遣候得ば宜、年々定置ニも不及、其位ニ而宜、弐文・三文位遣候処も有之候得共、分限ニも寄候、五・六文位遣候得者宜敷旨申聞候事」と、五、六文遣ればいいとの助言であった。家によっては二、三文のところもあるが分限によると指摘しているように、施しも分限に応じた適当な金額があるとの感覚があったことが知られる。正月に来訪する谷川非人は、文久二年は一月三日に「谷川下小屋之もの惣代之よし貰ニ来候」とあり、「昨年水野へ承合候趣も有之候間、銭五文差遣候」と、前年度の水野氏からの教示にしたがって、五文を渡したことがわかる。文久三年も一月三日に「谷川惣代下小屋之もの貰ニ来、昨年遣候通、銭五文差遣候事」と、同様の対応がとられた。

この他七月にも、谷川非人は来訪して銭を乞うている。文久元年七月一六日には「谷川之者来候間、五文遣ス、正月も同断」とあり、また文久三年七月一五日にも「谷川下小屋之もの、盆之配当貰ニ来候間、正月之通銭五文差遣候事」と、正月同様に五文を渡している。以上から、谷川非人は、正月と盆に家々を廻り、「配当」を受けていたことが確認できるのである。

さらに、谷川非人の中には、芸能を披露して門付けを行う者もあり、これも柳田家の第1表から確認することができる。文久元年をみると、一月七日に、「春駒と申もの参り、最初参候春駒へ者三合ニ弐十四文遣為舞候、其後度々参候間、夫へ者五文ニ而も六文ニ而も遣候得ば宜旨、水野氏ニ而教差越候事」と、春駒が来て門付けをしたので、米三合と銭二四文を与えたことが記されている。但し、春駒はその後も多数来訪したようで、それらについては銭五、六文を与えればいいと水野氏の教示を受けたというほど頻繁であったことが窺える。一月一〇日の春駒は、「谷川之もの之由、春駒来り取次之口ニ而まい（舞）候、尤始而参候ニ者、米三合・十弐銅遣候よしニ付、三合ニ銭十二銅遣候、御札かいこ（蚕）の御札一枚、折候かみ小サき品一枚差置罷帰候事、但来春者拾弐銅計ニ可致事」と、この春駒は谷川の者であることが明示されており、初めての者であるとして米三合に一二銅渡して取次の入り口で舞わせている。この春駒は、蚕の札と小さな紙切れを一枚おいていったという。同様の春駒は、文久二年一月一三日にも来訪しており、「今日春駒来、入口ニ而如例はやし、御初尾十弐銅ひねりニ致差遣、かひこ（蚕）玉御札と赤紙切少々差置候、但昨年ハ三合、十弐銅遣候へとも、当年ハ世間並ニ十弐銅遣置候事」と、この年は世間並に一二銅だけ初穂として遣わした旨が記されている。なお、文久二年と同三年の正月三日には、「谷川之よし、大黒天御札江竹さ々ら（簓）弐本添持参致候間、御初尾十弐銅差遣候事」（文久二年）、「谷川ゟ大黒天御札江、竹ささら二本添持参、右者御初尾十弐銅差遣候事」（文久三年）

と、「谷川」の者で大黒天の御札と竹簓を持った者が来訪し、初穂として一二銅を遣わしている。ここでいう「谷川」とは、谷川上小屋の簓のことであり、簓を持って大黒天の配札をしていたことがわかる。

以上のように、飯田城下に移住してまもない柳田家には、「谷川」の中の上小屋と下小屋の区別が、いまだ判然とはしていないものの、谷川非人には年頭と盆に、また門付けに廻る芸能者にも施物を与えていたことがわかる。なお、これらの行為は、文久元年七月一四日にみられる「物もらい来、昼前一銭ツ、遣、其外あまりものも遣候事」という、単なる「物貰い」とは明確に区別されており、毎年定例で来訪する者として、一定の施しの基準が存在したことが、この日記から知られる。

それでは次に、飯田藩領の猿牽集団である下市田村の猿牽について検討してゆく。

二　猿　牽

1　居所と組織

飯田藩には、前章（第三章）に掲げた第4表にあるように、二〇軒、男性四六人、女性三二人、合計七八人の猿牽の存在を確認できる。その最大の居住地は、上郷筋の下市田村の新井原で、先述した下市田村の簓と同じ地域である。この猿牽集団には頭が置かれ、文政一〇年（一八二七）には良左衛門、天保期には吉左衛門が務めていたことが知られる。但し、猿牽は下市田村で下役を務めていたため、頭の任免は集団側の自由ではなく、村が行っていたとみられる。たとえば、天保一五年（一八四四）に吉左衛門が頭の退役を願い出た時、村中惣寄合において「今暫相勤可申旨定[50]」と退任を認めない決議がなされており、頭の任免を村の寄合で承認する手続きとなっていたことがわかる。

ところで、下市田村名主の中村家が、勧進や門付けに渡した布施を書き留めた「布施之覚[51]」から、文政九年と同一〇年分について、第2表―(1)(2)に示した。これをみると、修験（泉寿院・法寿院）や御師への布施以外に、(1)文政九年度では、嶋田村えびす・座頭・新井原下役・新井原林太夫・新井原八五郎・団七・亀八・谷川、(2)文政一〇年度では、これら以外に、同所（新井原）頭良左衛門・原町牢屋・同所（原町）下役・（新井原）金左衛門と、多様な来訪者が勧進や門付けに来たことがわかる。このうち、村外からの来訪者は、嶋田村えびす（笠之者）、座頭、谷川の者、さらに上市田村の原町牢守と原町下役[52]で、下市田村に居住する芸能者は、すべて新井原居住者である。新井原の猿牽には、正月の年祝に来訪した折に、(1)仲間一三人分の稗一斗と餅二六切が渡され、猿牽の頭良左衛門には、(2)玄米と搗麦の勧進物も遣わされている。この他、簓の新井原林太夫へは、正月の年祝に(1)稗二升と餅四切が、同じく簓の新井原八五郎へも(1)年祝に白米三合・銭一二銅・真綿三葉が渡されている。両人ともに簓であるが、年祝の祝福芸が万歳や春駒など異なっていたため、それぞれが門付けをして祝儀を受けていたものとみられる。同様に、冬に大黒舞の門付けにきた(1)団七、(2)亀八、金左衛門など個人名が記されているのも、おそらく新井原の簓と猿牽であると推定される。

さて、猿牽の職分は、第一に厩の祈禱である。下市田村名主中村家の日記には、「（文化一五年）正月元日（中略）猿屋来り」、「（文政二年）正月元日（中略）猿屋不残年礼ニ来り、猿召連[53]」、「（天保六年）正月朔日（中略）猿来り相済[54]」などと、正月元日に門付けに来訪してきたことが記されている。おそらく名主宅を皮切りに、村内各家を廻ったものとみられる。さらに、周辺の村々にも門付けにまわり、たとえば下川路村では、安政六年（一八五九）正月一七日に、「馬屋之祝」として白米三合、飯田藩領筋の上郷南条村では、安政四年に「馬祈禱」に白米三合と一二銅を受けている[55]。また、先述した飯田城下の柳田家には、第一表文久元年（一八六一）正月三日に、「御厩江参候猿昼後来、御家中一統参候ニ付、玄関ニ而獅子祝

第2表　下市田村　中村家配当・布施・施し物一覧

(1) 文政9年分

布施物	量	名称	事項	集団名
黒米	5升	伊勢御師		
黒米	2升	諏訪御師		
米	1升	富士御師		
米	1升	津嶋御師		
銭	40銅	多賀		
米	5升	泉寿院	秋初穂共	
大麦	2升	泉寿院	富士行之時	
銭	12銅			
銭	20銅	泉寿院	日待氏神祭礼布施	
銭	12銅	嶋田村えびす		笠之者
銭	12銅	村新介殿秋葉御札		
米	5合	座頭へ		
搗麦	5合			
稗	1斗	新井原下役へ	年祝之節	猿屋
餅	26切		13人前	
稗	2升	新井原林太夫へ	年礼之節	簓
餅	4切			
白米	3合	新井原八五郎へ	年祝之節	(簓)
銭	12銅			
真綿	3葉			
米	5合	団七へ	冬来ル節大国之時	
餅	2切	亀八へ	12銅かハし遣ス	
米	1升	谷川へ	年祝之節	
大麦	2升			
白米	3合			
大麦	5升	御寺へ	施餓鬼之節	

［出典］文政7年正月「萬覚留」（中村家文書）E-3-5

(2) 文政 10 年分

布施物	量	名称	事項	集団名
米	2 升	法寿院	正月日待并氏神祭礼之節	
鳥目	20 疋			
銭	12 銅 2 つ			
掛鯛	2 つ			
米	5 合	法寿院	5 月 9 日祈禱之節	
銭	12 銅			
玄米	5 升	法寿院	秋初穂	
大麦	2 升	法寿院	富士行之節	
銭	12 銅			
玄米	5 升	伊勢御師		
玄米	2 升	諏訪御師		
玄米	1 升	富士御師		
銭	100 文	津嶋御師		
銭	100 文	多賀様		
銭	24 銅宛	嶋田恵比須		笠之者
銭	12 銅	善兵衛	秋葉様	
銭	24 銅	す原御師		
白米	5 合	座頭へ	秋　麦内搗麦五合計	
稗	1 斗	新井原下役へ	2 月 1 日	猿屋
餅	26 切			
玄米	3 升	同所頭良左衛門へ	秋	猿屋
搗麦	1 升		麦	
玄米	7 合	原町牢屋へ	秋	
搗麦	7 合		麦	
玄米	3 合	同所下役へ		
搗麦	3 合			

稗	2升	林太夫へ	正月	篦
餅	4切			
白米	3合	八五郎へ	正月	（篦）
銭	12銅			
真綿	3葉			
米	5合	金左衛門	冬大国之節	
大麦	5升	御寺へ	7月7日	
銭	12銅	加賀白山		

［出典］文政7年正月「萬覚留」（中村家文書）E-3-5

儀舞、無間罷帰候[56]」と、藩主の厩を祈禱した猿回しが、そのあと家中の厩を廻っていたことが記録されている。猿とともに獅子舞も門付けされていたことが知られよう。

また、猿牽は、正月の年祝以外にも、飯田藩から御用として、厩の祈禱に呼び出されることもあった。天保一五年八月一三日に、「御馬屋御普請出来ニ付、明十四日朝五ッ時、御馬引移り候ニ付、家祈禱として猿引之もの猿連れ祈禱有之候様達し有之候間、明十四日朝六ッ半時、無遅刻其村猿之ものへ可申置候[57]」との通達を受けた。すなわち、藩の御厩が完成したので、明一四日朝五ッ時に御馬を移すことになり、厩の祈禱のために、猿を連れて猿牽に出頭を求めている。翌日、村役人は猿牽貞助を同道して飯田へ出向いた。このように、下市田村の猿牽は、村ばかりでなく、藩の厩の祈禱御用や家中の厩祈禱をも行う集団であった。

なお、猿牽仲間内では、祈禱にまわる旦那場が定められていた。その全貌は明らかにしえないが、天保九年、金左衛門による代替り勧化願いに際し、次のように旦那場への言及がある。[58]

［史料10］

九日（天保九年十二月）（中略）下役金左衛門、差添勇作、御村方厩御祈禱、金左衛門先年ゟ
檀那場ニ付、代替り之節是迄相願勧化致来候処、此度ハ彼是差控罷在候処、

打続違作ニ付、難渋ニ相成候間、勧化致段願出候、村方・原町幷吉田村、右金左衛門檀那場之由、証文幷ニ去明和五年勧化帳持参ニ付、何レ来春迄ニ談事之上取計可申聞段申渡し遣ス

これによると、猿牽金左衛門の代替わりに当り、通例では勧化を行うところ、飢饉という時勢のため控えてきたが、金左衛門自身が不作で困窮したため、勧化を行いたいと願い出たのである。その際、金左衛門は、下市田村・原町（上市田村）・吉田村が旦那場である証拠として、証文と明和五年（一七六八）の勧化帳を提出した。このように、下市田村の猿牽仲間の内部でも、個々の猿牽の家ごとに旦那場が定められており、その範囲内で門付けと勧進が行われていたことが窺える。

2　村の下役

前章までに明らかにしたように、穢が務めていた下役の仕事は、①日々の村内巡回警備、②博打の取締り、③盗賊や悪党の捕縛、④火事の駆付け・消火・警備、⑤野荒しの見張り・犯人の追い払い、⑥慶事・凶事の際の警備、⑦行き倒れの処置、⑧埋葬などである。下市田村における「下役」の職務を規定した定書は確認できないが、名主の日記から、具体的な事例について検討しておきたい。

まず第一に、乞食・浪人を追い立てるための巡回である。天保五年（一八三四）三月二九日には、「今日吉左衛門へ申付、大川除ニ住居候川原乞喰追立申候」と、猿牽頭の吉左衛門に命じて、下役に天竜川の川除け堤に住みついていた「川原乞喰」を追い払わせた。(59) また、同年七月一〇日には、「今日より下役吉左衛門江申付、村廻り為致候、所々悪敷噺も有之、近頃船人だヲれ与申、見苦敷者共多分参り候間、右様之者追出候様申付、幷博奕も所々ニ有之様子、見付次第届出候様申付、右両様兼、両人宛廻り候」(倒)と、この日から下役吉左衛門に村内の巡回を命じたことが記され

ている。(60)具体的には、「船人だおれ」と呼ばれる見苦しい川原乞食を追い払うことと、博打の摘発という二つの任務のために、二人ずつ一組となって巡回をすることになった。この巡回は、七月二三日には一旦終了したものの、「又々（浪人等と申悪敷人物」……筆者注）参り候間、また下役共廻り候様談こと致」と、浪人が来たとして、再開されることになったとある。(61)つまり、こうした村内の巡回は、恒常的なものではなく、世情により村からの要請で実施されたことがわかる。

第二に、博打の摘発のための巡回である。右に述べた以外に、天保四年には、村で実施された経緯が判明する。(62)まず、正月一八日、村役人仲間の寄合で、「ばくゑき之儀急度申渡し、組吟味ニ可致旨申渡し、其上ニ而不時見廻り下役ニ可申付旨ニ相定」と、博打の摘発は「組吟味」、すなわち五人組仲間で吟味することにし、見回りは下役に命じることを決定した。これが、同二一日に開かれた定例の村中惣寄合で提案され、「当年ハ博奕之儀厳敷申渡候、相談致処、組合ニ而急度吟味致し、若心得違之者有之候ハ、過料銭五貫文与相定、村役所ゟ不時見廻りとして下役吉左衛門へ申付、若見付候節者組合中同罪たるへき也、仍而左ニ相成候節者五人組ニ而壱人前壱貫文宛、〆五貫文之過料与相定メ申候」と博打吟味は五人組に任せ、心得違いの者へは追料銭五貫を課すこと、村役所からは下役を見回りに出すが、もし摘発された場合は五人組の連帯責任とし、過料として一人銭一貫文宛、五人で五貫文を課すことが決議された。それから半年経った七月一〇日、再び下役二人一組で「博奕制当(道)不時見廻り」が命じられた。同月二三日には、下役吉左衛門と同金左衛門が中村家を訪れ、二二日の夜に「泉寿院宅ニ博奕会合有之候ニ付、仲ケ間之者共一同罷越、踏込、追ちらし、諸道具召取、橋都江御預ケ申候」と、（修験の）泉寿院宅で博奕の集まりがあったため、猿牽仲間一同で踏込み、博奕の集まりに参集していた者たちを追散し、博奕道具を没収して（村役人の）橋部に預けたと届け出た。そこで、組頭は全員橋都家で寄合を開き、泉寿院と当該組頭と組合員を呼び出し、本人は過料二貫文、組合四人は一貫文宛を賦課し、五人組連署をとり、押収した諸道具のうち、檜板数一一一枚とさいころ二つは焼き捨て、他の品は本人に返却した。さらに一一月九日にも、下役らが博奕会合の現場を「踏込指押」え、与次兵衛はじめ四人を摘発し、道具は組頭に預けた旨、中村家に届け出られた。以上のように、下役らは不時見廻りを行い、実際に博打の現場を差し押さえていた。

第三に、盗賊の捕縛である。これは、第一点目と同様、下役の治安維持に関わる職務である。天保一〇年八月には、五人組組頭の寄合の席上で、「見苦非人所々山等ニ泊り、盗等致哉ニ相見候間、下役廻し呉候様」と、求められた。ここでいう「非人」は、飯田藩に掌握されている谷川非人ではなく、野非人のことである。山に住み着き盗みを働くものとみなされ、下役による巡回取締りが求められたのである。実際、八月一三日には、下役が巡回した結果、「大宮ニ而盗賊弐人召捕」えたと届けられている(63)。

第四は、死者の埋葬である。埋葬については、下役がこの役を担うに至る過程で、村人と下役との間で行われた確執を、日記から知ることができる(64)。

まず、天保六年正月二一日の村中惣寄合で、「不幸之節穴掘り、下役ニ掘せ度由申ニ付、賃銭五六百位、下三百文位ニ而掘候様、夫も一様ニハ難定、其人々之心まかせ、近所之者是迄通り掘なり共、何レ当人心次第与相定」と、決議された。すなわち、これまで近所の者で行ってきた遺体の穴掘りを、下役にさせたいとの提案があり、寄合で相談した結果、三〇〇文から五、六〇〇文の賃銭を支払うか、あるいは定額とせず心次第とするか、または従来通り近所の者で行うかは、それぞれの意志によるとの決議がなされたというのである。

この決定を受け、村役人は下役に「村方葬礼之節穴掘」を行うように、と申し渡した。しかし、下役の吉左衛門・勇作・金左衛門の三人は、三月七日に中村家を訪れ、「仲ケ間中談事致候所、正・二・五・九・十二月まや(馬屋)祈禱ニ罷出候ニ付、身分穢候ニ而相成不申間、此段御訴訟申度由申出候」と、下役らは仲間中で相談をした結果、一・二・五・九・一二月に厩の祈禱に出るため、遺体の埋葬に関わり穢れた身となることを嫌い、この決定には従えないと訴えを起こしたいとの意向を伝えたのである。

その後、三月九日に再び下役吉左衛門はじめ四人は村役人に呼び寄せられ、「穴掘之儀、先達而申付候通相勤可申様」と再度穴掘りを行うよう申し付けられ、「即席之返事ニも不相成、十五日迄ニ中ヶ間談事致し挨拶可致様申付ル」と、即答ができないならば、仲間で相談して一五日までに返答するように命じられたのである。その後、三月一二日に、「下役金左衛門・勇作弐人、右一件ニ付内々噺ニ来り」と、内々に村役人との間で折衝が続き、九月二四日の組頭の寄合で、次のように決定が下された(65)。

［史料11］

当春惣寄合之節申談事決し候、不幸之節穴掘、下役へ渡し度段申ニ付、段々申聞候所決し候所、穴場へ出候道具之替り、穴壱つ掘料壱分宛被下置候様申候ニ付、右之段双方へ申渡ス、此後ハ壱分ニ而手前飯、一切施主ニおゐて世話なし、かけはなし、夫ニ而宜敷者ハ申付、為掘可申様相定メル

すなわち、今年の正月の惣寄合で相談したことを決議した、不幸の際の穴掘を下役に申し付けたいということにつき、いろいろと猿牽仲間を説得して次のように決定したという。これまで村の穴場（墓地）に穴掘りの代償として渡していた道具のかわりに、穴を一つ掘る料金として金一分を渡すよう下役側が要求した。そこで、村と下役双方に次のように申し渡した。すなわち、この一分の給金で、下役は手弁当とし、施主では一切食事代などを持たない、また金一分以上は要求しない、という定めとし、この条件でよしとする村人は、今後穴掘りを下役にさせるようにすると、定めた。逆にいえば、この条件を承認しない村人は、近所の者が掘るなどの従来のやり方で埋葬をするという決定であ

った。

以上、一連の不幸の時の穴掘りをめぐる村人と下役である猿牽との応酬をみると、猿牽は祈禱をする身として「死穢」を嫌ったにもかかわらず、村人らの強い要請に屈せざるを得なかったことが明らかになる。この点は、他の村々で下役を務めた簓や笠之者も同様で、正月の予祝芸の担い手であることから、当然こうした穢れを嫌ったものと推測される。それにもかかわらず、ほぼ共通して下役の仕事に、遺体の埋葬や行き倒れなどの穢れの伴う行為が含まれているのも、下市田村でみられたような村人との確執の結果であったと推測されるのである。

3 谷川非人との関係

次に、猿牽と谷川非人との関係を検討しておきたい。簓と非人は「平生付合等一切不致」る関係であり、ましてや婚姻は最も忌避されたことは、前章迄の天保五年（一八三四）の縁談一件で明らかにしたところである。猿牽と非人との関係もこれと同様であったことを示す興味深い事例が、下市田村荒神祭礼時にみられた。(66)

天保五年二月二七、二八日の下市田村荒神祭礼の際、下市田村良作が勧進元となって、「谷川芝居春駒」の興業願いが村役人に提出された。これを受けて、村役人は飯田藩に興業届けを行い、祭礼を取り仕切る村の中老衆が準備を進めることになった。ところが、二月二六日になり、下役の吉左衛門と甚五郎が村役人に、次のように申し出た。

［史料12］

今日昼頃ニ御中老衆ゟ御噺御座候ハ、谷川下古屋(小)之者共、春駒踊り荒神様御祭礼ニ両日被成候ニ付、取持候様被仰候、私共ハ谷下古屋とハ附合も不致程之儀ニ御座候、然所小屋ヲかけ、やねヲ致し、舞台ヲ拵踊り候儀は、我等仲ケ間ニ而必至と相成不申候段定メニ候間、此段決而相成不申候、然共仲ケ間ニたてヲ持来り候へは、其道ニ

取計ひ可申旨申来り候

すなわち、下役は、中老衆から荒神祭礼において春駒踊りを行う谷川下小屋の者（谷川非人）の世話を行うよう命じられたのに対し、谷川下小屋の者とは付き合いもない上、仲間掟により、小屋に屋根をかけ舞台を拵えての踊りは禁じられているとして、中老衆の下知に従えないと断った。つまり、猿牽は舞台芸を禁じられ、門付け芸を行うことが仲間掟で定められているという。しかし、もし谷川下小屋の者たちが、猿牽仲間に一献料（「たて」）を献ずるのであれば、仲間としても仁義を尽くすという申し出もした。そこで、村役人は興業元の良作を呼び、猿牽仲間と十分に内談し、障りのないように執り行うことを命じた。さっそく良作は、猿牽仲間の頭である吉左衛門のもとに行き、「内々ニ而取持」をするとの約束をし、二七日に村役人のもとに報告した。こうして荒神祭礼で春駒が無事に執り行われたのである。

以上の一件から明らかになることは、次の三点である。第一に、猿牽と谷川非人の間には、付合いがないこと。第二に、村の百姓には、谷川非人と猿牽との集団の相違がみえていないこと。第三に、その相違は、集団間の序列に加えて、芸能の質にも及ぶものであり、猿牽集団の仲間の掟で厳格に定められていたことである。残念ながら猿牽の仲間掟は残されていないが、その存在は右に引用した史料から明らかである。つまり、下市田の猿牽集団は、仲間の掟をもつ自律的な社会集団であったことが明らかである。

4　簓との関係

次に、猿牽と簓との関係について触れておきたい。すでに、第三章で述べたように、文化六年（一八〇九）三月に、三河国小坂井村の万歳師が、「得意違」＝旦那場を侵害し、下市田村の万歳衆に無礼をはたらいたという争論がおきた際、三河の万歳師三人は、下市田村の「御猿屋衆中」に仲人となる「無心」をし、「信州下伊奈郡之内、廻勤致間敷候」と断わりを入れ、内済とした[67]。このように、猿牽仲間は、万歳師どうしの争いの仲人を務めることができるような、簓仲間と同格の集団であったことを示している。

この点は、猿牽と簓が下市田村で新井原という同じ地区に居住していたこと、また先に掲げた［史料3・5］のように、簓の縁談一件において、猿牽の頭である吉左衛門が、万歳（簓）とともに、村役人のもとを訪れ事情を説明していたことからも、窺うことができよう。

5　笠之者との関係

最後に、猿牽と嶋田村の夷＝笠之者との関係について触れておきたい。前述したように、笠之者は嶋田村の下役を務めていた芸能者であるが、天保六年（一八三五）八月一〇日に下市田村の猿牽と「縁段変易」を申立てた一件が起きている。この一件について、『島田記』には次のように記されている[68]。

［史料13］

笠之者与市田村猿屋共与縁談変易之事、笠之者是を申立、猿屋不承知ニ而、当村新井庄屋七右衛門宅ニおゐて、笠之者と猿屋と対決致ニ付、三ケ所庄屋当役伊平治・喜平太立会吟味致候所、笠之者不法利不尽を申故、猿屋ニ言負され、笠之者一言も申分も無之誤り入引退く、此訳者笠之者へ誰か水呑百姓ニ取立呉んと申聞セ候様有之、笠之者望所なれは申募りたる故也と言

つまり、笠之者と市田村猿牽との縁談を変更するよう笠之者が求めたところ、猿牽側が異議を唱えた。そこで、嶋田村新井組の庄屋宅で、嶋田村の他の庄屋二人も立会いのもとで、対決が行われたという。その際、笠之者が不法・

理不尽なことを主張したため、猿牽側に言い負かされ、詫びて引き退いたという。理不尽なことを笠之者が主張したのは、誰かが笠之者を水呑百姓に取立てようと言ったため、そのためには猿牽との縁談を破棄にしたかったからだろうというのである。

この一件から知られるのは、次の二点である。第一に、猿牽と笠之者は縁組も相互に行う同格の集団であったことである。第二に、笠之者が、水呑みとはいえ百姓身分に上昇することを望んでいたことである。笠之者は、前に触れたように、文化六年（一八〇九）に組の頭を出すことも、嶋田村の村役を務めることも拒絶し、春田打の芸能も止めた。その後、文政一一年（一八二八）に時の嶋田村庄屋嶋田良造が笠之者に春田打の再興を持ちかけても、笠之者は受け入れなかった。しかし、春田打の芸にともなう収入は決して少ないものではなく、寛保二年（一七四二）に笠之者の一類である西宮社人勘之丞（斎宮）が笠之者に、歌恵比須・春田打・二季廻りを止め、社人の下役となることを持ちかけたときも、笠之者は自らの集団の生計を支えるためには春田打を止めるわけにはいかないとして、西宮社人の申し出を拒絶した(69)。おそらく、文化期にはこうした門付けや勧進による収入を上回る収入の機会が存在したとみられるが、この時笠之者は身分を変更できると考えるまでに至っていたことがわかる。結局、百姓身分となることも許されず、職分も捨て、笠之者は集団としての存立基盤を喪失し、自壊の道を歩むことになる。

おわりに

以上、本章においては、飯田藩牢守一族の谷川七左衛門と非人、そして下市田村の猿牽に焦点をあてて検討してきた。最後に、本章を総括し、下伊那地域における諸身分集団が構成する社会組織の全体像を提示しておきたい。

まず、牢守一族は、谷川に居住し、籠づくりを行う簓の集団で、飯田城下が形成される過程において、城下の「下役」と藩の牢守を務めることになったものと推測される。「牢守」として掌握された時期は、現段階において不明ながら、元和五年（一六一九）の検地には「牢守」でなく、「かこつくり（籠作）」という肩書を持つ者が谷川の名請人にみられることから、これより後、そして「非人小屋」のできる延宝四年以前とみられる。藩の牢屋は、谷川橋の袂に位置する谷川西側の河原におかれ、牢守集団の居住地は、その近辺の河原とみられる。

その後、延宝三年（一六七五）の飢饉を契機に、飢人を収容する小屋が作られ、この管理が牢守に任された。この飢人の小屋には三太郎という頭が生まれ、代々三太郎を名乗る頭が率いる「非人小屋」となったという。その非人小屋の管理を委ねられたのが、牢守一族であった。さらに、城下に流入してくる行き倒れや、身寄りのない病人らが牢守の管理下におかれ、随時非人小屋に収容される。この非人小屋は、谷川の「下小屋」といわれ、牢屋の近辺に所在したとみられる。

他方、谷川には「上小屋」と呼ばれる小屋も確認されている。地理的には谷川橋の上流の河原が「上谷川」と呼ばれたものとみられ、「上谷川」の肩書を持つ簓が上小屋を居所としていた。上下の小屋ともに、居住人数から考えると、長屋形式の建物であったと推定される。「上小屋」は浅右衛門という者が頭を務めており、やはり牢守谷川七左衛門の支配下にあった。但し、上小屋の簓は、おそくとも一九世紀前期には関蟬丸神社（三井寺）から万歳楽免許を受けて「説教者」と呼ばれ、三井寺を水上（本所）とする組織に入っていた。下伊那の説教者組織においては、飯田藩領域を単位とし、下市田村の加藤林太夫を頭とする、「飯田組」に属していた。説教者となった、「上小屋」の簓は、第一章で述べたように本所の掟により不浄な「下小屋」の非人とは、日頃からの「付き合い」や、ましてや縁組を禁じられていたのである。

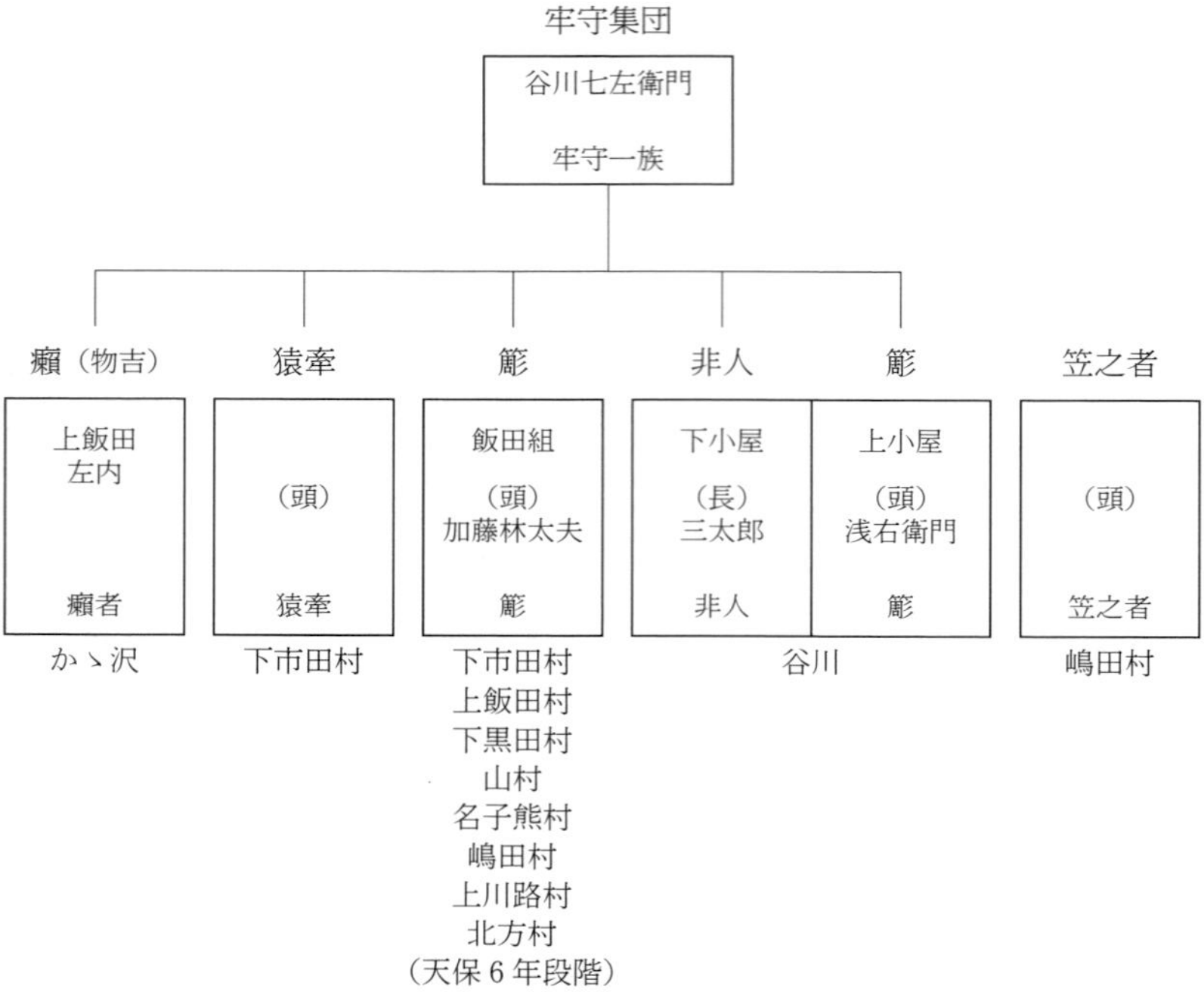

第1図　飯田藩領内諸集団関係図

これに対し、飯田藩領上郷筋の下市田村新井原に居住する猿牽は、飯田藩主や家臣団をはじめ、町や村々を廻り、厩の祈禱を行う呪術的な宗教的芸能者集団であった。藩からは厩の祈禱を「役」として与えられていた猿牽も、下市田村においては「下役」を勤める位置に置かれ、天保期には遺体の埋葬に関わることを村人から強く要請されるに至った。本来穢れを厭う呪術的な宗教者である猿牽が、村人の要請を拒否することができず、埋葬を受け入れざるを得なかった経緯が明らかになった。

地域社会における百姓と簓・笠之者・猿牽という周縁的身分の者との関係を考えるとき、冒頭に述べた中世の「宿」（夙）の近世的編制の問題と捉えることができるのではないだろうか。新井原という「宿」が、村切りの過程で市田村に組み込まれた結果、生業の異なる社会集団が一つの行政村に編入されることになった。猿牽は、生活の基盤となる生業が百姓とは異なっており、百姓の共同体とは利害の一致しない集団であった。それにもかかわらず、百姓を中心とする「村」に組み込まれた結果、周縁に追いやられ、「村」の「下役」を負う運命となったのである。この点は、嶋田村の笠之者や立石村の米山衆がたどった足跡も同様である。なかでも笠之者は、村の「下役」を拒否したがために、同時に自らの生業の基盤である春田打も捨て、固有な身分集団としての存立基盤を自己否定してしまったのである。その結果、笠之者は集団の解体と消滅という方向を歩むほかなくなったのであった。

以上、これまで述べてきた飯田藩領域における身分的周縁に属する諸集団の社会組織関係を図に表すと、第1図のようになる。

これに対して、上郷筋島田村の笠之者と下市田村の猿牽は、目明しの支配下であったのか、現段階では確証はない。しかし、笠之者・猿牽・簓といった集団には、それぞれ仲間の掟の存在が窺われ、自律的な組織であったとみられる。これらの社会集団が、中世から近世に移行する段階で、どのような変容を受けたか、次章で改めて検証してゆく。

注

(1) 『シリーズ　近世の身分的周縁』全六巻（吉川弘文館、二〇〇〇年）。『身分的周縁と近世社会』全九巻（吉川弘文館、二〇〇六年〜二〇〇八年）など。

(2) 本書第I部第一章・第二章・第二章補論1、および拙稿「村と身分的周縁」（杉森哲也編『日本の近世』放送大学教育振興会、二〇〇七年）、同「関蟬丸神社と村」（森下徹・吉田伸之編『史料を読み解く2』山川出版社、二〇〇六年）。

(3) 世界人権問題研究センター編『散所・声聞師・舞々の研究』（思文閣出版、二〇〇四年）。

(4) 近世における宿の展開についての研究には、片岡智「十五〜十七世紀における非人宿の展開」『史学研究』（二一六号・一九九七年）、村上紀夫「常磐散所校小考」（『芸能史研究』一四一号・一九九八年）、吉田栄治郎「薬師寺西郊の夙村と救癩施設・西山光明院」（『リージョナル』四号・二〇〇六年）、同「夙村の慨歎と深憂」（『同』九号・二〇〇八年）など多数の研究がある。

（5）斎藤嘉範氏からの聞き取りによる。また、山本左右吉「伊那の説教者―幕末説教師の動向―」（『文学』四〇―一、一九七二年）には、すでに米山衆について声聞師との指摘があるが、史料的な根拠は不明である。

（6）『松尾村誌』（一九八二年）、市村咸人「春田打」（『伊那』一九五三年一月号）、『長野県史』通史編第四巻（二）（一九八七年）など。

（7）文政七年「萬覚留」（中村家文書E―三―五、長野県下伊那郡高森町中村まさ子家文書、高森町歴史民俗資料館所蔵）。中村家は、下市田村で二軒あった名主家の一つで、公的な記録も含む私用の日記が一八世紀後期から膨大に残されている。本章で記中村家文書の史料番号は、筆者が三菱財団人文科学研究助成「日本近世における身分的周縁と地域社会」（平成一六年度）を受けて二〇〇四年～二〇〇五年に行った史料調査により作成した目録番号による。

（8）『高森町史』上巻前編、一九七二年、六二四ページ。

（9）『長野県の地名』（平凡社、一九七九年）。

（10）宝永三年「（領内町村明細改留帳）」（『長野県史』近世史料編第四巻（二）一二六二号）。

（11）『長野県史』近世史料編第四巻（二）一一五七号。

（12）上飯田村では、慶　安元年の時点で「鄽久作」の存在が知られているが、第1表(3)には反映されていない（慶安元年八月「上飯田高之内桜町□屋敷ニ渡反畝之帳」（『長野県史』近世史料編題巻（二）一二五四号））。

（13）飯田市立美術博物館所蔵久保田資料（飯田市歴史研究所写真資料）。

（14）元和五年「飯田城之打ち出来分同おこし共ニ御検地帳」（『長野県史』近世史料編第四巻（二）一一七一号）。

（15）「出来分」とは、文禄三年京極高知の時代に、飯田城の曲輪に惣堀を構えた際に、その曲輪内に存在した田畠を「出来分」と呼ぶことになったとの由来が、「飯田万年記」（『新編伊那史料叢書　第三巻』歴史図書社版）に記されている。

（16）「役用古記録抄帳　弐番」（『飯田町役用古記録』二〇七ページ、一部原史料と校合の上修正して使用した）。

（17）『新編伊那史料叢書』第三巻（歴史図書社版）九四ページ、原本『蕗原拾葉』所収「飯田細釈記追加」（国立公文書館所蔵）により接合して翻刻した。

(18)『飯田町役用古記録』二六二ページ。
(19)『長野県史』近世史料編第四巻（二）一一五九号。
(20)寛政一〇年「萬留書覚帳」（中村家文書B—一—二四）。
(21)天保九年「萬日記覚帳」（中村家文書E—一—一）。
(22)「役用古記録抄帳　弐番」（『飯田町役用古記録』六三ページ）。
(23)『飯田町役用古記録』二六五ページ。
(24)前掲注（2）本書第Ⅰ部第三章。
(25)天保九年「萬日記覚帳」（中村家文書E—一—一）。
(26)天保一三年「萬日記覚」（中村家文書E—一—五—二）。
(27)前掲注（2）本書第Ⅰ部第三章。
(28)同右。
(29)坂本広徳「近世南山間部における村落構造」（『飯田市歴史研究所年報』六号、二〇〇八年）。
(30)前掲注（2）本書第Ⅰ部第一章・第二章、拙稿「関蟬丸神社と村」。
(31)天保五年「萬日記覚帳」（中村家文書E—一—三）。
(32)『島田記』巻六。
(33)天保五年「萬日記覚帳」（中村家文書E—一—三）。
(34)『新編伊那史料叢書』第三巻（歴史図書社、一九七五年）二〇ページ。
(35)前掲注（2）本書第Ⅰ部第三章。
(36)天正五年「萬日記覚帳」（中村家文書E—一—三）。
(37)『島田記』巻六。
(38)同右。（『島田記』巻六）。
(39)前掲注（2）本書第Ⅰ部第一章・第二章。

(40)『島田記』巻六。
(41)『島田記』巻六。
(42)天保五年一〇月「萬日記覚帳」(中村家文書E―一―四)。
(43)同右。(天保五年一〇月「萬日記覚帳」(中村家文書E―一―四))。
(44)河野通俊氏所蔵文書三四―六〇一、前掲注(2)拙稿「関蟬丸神社と村」。
(45)飯田藩から浅右衛門に対する処分の内容や、浅右衛門を「両小屋」の頭役と捉えている点は、三井寺の把握は不正確である。
(46)「飯田細釋記　追加」(『新編下伊那史料叢書』第三巻九四ページ)、前掲注(2)本書第Ⅰ部第三章。
(47)『飯田萬年記』。
(48)『島田記』巻六。
(49)『旧飯田藩士柳田家日記「覚書」』(一)(飯田市美術博物館・柳田國男館、二〇〇四年)。
(50)天保一五年「萬日記覚帳」(中村家文書中村家文書E―一―二)。
(51)文政七年「萬覚留」(中村家文書E―三―五)。
(52)上市田村の原町に、飯田藩の牢屋があったとみられるが、詳細は未検討である。また原町の下役を務めた者についても詳細は今後の課題としたい。
(53)文化一五年・文政二年ともに文化一四年「日記帳」(中村家文書E―二―三)。
(54)天保五年一〇月「萬日記覚帳」(中村家文書E―一―四)。
(55)「萬日記覚帳」(関島正司家文書、飯田市歴史研究所写真資料)、「諸色記録帳」(浜島家文書、同)。
(56)前掲注(49)『旧飯田藩士柳田家日記「覚書」』(一)。
(57)天保十五年「萬日記覚帳」(中村家文書E―一―二)。
(58)天保九年「萬日記覚帳」(中村家文書E―一―一)。
(59)天保五年「萬日記覚帳」(中村家文書E―一―三)。

(60) 同右。(天保五年「萬日記覚帳」(中村家文書E—一—三))。
(61) 天保五年「萬日記覚帳」(中村家文書E—一—三)。
(62) 以下、博打取締りに関する記述は、天保三年「萬日記覚帳」(中村家文書E—一—一〇)による。
(63) 天保一〇年「萬日記覚帳」(中村家文書E—一—五—七)。
(64) 以下、穴掘りにかかわる記述は、天保五年一〇月「萬日記覚帳」(中村家文書E—一—四)による。
(65) 天保六年七月「万日記覚帳」(中村家文書E—一—三)による。
(66) 以下、荒神祭礼における春駒一件については、天保五年「萬日記覚帳」(中村家文書E—一—三)による。
(67) 斎藤芳男家所蔵文書三—一六、前掲注(2)本書第Ⅰ部第一章・第二章。
(68)『島田記』巻六。
(69) 前掲注(2)本書第Ⅰ部第一章・第二章。

[付記] 本章は、三菱財団人文科学研究助成平成一六年度「日本近世における身分的周縁と地域社会」および二〇〇八年度科学研究費補助金基盤研究C(一般)「近世『地域社会』における諸身分集団の複層構造に関する基盤的研究」(いずれも研究代表者吉田ゆり子)による研究成果の一部である。

〔補論四〕飯田藩による行倒れ、勧進者への対応
――『勤向書上帳』・『郡局要例』を中心として――

史料の性格

飯田藩の役職ごとにその職務内容をまとめた『勤向書上帳』と、「郡方」と呼ばれる町方・在方支配を担う役職の職務の先例を書き上げた『郡局要例』を用いて、飯田藩領域における旅人や乞食への対応のあり方を検討し、そこにみられる「下賤」と呼ばれる人々の役割を位置付けておきたい。また、本論で述べた万歳や猿引きなどの勧進に対する藩の対応についても、整理しておきたい。

『勤向書上帳』は、「御郡方書役」原元威による寛政一〇年（一七九八）一二月付の序文に記されるように、寛政八年七月二四日、各役所で職務内容を記録し、後任への引継に支障ないようすべし、という大目付の指示を受け、同年九月から翌年一二月までに、各役職から御用人方に提出した書上を集め、目次を付して冊子にしたものである。この『勤向書上帳』を刊行した『飯田・下伊那史料叢書』の解説によると、現在伝わる『勤向書上帳』は、原元威（原八十二）が「写」として所持していたものを、姻戚関係のある旧飯田藩士福島家の四代周治または五代虎四郎が、原元威が亡くなった嘉永七年（一八五四）以降に受取り、奥書を付したと推測している(1)。

他方、『郡局要例』は、飯田藩の町在支配を担当した「郡方」の役務内容と先例を、二四項目に分類して記述した

もので、下伊那教育会に伝来した飯田藩政史料の一つである。(2)『勤向書上帳』の記述を基にし、その後、役務内容に変更が生じた時には、家老への伺いや変更の指示なども年次を明記して追記している。また、実際の運用例も日時を明示して記載されている。記述は、二四番目「町在願届事　承届之部」にある嘉永七年二月二五日付の苗字帯刀願いの手続き変更がもっとも新しく、この『郡局要例』が嘉永七年二月以降、これに近い時期に作成されたものとみられる。

二四項目は、一検使、二公儀衆通行、三小役衆出役、四町在願届、五支配下取扱、六他所掛合、七差紙、八吟味御咎、九水辺、十御関所、十一公事訴訟、十二御吉事、十三御凶事、十四郡方出役、十五火事、十六御免勧化、十七触達、十八御普請所、十九金談其外出入他所添翰、二十御山方、廿一町方雑、廿二在方雑、廿三雑、廿四谷川下賤、となっている。本書で扱ってきた飯田城下谷川の牢守集団と配下の「谷川」、村の下役に関しては、二四の「谷川下賤」にまとめられるとともに、郡方の役務に関わって他の項目にも散見する。

なお、飯田藩領域は、町方＝城下町、在方＝両筋（上郷・下郷）に分けられ、郡方（郡奉行）のもとに町方は町下代、在方は上郷代官・下郷代官とその下の上郷手代・下郷手代が支配の実際に当たっていた。ただし、一八世紀半ば、伊那谷と木曽の妻籠宿をつなぐ大平街道に拓かれた「大平」（現、飯田市大平宿）は、「山方」支配とされている。また、寺社領や除地は、「寺社方」支配である。

病人・行倒れ・捨子への対応

『郡局要例』一検使によると、町在等で、病気で臥居る者、あるいは行倒者については、往来手形等から出所が明確になる場合は「旅人」という扱いで、その村役人や町役人から出所の村町に連絡し、縁者等、出所からの引取りを求める。その間、町方は旅籠屋、在方は村人宅に逗留させ、医師を呼び、施薬・食事の提供を行うことになる。ただし、山方支配の場で同様の病人・行倒者があった場合は、山方から郡方に掛合い、町村人宅で同様の措置をとるが、その経費は山方から支給される。

他方、町在等で見付けられた病人や行倒者が、出所の明確な往来手形等を持たない場合、あるいは連絡をしても出所の村町で身元を特定できない場合、あるいは帳外れとなっている場合等は、「旅人」ではなく、その状態により「無宿」あるいは「非人」として、町方では「谷川」へ、村方では村の「下賤」（下役）に預けられる。死去した場合は、死骸は「谷川」または村の「下賤」により取片づけられる。具体的な事例としては、文政六年（一八二三）五月一七日、無宿者が上飯田の枡形（飯田城下）で煩っていたため、「谷川下小屋」へ引取り、養生させたという。第四章で述べたように、「谷川下小屋」とは谷川非人の小屋である。また、外見は「乞食体」であっても、付添人がいて出所が明らかになる場合は、「非人」ではなく「旅人」として扱う。しかし、「乞食体」で出所がわからない場合は、「乞食」すなわち「非人」として扱われる。「乞食」が自分で物貰いをすることができない幼児をつれていた場合は、幼児を町方では「谷川」、在方では村の「下賤」に養育をさせ、貰い人があれば届け出させる、とされた。

なお、捨子について、「乞食体」の場合はこの対応と同様であるが、中小姓以上の武家屋敷門前に捨てられていた場合は、郡方に届け出る規定となっていた。具体例を、郡方が記録した『郡方覚書』(3)でみておこう。宝永八年（一七一一）一一月六日、飯田城下の堀端伝馬町筋に捨子があるとの届けを受けた郡方が、町下代衆に問い合わせたところ、四、五日以前から六歳の男子が捨てられていることを確認していることが判明した。秋以来、「女乞食」がこの子を連れて物貰いに廻っていたため、谷川非人小屋から「御領分乞食無用」と追い払ったところ、「女乞食」は子供をおいて立ち去ったらしいという。捨子は、この子に相違ないとして、谷川七左衛門が預り谷川非人小屋へ入れたと記録されている。他方、武家屋敷門前は事例が多くあげられている。たとえば、天保八年六月四日、大横町の御家中並御徒士目付次席林代次郎は、捨子を拾い取り養育していることを郡方に届け出た。それに対し、郡方からは「麁末ニ無之様養育」するように申達したが、その後死去したとの届け出があったため、先例に則り検使が派遣されている。天保一二年（一八四一）一二月二五日の事例は、丸山玄廸屋敷門前に捨子の死骸が置かれていた場合である。門前に捨てられていた子供が亡くなった痛ましい事例とみられるが、「乞食体之死骸之捨子」として処理され、検使の上で下賤に取片づけが命ぜられ、谷川下賤により野底三昧所に取片づけられた。

谷川下賤の職務

以上、『郡局要例』から、病気、行き倒れ、捨子に対する郡方の規定と実例を述べてきた。ここから、郡方の職務に関わって、谷川の者が担った役割を摘出しておきたい。

まず、病気となった出所不明の乞食や非人を下小屋で預り、施薬し、食事を与えて養生することである。出所不明の乞食で、自身で物乞いをすることのできない幼年の捨子も預り、養育することが役務であった。また、出所不明の行き倒れや、養生のために預ったものの快復がかなわず病死した者の死骸を取片づけることも、谷川の者の職務であった。

また、『郡局要例』二四「谷川下賤」には、「谷川之者、同心・廻り役ニ而召仕候節、扶持被下方」として、「谷川之者」が郡方同心や廻り役（目明し）に召し連れられて職務につく際に支給される扶持が、表のように定められている。このような職務としては、博打宿への踏み込み(4)や、逃亡した殺人犯の追捕の際(5)に、同心や廻り役が「谷川之者」を前者は四、五人、後者は三、四人召し連れることが規定されていた。ただし、不時の出役の際に出先の村で提供される食事のあり方をめぐり、文政九年七月二六日、新たな規定が設けられた。従来は、同心らが谷川下賤を召し連れて改めに出向いた村で、食事の提供を求めており、谷川下賤らも「台所等へ腰掛ケ、平人同様膳碗ニ而差遣」していた、つまり家に入れて台所に腰掛けて、平人同様に膳碗で食事を提供してきたが、それを村方が迷惑に感じてきたという。そこで、今後は、谷川下賤らには「宅外ニ差置、焼飯ニいたし差遣」すと、家に入れず、家の外で焼飯（握り飯に焦げ目をつけたもの）を提供することとする旨、村方、下賤ら、同心らに周知するように指示されている。ここに、百姓らの「谷川之者」に対する意識が現われている。

表　谷川之者扶持方

終日	2升	
半日	1升	
終夜	1升	
半夜	5合	
番之もの	1ケ2合5勺 2ケづつ	
	味噌・薪付	

［出典］『郡局要例』24「谷川」

勧進者に対する飯田藩の対応

次に、『郡局要例』二三「雑」にみられる、勧進者に対する飯田藩の対応について確認しておきたい。天保七年（一八三六）正月二九日付で、次のように郡方から指示が出された。(6)

一御家中小路へ乞食物もらひ不可入旨、木戸江札御目付方ゟ為打、旅籠屋渡世之者も相心得、諸勧進物貰之もの泊り候ハヽ、御家中小路へ立入不相成旨申聞、谷川下賤共へも右制方申付置候様、町下代江達

但谷川万歳・同所下賤盆暮貰廻り、下市田村猿引、瞽女・座頭、かゝ沢物よし之類者差免

この郡方の達は、飯田城下での勧進行為の免許と制限を示す重要な指針である。これによると、「御家中小路」と総称される武家地（馬場小路・中之町筋・江戸町筋・荒町・殿町・梅南小路・足軽町）では、乞食物もらいが入り込むことを禁止する旨、町の木戸に御目付方が札を立てることになったことがわかる。それに伴って、郡方から町下代へ、旅

籠屋渡世者に、勧進者や物貰いが宿泊する場合は御家中小路に立ち入らないよう伝えること、また、谷川下賤には、御家中小路での乞食物もらいの制道を命じるように、指示が出された。しかし、但書きをみると、谷川万歳（上小屋・鄽）と谷川下賤（下小屋・非人）が盆暮れに勧進に廻ることと、第四章で述べたように御厩の祈禱を行う下市田村猿引や、飯田城下に集団化して居住する瞽女と座頭、そして「か丶沢」に集住する「物よし」（癩者）は、勧進行為を許されていたことがわかる。「谷川」や下市田村の猿引は、飯田藩の御用を務める立場から、御家中小路での勧進の特権を付与されていた。これに対して、瞽女や座頭、癩者については、藩からの慈悲により、勧進行為が公認された存在であった。

まず、谷川万歳と下市田村猿引について、飯田藩自身が用意した給付品を『勤向書上帳』の規定で確認しておきたい。(7)

猿引は、正月二日に御厩にきて厩の祈禱をする。それに対して、酒三升、鰑二〇枚、下白米三升、塩一升を御厩に用意しておくことになっていた。また、谷川万歳も正月に町下代衆が同道して来訪する。万歳は「鶴太夫」という名の者で、これに対しては、御賄衆が出て挨拶をし、平・香の物・焼き物・酒一升・鉢肴一種・銭五〇〇文を、御賄衆が渡すことになっていた。

他方、瞽女に関しては、三好一成「飯田瞽女仲間の生活誌」(8)やその他の史書から、仲間の概要を知ることができる。三好氏の聞き取り調査によると、夏は麦・冬は米の二季廻りの他、正月、春、秋など、飯田町（城下）を中心として、北は飯田藩上郷から大草・七久保といった上伊那地域、南は下郷地域、東は天竜川対岸の知久領に及ぶ廻村範囲や村順、瞽女宿も知ることが出来る。天保七年（一八三六）の史料によると、瞽女仲間は従来二〇人余りが八組に分かれて飯田城下で借家に生活していたという。天明五年（一七八五）一一月、古町村で酒造業等を営み財をなした知久仙右衛門は、上飯田村「出来方愛宕坂東ノ方藪下」の田地（御年貢米五俵一斗四合・下作米九俵）を飯田城下本町二丁目文次郎から購入し、「飯田町瞽女仲間」へ飯料助成として寄進し、上飯田村庄屋にその進退を託している。これに対し、瞽女仲間から知久仙右衛門宛に出された請状が残されている。(9)

□□申上候一札之御事

一今般私仲間江扶持方為御助力、上飯田村愛宕坂東方出来分田地、御年貢米五俵壱升四合、下作米九俵之所御買取被成、直ニ上飯田村庄屋松下喜藤太様江御届之上、永久仲間中江被下置候段、御仁情難有拝納仕候、然上者右田地懸り之儀御役等相勤、加地子米毎年仲間中新古無差別配分可仕候、若後末ニ至頭分之者理不尽仕候儀茂御座候ハヽ、貴公様御子孫様方ゟ以此証文御糺可被下候、為冥加御亡母公様御法名散外栄伝院安窓明心大姉様江、毎年十月十三日仲間中打寄、御念仏御回向相勤可申候、以御慈悲永代仲間中渡世相続可仕旨、難有仕合御高恩之儀申伝、忘却仕間鋪候、依之仲間中連印御請証文差上申候所、仍而如件

天明五巳年十一月　瞽女仲間老分

こん㊞

同断

とよ㊞

知久仙右衛門様

これは、瞽女仲間老分という肩書を持った瞽女二人から出されたもので、仲間組織に頭分として「老分」という役職があったことがわかる。本文には、仙右衛門の「御仁情」への謝意が述べられた上で、この土地にかかる諸役を務めること、また土地から上がる「加地子米」（小作得分）を、毎年仲間内で新参・古参の差別なく平等に配分すること

が謳われている。そして、将来にわたっても、仲間の頭分の者が理不尽な振舞いをする時には、仙右衛門の子孫からこの証文を根拠に取り糺すことを認めている。つまり、寄進者の意向が、永代に続くことを補償している。さらに、仙右衛門の亡母の回向を、毎年一〇月一三日に瞽女仲間で行うことが約されている。このことから、仙右衛門が寄進したのには、亡母の供養のために功徳を積む意図があったものと推測される。仙右衛門は、飯田瞽女だけでなく、高須藩領の瞽女仲間にも寄進した。ただ、高須藩の意向で、田地ではなく金一五両を役所に預け運用させ、毎年その利子を瞽女に与えるという形がとられた。寛政四年九月とみられる高須藩による請書には、「両親法会をも申遣、末代迄瞽女とも申継、銘日恩謝之拝礼致候様申渡候」とあり、仙右衛門が両親の供養のための功徳を積む意図をもっていたことが示されている。(10)

この田地は、戦後まで飯田駅近くに所在した瞽女屋敷建設の出発点になった。天保二年二月、この土地を「梅南裏御堀外」の土地（羽根垣内）に替え地をし、そこに梁間三間半・桁下二五間程の長屋を建てて居宅する願いが「瞽女共」から出された。ただし、「盲人計之義」であるため「実意成仁」に一、二軒居住してもらい、「火之元万事を頼みたい」と述べている。この屋敷地は、明治の地租改正にあたり、個人名義とする必要があるという理由から、「小平しゅん」名義で地券の交付を受けた。ところが、明治二三年になって、基の土地を寄進した知久仙右衛門から、相談もなく個人の名義としたことに対し、瞽女仲間に申し入れがあった。仙右衛門と仲間で相談した結果、当時の瞽女仲間六組で土地の権利を分けること、この土地は他人への売却を禁止し、名義人が亡失した場合は「こん・とよ」の子孫で世話をし、相続が決まったときにその者に渡すことが確認された。(11)寄進者の意向が一〇〇年たっても拘束力を持っていたことがわかる。結局、翌年一一月一三日付で、「小平しゅん」から伊藤かよ・小島ひさの・本多しま・加藤かよ・福本さよ五人宛に、土地を分筆の上、売却する形式をとり、実際には地代金は受け取らず「只所有権ヲ移ス迄ニシテ、売買ノ体ニ致シ候」との文言を明記して、小平しゅんを含む六組に分けられた。また、長屋の敷地に祀られていた「弁天敷地」は、六人の共同名義地にされた(12)。

以上のように、江戸時代以来、瞽女仲間への寄進や勧化が、仏の功徳を得る目的で行われていたことが確認できよう。とはいえ、勧化を行う旦那場の旦那衆も、その年の豊凶により喜捨の程度に差をつけることがあった。次の史料は、天竜川対岸の知久領を勧進する瞽女が認めた一札と推測される(13)。

ねがい奉御事

一あ嶋村　田村　川野村、右三ケ所之だんな（旦那）中様、ふさく（不作）打つゝき、いろ〳〵御かんりゃく（簡略）ニ付、二き（季）之かせぎ（稼）ゑんりょ（遠慮）おふせ（仰）られ候ニ付、我等共めいわく（迷惑）ニ存、其節両中間中御そせう（訴訟）申上候へ共、一ゑん（円）御せういん（承引）無之故、何共めいわく仕、さま〳〵御そせう申上候所ニ、なつかせぎ（夏稼）御めん（免）被成下忝奉存候、此上しうげん（祝言）・しうたん（愁嘆）ニ付思召次第ニとゞけ被下候ハヽ、少しもいはい（違背）申間敷候、万一其許へ参りかゝり候せづ、左様之義御座候て御たづね仕候ても、御ていしゅ（亭主）様の思召ニハ相そむき申間敷候、右之通御せわながらよろしく奉願上候、右之通仍而如件

享保七年　飯田みノぜ（箕瀬）町

とらノ三月五日

條とわ㊞

いつ市㊞

條そよ㊞

右三ケ所之　庄屋中様

組かしら中様

御だんな中様

この文書が認められた享保七年（一七二二）には、瞽女が組ごとに城下町で借宅していた時期とみられる。川東を旦那場とする二組の瞽女仲間が、知久知行所の阿嶋村・田村・川野村から、連年の不作を理由に二季廻りの勧進を留められたことに対して、強力に訴え、何とか夏廻りだけは認められたと記されている。その他、祝儀・不祝儀に際しては、心次第の喜捨を受け取れば文句はいわないこと、また、祝儀・不祝儀の家に喜捨を求めて訪ねた時も、旦那方の意向に対して文句をいわないことが誓約されている。

最後に、『郡局要例』二三の但書にある「物よし」について触れておきたい。「物よし」は、京都五条大橋の東、建仁寺近くに集住していた「物吉」について研究がなされているが[14]、飯田藩でも、「かゝ沢物よし」という存在が確認される。上郷筋の南条村では、村の下役を勤める吉太郎家族を掲載した慶応元年（一八六五）三月付「下賤之者人別書上帳」が残されている[15]。それによると、吉太郎は「上飯田村左内配下かゝ沢癩之者与次郎厄介ニ御座候処、当丑三月村方下役ニ召抱候」と記されている。つまり、かか沢には、上飯田村左内が支配する癩者の集団が居住しており、その与次郎という癩者のもとに寄留していた吉太郎家族が、南条村の下役として移住してきたというのである。上飯田村左内がどのような者か不明な点は残るが、飯田藩においても癩者が地域社会から隔離され、かか沢で集団生活を行い、城下町を中心として勧進行為により生計を立てていたとみられる。こうした癩者に対しては、藩も慈悲を与え、御家中小路での勧進行為を認めていた。

注

（1）千葉拓真「解説「勤向書上帳」と飯田藩」（『飯田・下伊那資料叢書　近世史料編2』飯田市歴史研究所、二〇一五年）。

（2）飯田市歴史研究所写真資料。

（3）宝永五年〜享保三年「郡方覚書」（今牧新治氏文書、飯田市歴史研究所写真資料）。
（4）『郡局要例』八。
（5）『郡局要例』一。
（6）『郡局要例』二三。
（7）『飯田・下伊那資料叢書　近世史料編2』一七六・一七八ページ。
（8）『季刊　柳田國男研究』八号、一九七五年。
（9）知久充家文書（大沢文庫）5、飯田市歴史研究所写真資料。
（10）前掲注（7）。
（11）同右。
（12）同右。
（13）地正持文書六一（豊丘村歴史民俗資料館所蔵）。
（14）横田則子「「物吉」考—近世京都の癩者について—」（『日本史研究』三五二号、一九九一年）。
（15）浜島保正氏文書（飯田市歴史研究所写真資料）。

第五章　寺社と芸能者——夙の近世的編成——

はじめに

本章は、万歳の担い手である「簓」が、近世社会において領主の牢番役や村の「下役」を務めるに至った経緯を考察するために、中世末から近世に至る過程に注目し、「簓」の実体を、寺・「簓」・地域社会という三者の関係から明らかにすることを目的とする。

これまで、百姓が形成する共同体から排除された身分的周縁の人々に注目することで、地域社会を総体的に捉えるために、下伊那地域の「簓」・「猿牽」・「笠之者」・「谷川之者」・「非人」の実体を明らかにし、これらの人々と百姓・町人・武士との関係を検討してきた。(1)その結果、これらの人々が居住していた集落が、太閤検地をへて近世に移行する際に、独立した一つの村として扱われず、百姓身分からなる「村」に包摂されたことで矛盾が生じ周縁的な位置に追いやられたのではないか、と仮説的見通しを述べた。(2)すなわち、「簓」・「猿牽」・「笠之者」等は、百姓と異なる生業に従事し、集団としての規律を持つ社会集団として中世以来存在していたが、太閤検地後「村」に包摂されたため、百姓集団と共存するためには、「村役」（下役）を果たすことを受け入れざるを得なかった。こうした中世以来の集落は、畿内・近国を中心として存在が知られている「散所」「宿（夙）」に通じるものではないか、とも指摘した。

現在、万歳楽や猿牽などの芸能を担う人々（声聞師）の集住した「散所」について、山城国・近江国を中心に豊富な事例が発掘されている。(3) こうした事例を参照すると、下伊那の「簓」（以下、とくに断らない限り簓と表記する）や猿牽なども、散所の声聞師と同様の存在として包括的に捉えることが可能と考える。逆に、そうした包括的な理解により、畿内近国や西国を中心とする声聞師を含めた身分的周縁の発生を、中世から近世への移行過程における地域社会の問題として、捉え直すことができるのではないかと考える。

そこで、本章では下伊那の簓を、散所の声聞師という視点から、寺―簓―「村」の関係の中で考察することにする。対象として、信濃国下伊那郡上川路村と立石村を取り上げる。上川路村は開善寺、立石村は立石寺が所在し、中世に繁栄した地方寺院を内包する。上川路村には十六世紀末から簓が確認され、立石村には、立石寺「米山（こめやま）の者」と呼ばれる簓の集団がおり、近世には旗本近藤氏の牢守役を務め、立石村の下役も務める存在であった。

一　開善寺と簓

1　上川路村の簓

はじめに、飯田藩領内の簓の存在状況を確認しておきたい。元禄一一年（一六九八）「飯田御領分高改幷家数」は、飯田藩領内の上郷一四カ村・下郷一七カ村の年貢上納高と家数を書き上げたものである。これを第1表に示した。家数には「民家」「寺」「山伏家」以外に、「穢多家」「穢多ささらすり家」「猿牽家」「夷廻し家」「ささら家」が別記されている。このうち、「猿牽」は下市田村新井原の猿牽集団、「夷廻し家」は嶋田村笠村に居住する「春田打」と歌夷の担い手の「笠之者」、そして「ささら家」は下郷の上川路村と別府村の「簓」である。なお、飯田藩領では、この一七世紀末段階に、上川路村と別府村以外、簓を見出すことができない。寛政一〇年（一七九八）の調査（第三章第4表―(4)）でも、村ごとの明細は不明ながら、飯田藩上郷・下郷に居住する「竹羅摺」は二軒、人数二二人（男一二人・女一〇人）となっている。ただし、一軒当りの人数が一〇人強と多いことから、この一軒とは建物ではなく、世帯を表していると考えられる。これに対し、天保年間には、飯田藩領内の簓は「飯田組」と呼ばれており、第2表のような内訳になっている。飯田城下上谷川の九人のほか、上郷三カ村に四人、下郷五カ村に五人を確認することができる。上郷・下郷の在方では合計八カ村に居住分布が拡大し、それぞれが家族を構成していることを勘案すると、簓の人口も一八世紀末から一九世紀半ばにかけて、大幅に増加しているといえる。

近世後期における簓の拡大は後に考察することとし、ここでは一七世紀段階から六軒の簓が集住していた上川路村を素材として、中世から近世への移行期における簓と地域の関係を考察してゆく。

上川路村は、第1図のように、飯田城下から南に伸びる遠州街道が村中を通り、下川路村に向かう地点に位置する。開善寺は、第2図のように遠州街道と天竜川に流れ込む久米川にはさまれた位置に所在する。遠州街道は寺の北側後背の台地上を通っているが、寺の入口である山門は南に向いている。山門前を東西に走る道は、東の時又から開善寺の南を通って北西に伸びる。この道が開善寺の参道とみられ、道沿い一帯は「町並」と呼ばれており、門前町が形成されていたものと推定される。

いま、中世末の上川路村の様相を考察するために、「天正十九年太閤検地帳」を検討しておきたい。伊那地域では、天正一九年（一五九一）に京極高知により検地が行われ、その結果打ち出された村高と村柄の等級の書上は、「青表紙縄帳」「青表紙御検地帳」など（以後、「青表紙縄帳」と呼ぶ）として書き写され村々に伝えられている。(4) 上川路村は、二六八石二斗四升で「上」の村とされている。上川路村で近世前期に肝煎を務めた清水家には、天正一九年の検地帳(5)（「天正十九年検地帳」と呼ぶ）が残されている。これは、表紙と奥付を欠くが、紙質や文字などが同家所蔵文書の元和・寛永・承応年間のものと同質とみられることから、一七世紀前期に写されたものとみられる。冒頭の数筆に割印と、二枚目には継目印が捺されているが、印文も一七世紀のものとみられる。

記述内容は、(A)「上河路田方本長うつし」・(B)「上河路畠方拾六枚」・(C)「かいせんし（開善寺）寺やしき（屋敷）」・(D)「かいせんしふん（開善寺分）ノ内ノじぶん（寺分）」・(E)「上河路屋敷長（帳）」という五つの部分から成っており、田・畠・屋敷地、それぞれの反別と分米合計が記されている。田畠屋敷地の分米を合計すると二六八石二斗三升九合八夕五才となり、「青表紙縄帳」の上川路村高二六八石二斗四升にほぼ一致する。

まず、検地帳の記述形式を知るために、(A)(B)の冒頭部分を掲げておく。

［史料1］

猿牽家	穢多ささらすり家	夷廻し家	ささら家
9			
	5		
		11＊1	
			6

ハ現米二百六十石余御取立之所三分一ハ

第1表　飯田藩領家数書上げ

			上納高＊0		民家	寺	山伏家	穢多家
			俵	石				
上郷	1	出原村	200	0.2689	10	1		2
	2	吉田村	973	0.0417	113	1		
	3	大嶋山村	328	0.1614	36	1		
	4	牛牧村	747	0.1156	74			
	5	市田村	1741	0.1515	156	2		
	6	原町	195	0.1327	30			
	7	座光寺村	1958	0.1455	195	3		
	8	上黒田村	352	0.1837	32			
	9	下黒田村	1010	0.2393	73	1		
	10	飯沼村	1262	0.0015	118	1		
	11	南條村	423	0.0503	36	1		
	12	別府村	1164	0.4812	70	1		
	13	上飯田村	2846	0.3696	121	2		
	14	市瀬村	—	—	1			
下郷	15	山村	2392	0.413	158	1	1	1
	16	柿木嶋村	57	0.3942	1			
	17	名子熊村	57	0.3943	62	1		
	18	一色村	261	0.2902	20			
	19	北方村	957	0.0404	117	1		
	20	大瀬木村	1064	0.4612	118	1		
	21	上殿岡村	109	0.0225	16			
	22	下殿岡村	381	0.3013	16			
	23	嶋田村	3264	0.1544	203	2		
	24	毛賀村	843	0.0438	61			
	25	駄科村	1053	0.347	94	1		
	26	長野原村＊2	204	0.0896	20			
	27	桐林村	958	0.0505	79			
	28	時俣村	341	0.0303	45	1		
	29	上川路村	383	0.0818	31	1＊3		
	30	三日市場村	494	0.3837	50			
	31	中村ノ内	410	0.2493	34			
外	茶園年貢＊4		191	0.1873				
	出来分畑＊5		74	0.1859				
	町方地子米＊6		433	0.2537				
	元禄11年改上納＊7		420	0.1511				

［出典］元禄11寅年改之　「飯田御領分高改幷家数」（清水家文書）

［注］＊0　「上納高」＝「庄屋給・小使給諸引万引落り、上納高如此」

＊1　「むかしハかさはり」

＊2　「当村は御国絵図差上候節ハ別村ニ御書上被成」

＊3　「開善寺　此門前家十四軒、外ニささら家六軒」

＊4　「内87俵1073ハ　家中ゟ上納」

＊5　「是ハ家中ゟ上納之年貢米」

＊6　「御国替　但御引渡之節ハ四百壱俵二合四夕上納高也、脇坂様御代米免許」

＊7　内上郷筋157俵1斗6升1合6勺、下郷筋270俵3斗9升

第2表　飯田組の簓

村名		人名
飯田城下	上谷川	喜代松
	上谷川	虎之介
	上谷川	金蔵
	上谷川	重之介
	上谷川	七太郎
	上谷川	初五郎
	上谷川	松之介
	上谷川	庄之介
	上谷川	弥左衛門
上郷	上飯田村	李兵衛
	下黒田村	宇源次
	下市田村	林太夫
	下市田村	善八
	下市田村	作左衛門
下郷	山村	源次郎
	名子熊村	源三郎
	嶋田村	弥市
	上川路村	民蔵
	北方村	半右衛門

［出典］天保6年4月25日「申合之事」（河野通俊氏所蔵文書）

（A）

こしまい　三七分
上　八畝　壱石壱斗四升　又一
同所　同分
上　壱畝十分　壱斗八升六合六夕六才　同人

（B）

かな山　かち分
下々壱畝十二分　八升四合　助一
同所　同分
下　弐畝四分　壱斗七升六夕六才　清左衛門

（A）は田方、（B）は畠方の一筆ごとの書上げである。一筆ごとに地字・地位・反別・分米・名請人が記されている。名請人には分付記載のあるものもみられる。また、肩書に「はんてう（番匠）」「かち（鍛冶）」という職分や「寺」などが付されたものもある。（A）田方は二二七筆・一四町九反二畝一九歩半・分米一九七石七斗九升三合六夕、（B）畠方は一五四筆・五町八反二畝一九歩半・分米四九石四斗五升五夕九才で、地種・地位と石盛は第3表のとおりである。

次に、屋敷地であるが、これは開善寺関係の（C）（D）と、上川路村の屋敷地を書上げた（E）から成る。

［史料2］

（C）

二畝廿四歩	三斗三升六合	とう蔵主
四畝十歩	五斗仁升	しゆい蔵主

（D）

上　壱反仁畝	壱石仁斗	てらの
上　四畝廿歩	四斗六升六合六夕六才	とう蔵主

（E）

あみやしき

廿四歩	九升六合	与一左衛門
弐畝	弐斗四升	寺　惣九郎

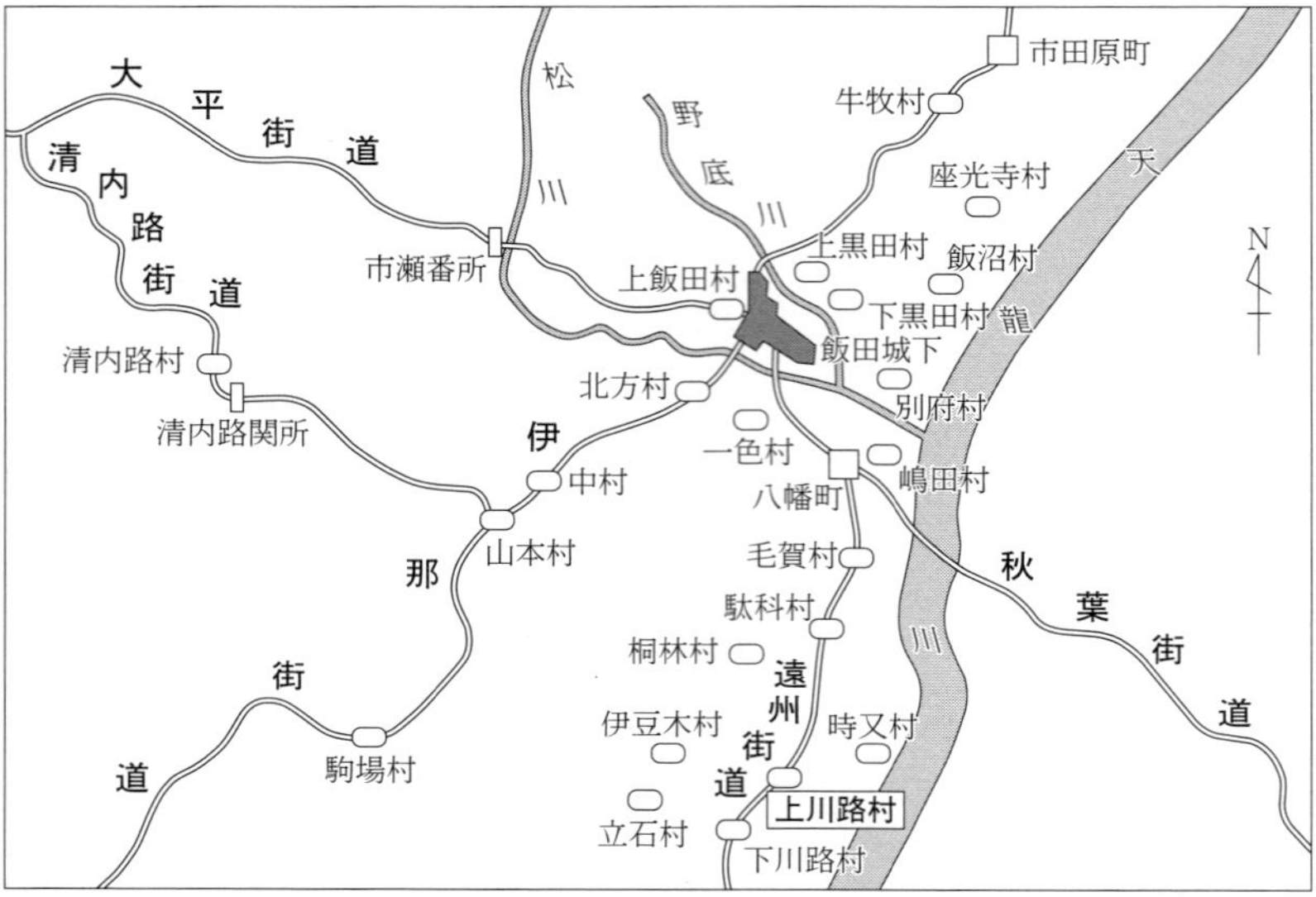

第１図　飯田周辺図（『飯田町役用古記録』〔飯田市歴史研究所、2009年〕544頁をもとに作成）

（C）（D）は、それぞれ七筆と八筆で、あわせて「屋敷」反別一町八反七畝二七歩、分米二〇石九斗九升五合六夕六才と記載されている。（E）は五〇筆で、合計は記されていない。開善寺関係の（C）（D）は、開善寺領と村方との関係を考えるために重要な部分となるため、後に改めて検討を加える。

以上を確認した上で、（A）～（E）全体の検地帳の名請人ごとに分米を集計して第4表に示した。まず、1～7番の第Ⅰグループは、（C）（D）の開善寺関係の屋敷地を名請けする者で、開善寺の僧侶である。これらは、（E）の上川路村の屋敷地を所持していない。次に、8番から48番までの第Ⅱグループは、（E）村方の屋敷地を所持する名請人である。但し、12と16番は、屋敷地が除地とされている者である。さらに、49番から67番までの第Ⅲグループは、田畑は所持するものの屋敷地を持たない者で、屋敷地を所持する名請人の家族か被官などと考えられる。最後に第Ⅳグループの68・69番は、「鍛冶分」と「番匠免」で、職人集団

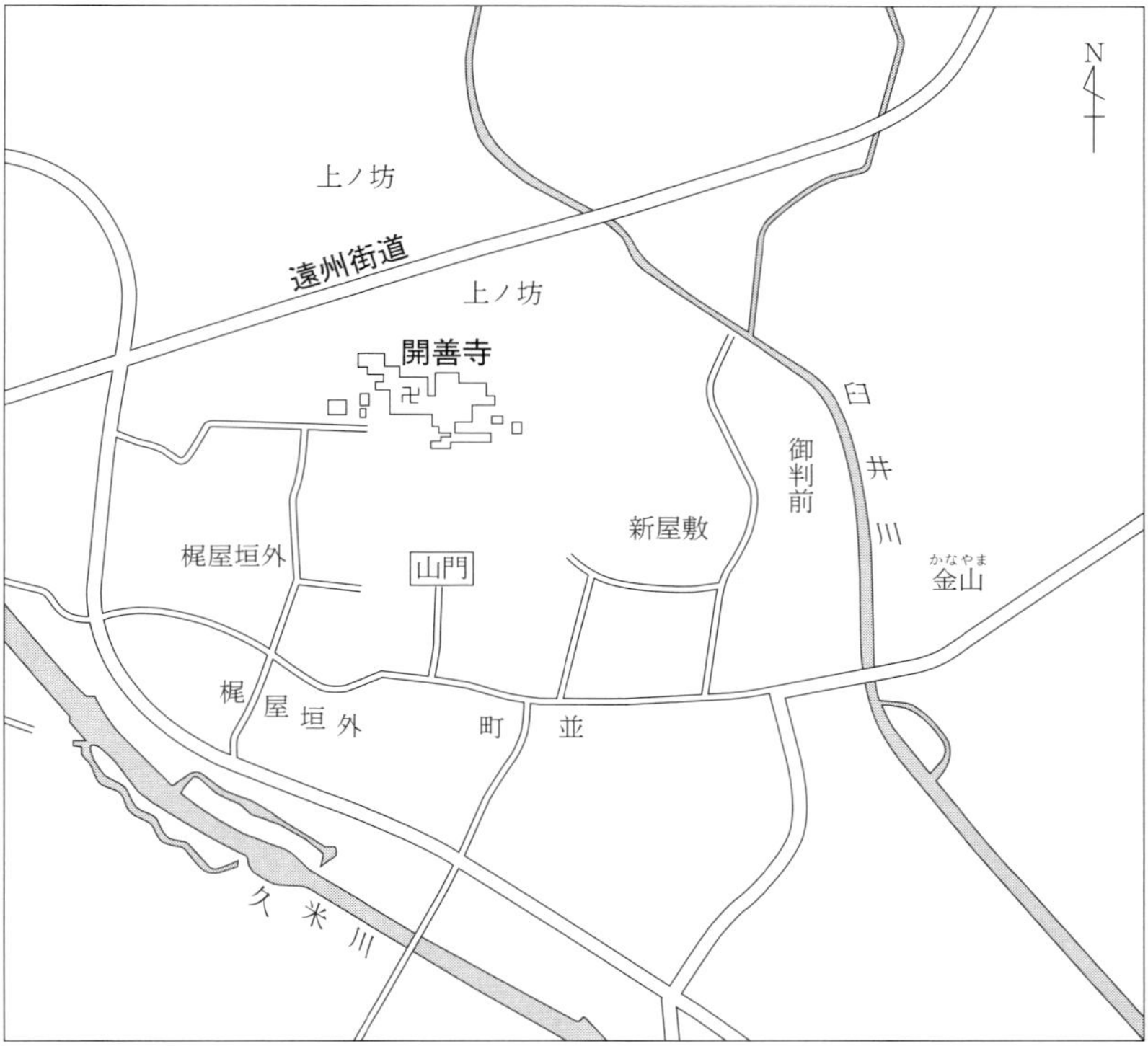

第２図　開善寺周辺の地字

が得分として所持していた給免田である。

この表から注目すべき点は、次の四点である。第一に、天正一九年検地では、開善寺僧の屋敷地にまで竿入れされ、高に結ばれていることである。後述するように、慶長六年（一六〇一）に朱印地三五石が寄進された後は、寺僧の屋敷地には竿が入れられていない。しかし、天正一九年検地段階では、中世以来の開善寺領は、寺僧の堂舎のある境内地とともにすべて竿入れされ、高に結ばれた上、年貢を賦課されたことがわかる。第二に、名請人の肩書に、「はんてう（番匠）」四人・「かち（鍛冶）」二人・「かうや（紺屋）」二人・「ぬつし（塗師）」一人・「ささら（簓）」一人、「寺」一〇人がみられることである。このうち、持高が一〇石から二〇石の上位を占める者は番匠や鍛冶であり、上川路村では人数的にも

第3表　天正19年上河路村検地帳石盛一覧

地種・地位	石盛
上田	1石4斗
中田	1石3斗
下田	1石1斗
下々田	9斗
上畠	1石
中畠	9斗
下畠	8斗
下々畠	6斗

［出典］「(天正19年上河路村検地帳)」清水美彦家文書

土地所持の上でも、職人が大きな比重を占めていたことがわかる。なお、「寺」という肩書は、名請地に付けられており、大蔵主の名請地も七筆中二筆にのみ「寺」と付されている。また、33番「ささら　孫七郎」の持高は一石四斗五升六合八夕二才で、四一人中上から二六番目の持高である。屋敷地には地字名が記されていないものが一筆あり、反別一反一八歩・石高一斗九升二合である。田畑は六筆で、すべて「はは（羽場）」という地字に所在し、中田・下田・下畠から成っていた。第三に、「番匠免」（69番）と「鍛冶分」（68番）が存在することである。番匠免は、すべて「はら畠」という地字にある下畠・下々畠で、鍛冶分は、一三筆中一一筆が「かな山」にある下畠・下々畠である。これらは、番匠と鍛冶という職人集団に対する給田で、開善寺から与えられていたと考えられる。これに対して、同じ職人であっても、紺屋・塗師・簓に対する給田は確認できない。第四に、第Ⅱグループで持高一石に満たない名請人には、屋敷地のみを名請けしている者が多くみられる点である。その中に48番「比丘尼」も含まれるが、田畑の耕作により生計を立てる農業民とはいえない人々が、門前町に存在していたとみられる。

この後、上川路村では、慶長一四年と寛永一〇年（一六三三）に総検地が実施される。寛永一〇年の検地帳[6]をみると、職分を表す肩書はみられないが、「簓」だけは「ささら甚蔵」という肩書が付されていることが確認できる。

この「ささら　甚蔵」は、持高が一石四斗二升三合で、「天正十九年検地帳」の簓孫七郎とほぼ同規模であることから、孫七郎の後裔とみられる。ただ、注目すべきは、「屋敷壱畝拾弐歩　上畑合テ右　分米壱斗八升弐合　ささら組甚蔵」（傍点筆者）と、甚蔵が個人でなく組をなす簓の頭とみられることである。つまり、上河路村の簓は「簓組」

という「組」を構成する集団であったことが寛永一〇年段階で判明する。このことは、天正一九年段階にも同様の実体があったことを示唆している。

さらに、寛文一三年（一六七三）に降ると、「ささら」の肩書を有する佐平次・小太夫・文左衛門の三人が、それぞれ一斗三合・一俵・一俵二斗七合を定納する年貢負担者として確認できる。[7]この書上には、一人前の百姓役を負担する「本役」と、半人前の負担者である「半役」が記されているが、「簓」は「本役」「半役」でもなく、役を免除されていることがわかる。つまり、土地所持に伴う年貢負担義務を負うものの、百姓役を負担しない点で、「簓」は百姓身分ではなかった。

以上、「天正十九年検地帳」を中心に検討した結果、太閤検地では、開善寺領は寺領をすべて没収された上、境内地にまで竿入れされたことが判明した。また、上川路村には、開善寺との関係が強い職人集団が居住しており、そうした中に竹細工職人であり、芸能者でもある簓が、田畑屋敷地を所持し、小さいながら集団化し居住していたことが確認された。さらに、土地所持に基盤を置かない、屋敷地のみ所持する者も複数確認され、町場化した門前町を内部に包摂した村であったことも知られた。このように、上川路村はいわゆる純農村とは異なった社会構成を示しており、開善寺との関係を抜きには考えられない地域であり、そこに簓の集団も居住していたことが明らかになった。

2　開善寺領と検地

次に、中世から近世にかけての開善寺領の変遷過程について検討していこう。

文政三年（一八二〇）六月、時の住持丹海が、豊前小倉藩主小笠原大膳太夫に山門修復費用の寄付を求めた書状[8]によると、開善寺は、延元元年（一三三四）、氏寺として小笠原貞宗により建立された。翌延元二年、小笠原貞宗は南宋

第4表　天正19年上川路村検地帳名請人

		肩書 （　）内は筆者注	名請人	筆数	持高（石）	内屋敷地筆数＊		備考
						開善寺屋敷	上河路屋敷	
I	1	寺	大蔵主	7	4.536000	3	0	
	2		てらの	3	1.664000	3	0	
	3		堂蔵主	3	1.162660	3	0	
	4		けんこう	2	0.732000	2	0	
	5		中蔵主	2	0.620000	2	0	
	6		しゆい蔵主	1	0.520000	1	0	
	7		しょく蔵主	1	0.480000	1	0	
II	8	はんてう（番匠）	善次郎	28	23.198680	0	2	
	9	かち（鍛冶）みや嶋	十郎左衛門	34	22.379020	0	3	
	10		源三	29	21.317639	0	1	屋敷は分付のみ
	11		藤七郎	18	18.903170	0	1	
	12	はんてう（番匠）	弥次郎	16	12.861160	0	1	
	13		孫三郎	19	11.668680	0	1	
	14	はんてう（番匠）	甚十郎	21	10.561610	0	4	
	15		左衛門左	10	5.686610	0	1	
	16	かち（鍛冶）	助蔵	10	5.529720	0	2	
	17	寺	助左衛門	12	5.306905	0	1	
	18	寺	小四郎	9	5.222540	0	1	
	19	寺	伊助	10	5.041680	0	1	
	20		三七	9	4.593980	0	1	
	21		右衛門左	3	4.465000	0	1	かねつきめん
	22		中右衛門	8	4.028150	0	1	
	23		清次郎	10	3.591900	0	1	
	24		三次郎	6	3.549000	0	1	
	25		与一左衛門	17	3.291910	0	1	
	26		与七郎	5	2.850640	0	1	
	27	ぬつし（塗師）	清右衛門	4	2.824990	0	1	
	28	寺	弥七郎	5	2.550810	0	1	さんまい所
	29		与三左衛門	4	2.480640	0	1	
	30	かうや（紺屋）	助七郎	2	2.022000	0	1	「にし」に「上々田」
	31	かうや（紺屋）	甚太郎	2	1.521670	0	1	「にし」に「上田」
	32	はんてう（番匠）	宮内左衛門	6	1.459000	0	1	
	33	ささら（簓）	孫七郎	7	1.456820	0	1	
	34		清左衛門	2	1.366000	0	1	
	35		ねき左衛門	4	1.186320	0	1	
	36	寺	惣九郎	6	1.065320	0	1	
	37	寺	四郎右衛門	2	0.636000	0	2	屋敷のみ
	38		又三郎	1	0.561000	0	1	屋敷のみ

	39	寺	三郎右衛門	2	0.456000	0	1	
	40		源右衛門	2	0.383320	0	1	
	41		せん用	2	0.337680	0	1	
	42		新三郎	1	0.256000	0	1	分付の屋敷のみ
	43		善四郎	2	0.234640	0	1	
	44		あんねい	1	0.200000	0	1	屋敷のみ
	45		又一	1	0.200000	0	1	屋敷のみ
	46		善七郎	1	0.176000	0	1	屋敷のみ
	47		宗助	1	0.160000	0	1	屋敷のみ
	48		びくに	1	0.160000	0	1	
Ⅲ	49		彦兵衛	13	14.236110	0	0	
	50		六郎右衛門	21	7.341940	0	0	
	51		小右衛門	6	6.340290	0	0	
	52		三郎右衛門	7	4.862650	0	0	「うすい」のみ
	53		弥三郎	2	2.773330	0	0	
	54		与左衛門	3	1.633360	0	0	さんまい所
	55	寺	新二郎	1	1.176000	0	0	
	56		せんとく	1	0.457340	0	0	
	57		助一	3	0.446020	0	0	
	58		源左衛門	2	0.442300	0	0	分付のみ
	59		すけ七	1	0.420000	0	0	
	60		久左せんもん	1	0.360000	0	0	
	61		さるほう	3	0.276990	0	0	すべて下・下々田
	62		藤十郎	1	0.266660	0	0	
	63		新二郎	2	0.236000	0	0	
	64		千熊	2	0.146640	0	0	
	65		弥三郎	1	0.076000	0	0	
	66		牛房	1	0.044000	0	0	
	67		なべ	1	0.030000	0	0	
Ⅳ	68	かち分（鍛冶分）		13	2.222100	0	0	すべて下・下々畠、「かな山」ほとんど
	69	はんてうめん（番匠免）		9	2.121970	0	0	すべて下・下々畠、「はら畠」ほとんど
合計				446	251.366564	15	49	

［出典］「上川路村天正一九年検地帳」清水美彦家文書

［注］＊「開善寺屋敷」とは、「上川路村天正一九年検地帳」の「屋敷地」のうち（C）（D）を、「上河路屋敷」とは（E）を意味する。

から渡日した臨済宗僧侶清拙正澄を招請し開山始祖とした。そして、伊賀良庄の中村郷と川路郷を寺領として開善寺に寄進した。その後、寺は戦国期には兵火で荒れたが、松尾城主小笠原信貴が天文一八年（一五四九）に速伝宗販和尚を招いて中興をはかった。しかし、文禄二年（一五九三）、飯田に入城した京極高知は、堂舎をすべて飯田城のためにに移設したといわれている。

京極高知は家臣の両春の名で、文禄五年一二月九日付の禁制を出している。(9)

［史料3］

開善寺

被　仰出條々

一諸役御免并殺生禁断之事

一山林竹木不可伐採事

一寺内山里牛馬不可放事

右條々於相背者、則時御注進可被成候、仍如件

文禄五年

極月九日　　両春（花押）

すなわち、諸役免許は保証し、山林竹木の伐採禁止や「寺内」「山里」での放し牛馬の禁止は謳っているが、その領域は明確ではない。

慶長六年（一六〇一）、京極高知の丹後国宮津に移封後、四月二五日、信濃国郡代朝日受永が「寺家門前ニ而参拾五石相違有間敷候、重而朱印取候而可進之候」と、寺家・門前で三五石を寄進し、朱印状は追って交付される旨の一札

を発給している。[10]この時期、下伊那地域の寺社には、朝日受永により同様の寄進状が発給されているが、続いて、家康の朱印状が発給されたことは確認できない。ただ、この受永の寄進状が実質的には寺領安堵の効力を持っており、朱印状の伝存は延享二年（一七四五）発給の家重の朱印状まで降る。なお、先の寺伝では、慶長六年、飯田に入部した小笠原秀政は、開善寺に六五石を寄進したが、松本移村後、元和三年（一六一七）に入部した脇坂安元により六五石は没収され、[11]寺領三五石となった。

ここで、「天正十九年検地帳」と寺領との関係を確認しておきたい。上川路村の村高は、正保四年（一六四七）三月「信濃国郷村帳」[12]（正保郷帳）では二三三石二斗四升で、「青表紙縄帳」の村高二六八石二斗四升から開善寺領三五石を除いたものとなっている。この開善寺領三五石の内訳は、「天正十九年辛卯ノ霜月吉日　御寺　三拾五石分　あざい九兵衛殿　やすい小右衛門殿」[13]（「開善寺検地帳」とよぶ）と題する検地帳から知ることができる。「開善寺検地帳」は、（a）～（e）の五つの部分から成っている。記載様式を知るために、次に一部を引用する。

［史料4］

（a）

こんけん
中七畝十分　九斗五升三合三夕二才（ママ）　寺　弥三郎

わくり
下拾弐分　三升七合　寺　伊　助

（三四筆略）

同
壱畝十四分　壱斗七升六合　寺　三郎右衛門

せんけんな　（寺脱）

弐畝十六分　　三斗四合　　　　　　　　　　　　　　　伊　助

〆弐拾弐石弐斗五升八合七夕四才

屋敷合壱町八反七畝弐拾七分

分米合弐十石九斗九升五合六夕六才

（b）

寿永之時付申分五石

にし
中弐拾四分　　八升八合四夕弐才　　　　　　寺
助左衛門

同所
上壱反壱畝　　壱石五斗四升　　　　　　寺
助左衛門

（八筆略）

（こしまい）
同所
下三畝廿弐分　　三斗三升七合　　　　　　寺
同　人

屋敷
壱畝廿分　　弐斗　　　　　　寺
同　人

〆五石弐斗九升壱合

（c）

かけこミ申候内

かミノ田
中弐畝十八分　　三斗四升弐合　　　　　　ねき左衛門

（六筆略）

（屋敷）
同

（d）

壱畝十九分　　壱斗九升六合　　孫三郎
ミやのわき
○壱石八升壱合八夕九才　　大蔵主
〆弐石八斗六升壱合弐夕弐才
〆之ほかニ
琳蔵主ちや之木畑有　（e）
四口合五拾弐石六合四夕弐才

すなわち、（a）は田畑屋敷地三八筆、分米合計二二石二斗五升八合七夕四才、名請人にはすべて「寺」という肩書が付されている。（b）は「屋敷合壱町八反七畝弐拾七分　分米合弐十石九斗九升五合六夕六才」という二行の数値、（c）は「寿永之時付申分五石」とする一〇筆で、分米合計五石二斗九升一合、（d）は「かけこみ申候内」とする九筆、分米合計二石八斗六升一合二夕二才で、（a）＋（b）＋（c）＋（d）＝分米五一石四斗六合六夕二才となる。これと、（e）「之ほかニ　琳蔵主ちゃ（茶）之木畑有　四口合五拾弐石六合四夕弐才」の「四口合」五二石六合四夕二才との差六斗は、「琳蔵主ちゃ之木畑」に相当することになる。

まず、（a）（c）（d）に登録された土地五九筆を、第5表に表した。これらを前に検討した上川路村の「天正十九年検地帳」と対照すると、59番「みやのわき」一筆を除いて、すべて照合することができる。「みやのわき」一筆については後述することとし、ここでは開善寺領として書き出された土地が、基本的に天正一九年度に竿入れされた上川路村の田畑屋敷地から抜き出されたものであることを確認しておきたい。つまり、開善寺領三五石が寄進される際に、「天正十九年検地帳」が基本台帳として用いられたことがわかる。なお、第5表32～38番、50番、57・58番は、

第5表　天正19年開善寺検地帳（開善寺所蔵分）

区分	筆No.	地字	地位	地種	反別					分米	肩書	名請人
					町	反	畝	歩				
a	1	こんけん	中		0	0	7	10		0.95332	寺	弥三郎
	2	わくり	下		0	0	0	12		0.037	寺	伊助
	3	ぬま	上々		0	0	3	5		0.475	寺	小四郎
	4	ぬま	上々		0	0	7	14		1.12	寺	小四郎
	5	ぬま	上々		0	1	2	4		1.82	寺	弥三郎
	6	かわら田	上々		0	0	5	28		0.89	寺	伊助
	7	かわら田	中		0	0	4	23		0.61986	寺	伊助
	8	かわら田	上		0	0	0	34		0.15868	寺	伊助
	9	せきめ	上		0	0	1	2		0.14934	寺	伊助
	10	かと田	上		0	1	3	10		1.86666	寺	伊助
	11	かと田	上		0	1	3	18		1.89865	寺	弥七郎
	12	つるまき	上々		0	0	1	22		0.26	寺	惣九郎
	13	つるまき	下		0	0	0	10		0.03666	寺	惣九郎
	14	つるまき	下		0	0	0	5		0.01833	寺	惣九郎
	15	はは	上		0	0	1	25		0.25665	寺	小四郎
	16	はは	上		0	1	4	9		2.00195	寺	小四郎
	17	越ノ田	上		0	1	0	10		1.4483	寺	弥七郎
	18	越ノ田	上		0	0	8	12		1.106	寺	新二郎
	19	かみのほう	下		0	0	3	3		0.279	寺	小四郎
	20	畑方さかり	下々		0	0	0	15		0.03	寺	伊助
	21	畑方さかり	下		0	0	3	9		0.26399	寺	伊助
	22	かと田	中		0	0	2	12		0.217	寺	弥七郎
	23	かしやかいと	上		0	0	1	10		0.13333	寺	惣九郎
	24	三まいわら	上		0	0	2	20		0.26366	寺	小四郎
	25	はは	中		0	0	1	10	半	0.0945	寺	弥七郎
	26	はは	上		0	0	4	0		0.4	寺	宗九郎
	27	らうやしき	下		0	0	5	10		0.42666	寺	小四郎
	28	かみのほら	下		0	0	0	10		0.02666	寺	小四郎
	29	かみのほら	上		0	0	7	10		0.73333	寺	伊助
	30	かみのほら	中		0	0	9	18		0.864	寺	大蔵主
	31	かみのほら	中		0	1	6	0		1.44	寺	大蔵主
	32	屋敷			0	0	2	0		0.24	寺	惣九郎
	33	屋敷			0	0	4	0		0.48	寺	四郎右衛門
	34	屋敷			0	0	2	4		0.256	寺	四郎右衛門
	35	屋敷			0	0	2	28		0.352	寺	小四郎
	36	屋敷			0	0	1	10		0.16	寺	弥七郎
	37	屋敷			0	0	1	14		0.176	寺	三郎右衛門
	38	せんけんな			0	0	2	16		0.304	寺	伊助

	39	にし	中					24		0.08842	寺	助左衛門
	40	にし	上		0	1	1	0		1.54	寺	助左衛門
	41	こしまい	上		0	0	3	27		0.54597	寺	助左衛門
	42	こしまい	上		0	0	4	25		0.67665	寺	助左衛門
	43	こしまい	上		0	0	1	26		0.2613	寺	助左衛門
c	44	こしまい	中		0	0	5	18		0.504	寺	助左衛門
	45	うすい	下		0	0	1	18		0.096	寺	助左衛門
	46	うすい	下		0	0	3	20		0.29332	寺	助左衛門
	47	こしまい	中		0	0	3	22		0.29864	寺	助左衛門
	48	こしまい	中		0	0	5	0		0.45	寺	助左衛門
	49	こしまい	下		0	0	3	22		0.337	寺	助左衛門
	50	屋敷			0	0	1	20		0.2	寺	助左衛門
	51	かみノ田	中		0	0	2	18		0.342		ねき左衛門
	52	かみのはら	中		0	0	1	10		0.17333		久左衛門
	53	かちやかいと	中		0	0	2	4		0.192		新二郎
	54	かみのほら	下		0	0	3	10		0.2		大蔵主
d	55	かみのほら	下		0	0	2	28		0.176		大蔵主
	56	大畑	下々		0	0	1	20		0.1		助左衛門
	57	屋敷			0	0	3	10		0.4		中右衛門
	58	屋敷			0	0	1	19		0.196		孫三郎
	59	みやのわき								1.08189		大蔵主
	60			屋敷			2	24		0.336		とう蔵主
	61			屋敷			4	10		0.52		しゆい蔵主
	62			屋敷			4			0.48		しょくそうす
C	63			屋敷			4			0.48		けんこう
	64			屋敷			3	14		0.116		中そうす
	65			屋敷			1	2		0.192		たそうす
	66			屋敷		1	2	20		1.52		たいそうす
	67		上	畠		1	2			0.2		てらの
	68		上	畠			4	20		0.46666		とう蔵主
	69		中	畠			4	8		0.384		てらの
D	70		中	畠		1	2			1.08		てらの
	71		中	畠			4			0.36		堂そうす
	72		中	畠			2	24		0.252		けんこう
	73		中	畠			5	18		0.504		中蔵主
	74		中	畠			5	18		0.144		たそうす

［注］①　a　22.25653　1〜38 筆の合計（史料では 22.25874）

②　c　5.2913　39〜50 筆の合計（史料では 5.291）＝「寿永之時付申分五石」

③　d　2.86122　51〜59 筆の合計（史料では 2.86122）＝「かけこみ申候内」

④　C　3.644　60〜66 筆「かいせんし寺やしき」の合計

⑤　D　3.39066　67〜74 筆「かいせんしふんノ内ノじぶん」の合計

［出典］『長野県史』近世史料編　第四巻（2）1168 号

「天正十九年検地帳」の（E）「上河路屋敷長（帳）」に含まれている屋敷地である。

次に、（b）「屋敷合壱町八反七畝弐拾七分　分米合弐十石九斗九升五合六夕六才」の意味するところを考える。この屋敷地合計値は（a）中の屋敷地合計とは一致しないが、前述した「天正十九年検地帳」と対照すると、（C）「かいせんし寺やしき」・（D）「かいせんしふんノ内ノじぶん」・（E）「上河路屋敷長（帳）」という三つの屋敷地合計「屋敷合壱町八反七畝廿七歩　分米合弐拾石九斗九升五合六夕六才」と合致することがわかる。ただし、「開善寺検地帳」では、（E）「上河路屋敷長（帳）」のうち第5表の32〜38番・50番・57番・58番に当る一〇筆は、（a）（c）（d）部分でも書き上げていることから、（a）（b）（c）（d）の四口合計（e）には、この一〇筆が二度加えられていることになる。逆にいえば、開善寺領は（E）中の一〇筆だけであり、それ以外は村の屋敷地であるにもかかわらず、（E）全体を開善寺領三五石に組み込んで高を算出していることが知られる。

この誤りが、意図的なものか単純な誤りであるかは断定できないが、「天正十九年辛卯ノ霜月吉日　御寺　三拾五石分　あざい九兵衛殿　やすい小右衛門殿」という表題からも推定できるように、この「開善寺検地帳」は後年に作成されたもので、後世に何らかの意図が加わっている可能性は否定できない。

以上の点にも留意した上で、（b）に含まれる開善寺関係屋敷地である（C）「かいせんし寺やしき」・（D）「かいせんしふんノ内ノじぶん」を、第5表の60〜74番に書き加えて示した。すると、（a）（c）（d）（C）（D）の分米高合計は三六石七斗九升九合九夕七才となり、寺領高三五石に近似した値になることがわかる。

それでは、なぜ開善寺側は、（E）「上河路屋敷長（帳）」を寺領高に加え、逆に（C）「かいせんし寺やしき」・（D）「かいせんしふんノ内ノじぶん」の一筆ごとの土地を書き上げなかったのだろうか。そもそも「開善寺領検地帳」に書き上げられている（c）「寿永之時付申分五石」・（d）「かけこみ申候内」とは、どのような性格の土地であろうか。

そこで、まず（c）（d）について検討しよう。（c）は、「寿永之時付申分五石」とあるように、「慶長六年、朝日受永（寿永）が三五石の朱印地を寄進すると伝えた際に付けた五石」と解釈される。（c）一二筆の土地はすべて「寺　助左衛門」の名請地で、「天正十九年検地帳」において「寺　助左衛門」が名請している土地すべてに相当する。このことから、（c）一二筆が寿永により付け加えられた経緯は、次のように推測される。

すなわち、慶長六年に、開善寺が朝日受永に寺領として書き上げた土地の石高合計は三〇石程であったため、寺領として寄進する三五石には五石不足していた。そこで、不足分の五石にあたる助左衛門の名請地を取り出し、これを受永が追加して寺領として認め、合計三五石とした。

このように解釈すると、最初に開善寺が書き上げた土地は、（a）三八筆、合計二三石二斗五升八合七夕四才の他に、七石七斗弱の土地ということになる。この七石七斗弱の土地とは、（b）で誤って書き上げた屋敷地から、「上河路屋敷」を除いたもの、つまり「天正十九年検地帳」（C）（D）の開善寺関係の屋敷地の合計七石三升余（第5表の60〜74筆）に近似している。つまり、開善寺は、当初、（a）（C）（D）を寺領として書き上げたものの、五石不足していたため、追加で助左衛門の名請地（c）を加え、合計三五石の寺領としたと推測されるのである。

それでは、（d）「かけこみ申候内」とはどのような土地であろうか。その性格を考えるために、「開善寺検地帳」とほぼ同じ記載内容を持つ、元和九年（一六二三）一一月一一日付「上河路村開善寺三拾五石分出入ノ帳」（「三拾五石出入帳」と呼ぶ）[14]を検討する。

これは、当時名主を務めていた清水伝右衛門家に伝えられたもので、継ぎ目ごとに黒印が捺されており、紙質・文字ともに元和九年当時のものとみられる。「出入」という表題からも推測されるように、「三拾五石出入帳」は、「開善寺検地帳」に村側が修正を加えた帳面と理解される。中身は、「開善寺検地帳」と同じ（a）〜（e）の五つの区分から成っているが、次の七点で異なっている。
①（a）に田畑屋敷という地種が明記される。
②（a）（c）（d）の分米高が異なるものがある。第3表に掲げた「天正十九年検地帳」の石盛に基づいて分米を算出すると、「三拾五石出入帳」の値が正しいことがわかる。
③「開善寺検地帳」（d）59番の大蔵王を名請人とする「みやのわき」（第5表）は、「天正十九年検地帳」に対応する筆がみつからず、「三拾五石出入帳」でもこの筆は削除されている。
④（b）の辻高は、「三拾五石出入帳」では、次のようになっている。

「〆弐拾石九斗九升五合六夕六才　寺内
二口合四拾三石三斗三升三合弐夕か　」

〆高二〇石九斗九升五合六夕六才は、「開善寺検地帳」では「屋敷」と記されている。これを、「天正十九年検地帳」では、（C）（D）（E）の合計値であると指摘したが、「三拾五石出入帳」ではそれを「寺内」と認識し、（a）三八筆の〆高二三石三斗五升八合七夕四才と合算し、「二口合」四三石三斗余「か」としている。実際には、「天正十九年検地帳」の（E）「上河路屋敷長（帳）」を除いた（C）（D）が「寺内」であり、「三拾五石出入帳」の解釈は事実と異なっている。
⑤（c）は、「後ニ参候五石分」と説明されている。
⑥（d）は、「かけこみ」ではなく「取こみ」と表現されている。
⑦（e）の四口合計は算出されていない。
以上七点のうちで、両者の認識が大きく相違しているのは、④と⑥である。すなわち、④「三拾五石出入帳」では、

「開善寺検地帳」で誤った算定をしていた「屋敷合計」を「寺内」と理解しようとしていること、⑥「かけこみ」を「取こみ」と表現している点である。もし、⑥のように「取こみ」が真実であるとすると、寺側が村の土地を横領していたことになる。つまり、開善寺側は（d）を朱印地三五石の内として「開善寺領検地帳」に書き込んでいたが、それを村側からは「横領」と認識していたと解釈することができる。

元和九年（一六二三）、この（d）をめぐって、寺と村の間で争論となった。次に、この争論を取り上げ、寺領をめぐる問題点を明らかにしていこう。

3　開善寺領と村

元和九年七月六日付で、飯田藩下津屋金左衛門に「上川路村定物成帳[15]」が提出された。この「定物成帳」は、土地所持者一人別に年貢定納高を書き上げたもので、三四筆の年貢請負人の署判が列記され、「鄕」甚蔵や寺百姓で村方の土地を所持している者も含まれている。末尾には、「右これハ百性仲間ニ御年貢御納所ニむら御座候ニ付而御そしやう申上、慶酉ノ御帳をもつて惣百性出合あらため、如此御帳仕上候、此上ハ以来少も出入申上間敷候」と記され、百姓の間で年貢納入高の不均衡をめぐる訴訟が起きたため、慶長一四年度の検地帳[16]をもとに、惣百姓で定物帳を作成し直したという事情が判明する。

さて、ここで注目したいのは、「定物成帳」の34番目にある「御寺ゟかへり申ふん」と記された九俵二斗三升である。これは、開善寺領から村側に飯田藩領として返還されたことを意味しており、その土地所持者として寺百姓七人が列記されている。

これに関連して、寛永一六年七月二七日付で、上川路村百姓惣左衛門から藩の郡奉行宛に次のような「乍恐御返答之事」[17]が提出されている。

［史料5］

（端裏書）
「寛永十六年開善寺論
　脇坂様へ御願之書」

乍恐御返答之事

一上河路村之開善寺ノ寺領三拾五石ニ而御座候、其上　小笠原兵部様ゟ六十五石被遣候、巳ノ年（元和三）　殿様御入国被遊、六十五石上ケ被成候、六拾五石之へりひき之義ハ、作右衛門肝煎之時之儀にて御座候間、作右衛門へ御尋可被下候御事

かミノほら
一壱反九畝廿八歩　かミノほら畠之義、下津屋金左衛門様御時御せんさくニ而、埒明申候御事

上ノほら畠
一壱畝拾歩　久作分と申所、ふしか畠孫左衛門と申寺百姓作申候

しを平
一中田四畝壱分　藤六分と申所、今ハ孫左衛門と申寺百姓作申候

かちやかいと
一中畠弐畝四分　新二郎分と申所、今は寺百姓六介ト申者作申候

かミノほら

一大蔵主分三口〆壱反拾四歩之所、今ハ孫右衛門・与十郎・長五郎と申寺百姓三人ニ而作申候
一三畝十分　忠右衛門屋敷と申所、寺百姓藤六屋敷ニ而御座候、今ハ孫右衛門・左介二人罷在候
一七畝三分　善用屋敷と申所、寺百姓新右衛門と申者屋敷ニ而御座候、今ハ藤左衛門・与右衛門二人罷在候
一右之屋敷田畠ハ、開善寺之百姓二代三代ツヽ作申候事
一ぬたうちばと申所、寺山之中ニ而、諸左衛門と申者おこしニ而御座候、此方へ年貢取申候せうか（証拠）う御座候間、
何様にも可被仰付候
一つるまきと申所、三拾五石之田地御座候、其かけなかれ申候所を、寺ノ者おこし申候、酉ノ年ノ新田縄ニあら
ため申候へとも、三拾五石之なかれニ而御座候とて、渡不申候

殿様之田畑御寺へかくし（隠）いま（今）に作り申候覚

一神ノ田
一中田四畝壱分　藤六分
上ノほら
一中畑壱畝拾分　今ハ孫左衛門作り　久作分
かちやかいと
一中畑弐畝四分　今ハ長五郎作り　新次郎分
上ノほら
一下畠三畝十分　今ハ六介作り　大蔵主分
はんしやうめん
一下畑四畝六分　今ハ孫左衛門作り　同人分

上ノほら
一下畑弐畝廿八分　同人作り　同人分
一屋敷　いま家三間有　三畝十分　忠右衛門分
一屋敷　いま家弐間有　壱畝三分　孫三郎分
御けんし（検視）可被下候、右之分改出し進上可申候
寛永十六年　上河路村百姓
卯ノ七月廿七日
御奉行様

これによると、問題は、開善寺領が、家康から寄進された三五石の朱印地以外に、小笠原秀政から受けた六五石の寄進地を村に返還していない、ということにある。争点は次の四点に整理される。

（1）開善寺領三五石の他に、小笠原秀政が六五石を寄進した。それを、元和三年に入部した脇坂安元が取り上げた事情について。その当時肝煎であった作右衛門（五兵衛）に尋ねてほしい。[18]

（2）「上ノ坊」畠一反九畝二八歩について。これは下津屋金左衛門による詮議で解決した。

（3）「開善寺之百姓二代三代ツヽ作り申候」土地、つまり寺百姓が事実上占有している土地について。これは、「殿様之田畑御寺へ

寛永16年時点の作人	
ふしか畠孫左衛門・寺百姓	
孫左衛門・寺百姓	
六助（長五郎）・寺百姓	
長五郎（六助）	
弥右衛門か与十郎（孫左衛門）	
弥右衛門か与十郎	
弥右衛門・左助	いま3間
藤左衛門・与右衛門	いま2間

第6表　寛永16年に上川路村が寺百姓による横領として問題とした土地

取込み	天正検地帳No.	返答書に指摘された寺百姓の実効耕作地				
○	219	上の坊	中畑	1畝10歩	久作分	
—	—	しお平（神ノ田）	中田	4畝1歩	藤六分	
○	295	かちかいと	中畠	2畝4歩	新二郎分	
○	350	上の坊	下畠	3畝10歩	大蔵主分	
—	—	ばんぜうめん	下畑	4畝6歩	大蔵主分	
○	351	上の坊	下畑	2畝28歩	大蔵主分	
○	399	忠右衛門屋敷		3畝10歩	忠右衛門分	藤六・寺百姓
—	442	善用屋敷		1畝3歩	孫三郎分	新右衛門・寺百姓

［出典］寛永16年7月27日「乍恐御返答之事」（『長野県史』近世史料編、第四巻（二）1173号）

かくし(隠)いま(今)に作り申候」土地、つまり、「殿様(飯田藩)」の土地であるにもかかわらず、開善寺に隠して寺百姓が耕作している土地であるという。

（4）起返地二カ所について。寺百姓が村に土地を渡さない。

このうち（2）は、前述した元和九年七月六日付の「定物成帳」の34番で村に返還された定納高九俵二斗三升のことで、解決済みである。むしろ、村として問題としているのは（3）の土地で、「御けんし(検視)可被下候、右之分改出し進上可申候」と、郡奉行の検視を受けた上、藩の土地として進上すると述べている。この土地を、第6表に掲げた。

第6表に掲げた八筆の内、「天正検地帳No.」を記した六筆は、「天正十九年検地帳」に登録されていることが確認できる。また、このうち○を付した五筆は、「開善寺検地帳」でいう「かけこみ」（d）、すなわち「三拾五石出入帳」の「取こみ」として書き上げられている土地に当たることが判明する。すなわち、「開善寺検地帳」でいう「かけこみ」（「三拾五石出入帳」の「取こみ」）は、前掲第5表（d）に示したように、59番を除くと全部で八筆であるが、そのうち五筆を、寺百姓が不法に耕作していると、村が訴えているのである。

つまり、天正一九年「開善寺領検地帳」をもとに「三拾五石出入帳」を作成する際、村側から寺領に「取り込まれている」と認識した土地を「取こみ」と表現したのであった。なお、「三拾五石出入帳」は、元和九年、下津谷金左衛門による詮議の結果、寺から村に土地が返却される際に作成されたものと推定される。それにも関わらず、寛永一六年段階でもなお「取こみ」が続けられている土地が五筆あった。これが（3）として告発されたものと考えられる。

それでは、開善寺側は寺領域とその支配権をどのように認識していたのであろうか。後年になるが、延享元年（一七四四）から二年にかけて開善寺山林の落葉・下草掻きの入会権をめぐって寺と村で争われた争論の過程に、開善寺側の寺領認識が顕れている。[19]

この争論は、延享元年一〇月一八日に開善寺山林に茅掻きに入った上川路村百姓善右衛門が、寺山番人五兵衛に怪我を負わせた事件を契機とする。開善寺側が寺山で落葉・下草掻きを禁止したことから、村が飯田藩の代官所に訴状を提出した。結論的には、開善寺側の主張が認められ、延享二年一二月一八日に飯田城下の龍翔寺・大雄寺・善勝寺による内済で決着がついた。

この争論で注目すべきは、寺山をめぐる両者の主張の相違である。村側は、「開善寺山林」も「村地付山御年貢地」や個人の「持林」と同様、寺や門前百姓（寺百姓）と村の百姓が相互に入会い、刈り掻くことが「古例」であるという。その例として、貞享三年（一六八六）に検地を受け御年貢地となった「村地付山御年貢地」である「高野大畑」という村の地付山に、寺百姓と村の百姓が相互に入会ってきたことを挙げている。

これに対して寺側は、寺山に村の百姓が入会った先例はないとする。その理由として、寺山は寺領ではなく、「境内地」で、「境内山林之義者、開善寺開基以来寺号ニ相添来候、且寺領之儀者増減之儀茂御座候得共、境内山林者毛頭異変無之附来候（中略）寺山林之儀者天松林と申、古来ゟ田地育場之筋無之、高野大畑ニ而育来儀御座候」[20]という。

すなわち、（1）「境内山林」（寺山）は、開基以来、寺についたものであり、（2）「寺領」は増減することがあるのに対し、「境内山林」は不変であるという。とくに、（3）「寺山林」は「天松山」と呼び、田地養育のための苅敷山ではなく、（4）「高野大畑」が苅敷山である、と述べているのである。このように、寺山は「境内山林」であり、「寺領」とは別ものであるとする。そして、幕府からも「慶安元年上川路村古高弐百六拾八石弐斗四升之内ニ而三拾五石被　仰付候、依之境内山林之儀茂、御朱印江被載加被下置候様奉願、頂戴仕儀ニ御座候」と、慶安元年（一六四八）に、「境内山林」も寺領に含めた朱印状を受けとったという。

さらに、延享二年三月二五日、飯田藩の役人による尋問への回答に、開善寺側は寺領三五石の算定について、「三十五石寺領之処、検地帳ニ而ハ三十壱石余御座候、検地帳之外八石程打出し有之、其段帳面ニハ無御座候由」と述べている。すなわち、寺領（朱印地）三五石のはずのところ、①検地帳上の計算では三一石余しかなく不足している、②検地帳以外に八石程の打ち出し分があるといわれているが、その土地は検地帳に記されていないため明らかではない、というのである。(21)

ここで主張される、①寺領三五石は検地帳上で三一石余である、②検地帳以外に八石の打出分がある、とはどういうことか、その事実関係を確認しておきたい。まず、「天正十九年検地帳」をもとに検討した結果を整理すると、寺領三五石は次のように理解される。

寺領三五石≒（a）＋（c）＋（C）＋（D）

（a）「開善寺検地帳」、（c）「寿永之時付申分五石」、（C）「天正十九年検地帳」の「かいせんし（開善寺）寺やしき（屋敷）」、（D）「かいせんしふん（開善寺分）ノ内ノじぶん（寺分）」

これに対し、開善寺による寺領高の解釈は、開善寺に伝わる慶長一四年（一六〇九）一〇月二八日付で検地役人山本市右衛門他二人の署判のある「上河路御検地帳　御寺卅五石分」に拠っている。[22] ここには、田方一九筆・畠方二六筆・屋敷地一一筆、合計五六筆・石高合計三三石六斗六升九合の寺領が書き上げられている。反別や石高はすべて天正一九年の表紙をもつ「開善寺検地帳」とは異なっており、慶長検地で開善寺領に竿入れされた結果とみられる。そのため、両者を一筆ごとに対照することは困難であるが、天正一九年度の筆数合計五九筆に照らすと、慶長一四年に竿入れされた土地は、「開善寺検地帳」の（a）（c）（d）であったと推定されるのである。しかし、慶長一四年の検地帳の末尾には、「一、八石ハ　御寺地分之内ニ御座候間、さほ（竿）は入不申候」と記されており、「御寺地分之内」である八石には竿が入れられなかったという。この八石とは、先に検討した「天正十九年検地帳」登録地のうち、「かいせんし寺（開善寺）やしき（屋敷）」（C）＋「かいせんしふん（開善寺分）ノ内ノじぶん（寺分）」（D）、すなわち天正一九年検地にて竿入れされた寺僧の屋敷地がこれにあたる。実際、（C）と（D）の石高合計は七石三升四合六夕六才であり、ほぼ八石に近い値となっていることからも裏付けられる。

　以上のことから、開善寺領三五石は、①慶長検地により打ち出された五六筆の土地と、②天正一九年に竿入れされたものの慶長検地では竿入れされなかった寺僧の屋敷地、③天正検地・慶長検地ともに竿入れされなかった伽藍・堂舎などの境内と周囲の山林からなっていたといえる。

　この後、開善寺は慶長十四年検地帳に基づいて寺領を把握しており、明治四年（一八七一）、寺領上地にあたっても、①慶長一四年検地帳登録地五六筆とその取米と、第3図のように「開善寺境内」として②③部分を書き上げている。このうち、「開善寺境内」の年貢地とは、第3図に㈠〜㈨として表された境内の開発地と下畑地九筆のことで、寺僧屋敷地などの八石は、やはり年貢賦課対象外とされていた。

　以上、これまで述べてきた開善寺領の空間的な構造を概念的に整理しておきたい。すなわち、寺の伽藍・堂舎など

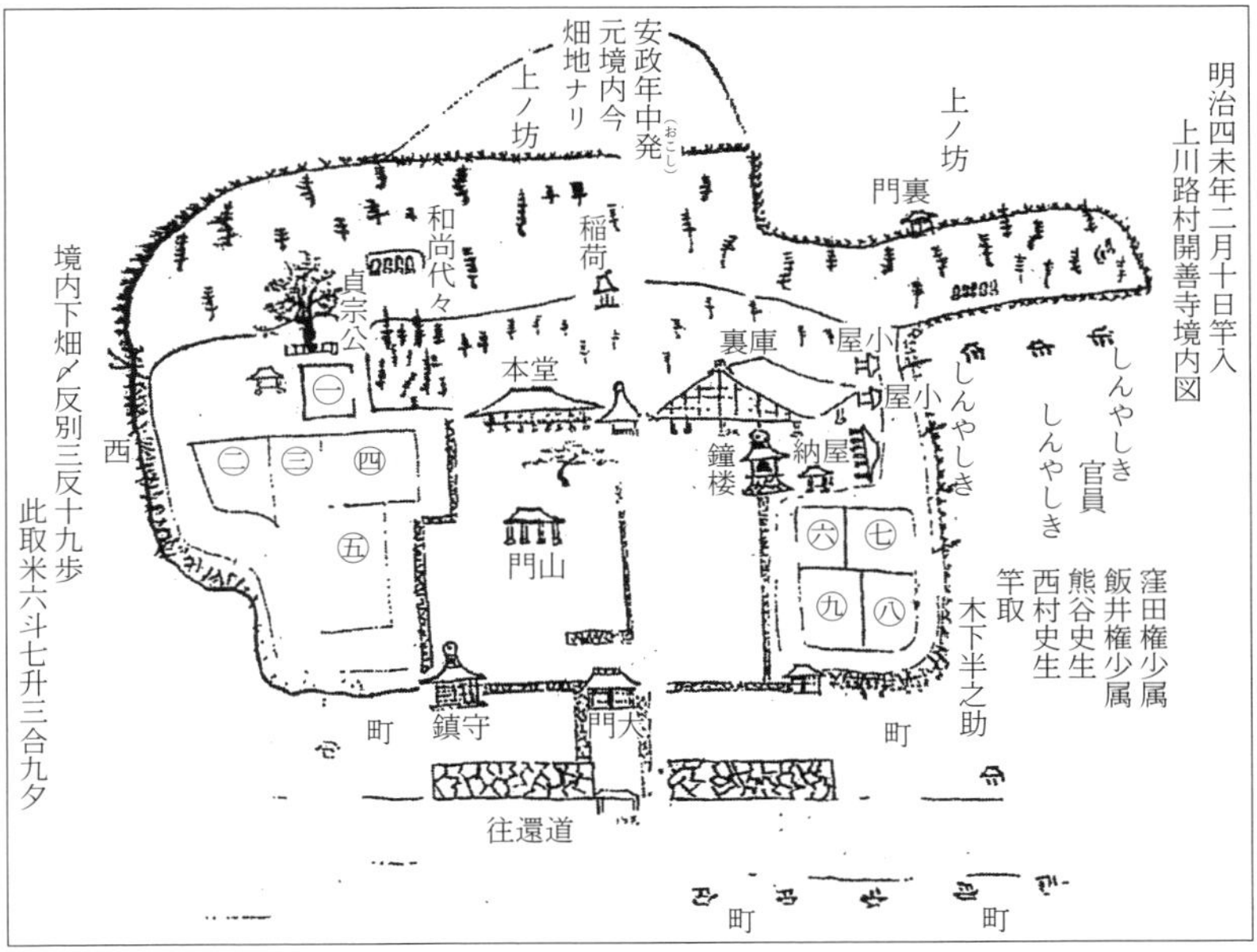

第3図　明治4年開善寺境内図　㊀1畝15歩、㊁1畝15歩、㊂1畝20歩、㊃5畝20歩、㊄4畝15歩、㊅4畝6歩、㊆3畝6歩、㊇3畝歩、㊈5畝21歩

の境内が中心にあり、そこに住持の屋敷地や田畑が存在する。これと、境内を取り囲む山林をあわせて、「境内地」と呼んでいた。境内地の外側に、基本的に寺百姓の所持地と寺の手作り地から成る朱印地（寺領）が存在したのである。

最後に、中世から近世への移行にともなう、「百姓引分」について言及しておきたい。延享二年争論において開善寺は「承伝候者、古来寺領百石も又ハ三百石も附候時節御座候、其時分村百姓大方寺分ニ而罷在、寺持山之内へ田地発し、其後寺領減申候節、右之百姓引分、御地頭付ニ罷成、田地ハ地主之縁ニて御地頭検地請申候由」[23]と述べており、古来寺領が一〇〇石も三〇〇石もあった時分には、村の百姓は大方寺の百姓で、寺持山に田地を開発していた。寺領が三五石に減らされた時、百姓の一部が地頭付になり、田地は所持者に付いて検地を請けたため地頭領（飯田藩領）となった、というのである。この画期となったのが、天正一九年太閤検地ということになろう。

先述したように、天正一九年の「開善寺領検地帳」に登録された（a）（c）は、すべて「寺」という肩書を付された名請人の土地である。この「寺」を付された百姓が、寺領の百姓として引分けられた者である。(24)

さらに、明治七年（一八七四）に降るが、寺領支配に関する開善寺の認識を示す史料として、開善寺が筑摩県の調査に応えて提出した開善寺由来書上をみておきたい。(25)

［史料6］

開善寺元朱印地之系由奉申上候

慶長十四年酉十月、上川路村内高三拾五石ハ、旧幕府徳川家ヨリ御朱印頂戴仕候、尤足利家ヨリ朱印取之候得共、証書焼失（天正十九年当村名寄帳ニ開善寺三拾五分百姓十三軒相見申候）、依之徳川家ヨリノ御文言中ニ、任先規寄附之訖ト御記シ有之申候、同寺竿受之分除之外、地所共百姓十壱戸御付与相成候、但シ百姓持地之分ハ徳米収入ト申ニテハ無之、全ク三拾五石丈之領主ニ而、最初ハ貢米収納迄ニテ有之處、百姓十壱戸之内六戸ハ慶長之頃より嘉永年中まてニ没家仕候、百姓共祖家竿受之地所ハ、同寺へ年貢未進之方ニ譲り、又財借之方ニ質入ニテ流レ、或ハ他之借財ニテモ、朱印地之義ニ付売買不相成ヨリ候而、同寺へ売込候、依之寺之所持地ト相成候故、小作ニ預ケ徳米共収入仕、明治四未年ヨリ御上納相勤申候、現今之百姓五戸縁続候而、所持地人主共寺百姓相離レ村方へ罷出候テ、所持地分ハ百姓ヨリ御上納相勤申候、右五戸之者検地帳何名前之子孫ト云𠂉ハ相分り不申候

ここでは、朱印を受けた年月を、慶長一四年一〇月検地帳の日付と理解するなど、事実と齟齬するところもみられるが、次の三点において興味深い。すなわち、①寺領に、天正一九年に竿入れされた境内地は含まれない（「同寺竿受之分除之」）、②一一戸の寺百姓とその所持地が寺領となった、③「百姓持地之分ハ徳米収入ト申ニテハ無之、全ク三

拾五石丈之領主」、つまり寺百姓の所持地から「徳米」を取る地主ではなく、「領主」として年貢を取る関係であるとする点である。③は、領主支配を確認しており、当然のことのように思われる。しかし、実態は違っていた。すなわち、寺領百姓の退転により、寺領を耕作する者がなくなり、それを寺が買い取ることで、事実上の地主として「徳米」を取る存在となっていったというのである。そのため、上地後は寺が年貢を上納していた。

なお、寺領には庄屋が一人置かれており、独立した行政単位であった。ただし、寛永一九年七月付で、開善寺領内の治安と年貢負担のために、連帯責任制として三人組の結成を命じたことに対する請書「開善寺小者共三人連判之事」(26)をみると、寺領百姓は「十八人之小者共」と自称しており、寺の領民というより、寺への隷属度が高いことも窺うことができる。寺領百姓の居住地は、門前町であると推測されるが、具体的な検証は今後の課題である。

以上、上川路村の中世から近世への移行期に焦点をあて、村の社会構造と開善寺との関わりを考察した結果、上川路村は、開善寺との関係抜きには社会構造を語ることのできない村であったことが判明した。とくに、番匠や鍛冶などの職人集団同様、開善寺との関係で竹細工職人としての簓が集団として上川路村に居住していたことが注目される。それでは、近世を通じて上川路村の簓は、村の住人とどのような関係を持って生活していたのであろうか。次に、上川路村の簓の活動について、述べておきたい。

4　上川路村の簓

先述したように、寛文一三年には、三軒の簓が土地を所持し、年貢負担者として「定物成帳」に書き上げられていた。しかし、百姓の役（本役・水役）は負担せず、百姓身分とは異なる扱いを受けていた。

その後、元禄一一年には六軒、宝永三年（一七〇六）には五軒の簓が上川路村に在住しており、享保一三年（一七二八）「上川路村宗門御改帳[27]」では、「竹羅組」という別帳が作成されている。旦那寺は村人と同じ開善寺であった。

　この宗門改帳には、第4図のように甚助の一軒一〇人が書き上げられている。この甚助家族の男性をみると、親は甚蔵、子は甚内と甚作と、いずれも「甚」の一字を付けた血縁家族と推定される。先述したように、寛永一〇年の検地帳には簓組「甚蔵」が名請しており、また元和九年「定物成帳」にも「甚蔵」と書き上げられていたことから、代々「甚蔵」を襲名する家が継承されていたことがわかる。家族構成は、甚蔵—甚助—甚内・甚作三世代の直系家族に、おじ三之助夫婦を加えた、四組の夫婦からなっている。実際の家屋構成は明らかではないが、それぞれの夫婦単位に居所を分けていた可能性が高い。このように、上川路村の「簓組」とは、甚蔵以来の系譜を引く甚助家族の男性四人が、簓組の構成員であったと考えられる。

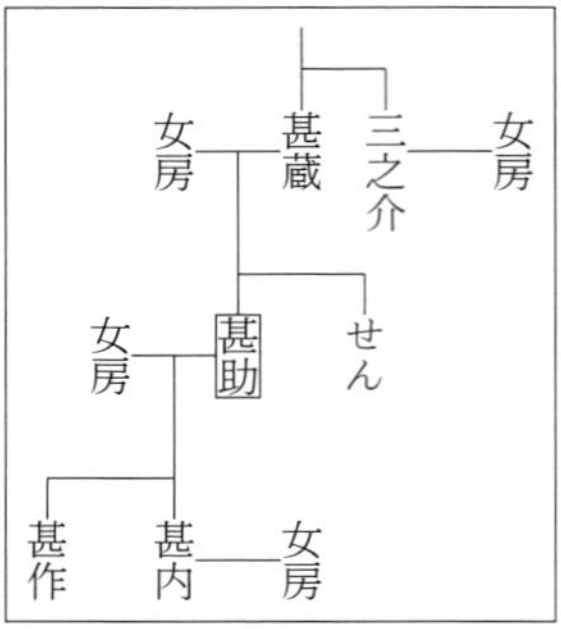

第4図　竹羅組甚助家族構成
［出典］享保13年「上川路村宗門御改帳」（森浩亮家文書）

　降って、文化一三年（一八一四）「上川路村さゝら之者宗門御改帳[28]」には、甚蔵の系譜は途絶えたのか、次のように只四郎と政治郎という二軒の簓が登録されている。

［史料7］

　代々
一禅宗〆五人開善寺
　内男三人　只四郎
　女二人　女房

民蔵
勇内
女房
代々
一禅宗〆二人開善寺
内男二人　政治郎
政吉
〆家数弐軒
人数〆七人　内男五人
女二人

只四郎と政治郎の関係は明らかではないが、只四郎家には単身の民蔵と勇内夫婦という三世帯が含まれており、また政治郎家も、政治郎と政吉という二人の単身男性から成っていた。上川路村では、これら男性五人の簓が、簓身分として職分である芸能を担っていたものと考えられる。

ところで、只四郎家に内包されている民蔵は、第2表に掲げた天保六年（一八三五）飯田組の下郷・上川路村の簓民蔵とみられる。天保五年度には、「代替ニ付、去ル巳年勧化願候処、村中ニ而金壱両遣し候筈ニ申聞候」と、民蔵が天保四年に代替りの勧化を村に願っているように[29]、只四郎の跡を継ぎ当主になったものと考えられる。民蔵は、「下役民蔵」と呼ばれており、村の下役を務めていた。さらに、天保一三年になると、下役は倅の千代蔵に代替りしているが、千代蔵と弟勇二郎は、この年欠落ちしてしまった[30]。

［史料8］

一今度七月廿日　御役所ゟ下役千代蔵　御呼出しニ付、此段御代官所江御届申候、猶又十月廿一日三役人御呼出し、三拾日之尋被仰付、弥八・源三郎右両人、甲州辺ゟ武州辺迄尋候処一向不相知、十月廿三日ニ帰村仕候、又尾州辺江政右衛門・少三郎三十日之間相尋候處、行衛相知不申候ニ付、極月廿五日帰村申候、此趣ヲ御上（カ）へ申候處、弥々欠落ニ相成闕所仕候、千代蔵弟勇二郎義ハ、七月十七日夜、時又村長石寺境内ニ而同心方ニ召捕、是ゟ入籠被仰付候、尤勇二郎義ハ段々不仕末ニ付、長（帳）外者御座候間、村方者一向構無之候、是ゟ嶋田村弥市江跡役申付候、高三斗弐合免ニ、柿相米四合、〆三斗六合免也、御未進金壱両余村方ニ而弁相済申候

すなわち、下役千代蔵と弟勇二郎が行方不明となり、村で甲州から武州辺および尾州辺を捜索したものの見つからなかったため、欠落ちと判断され闕所となった。そこで、跡役は飯田藩領下郷嶋田村の弥市とし、定納高三斗二合・柿相米四合の土地を預け、千代蔵が滞納していた未進年貢金一両は村で弁済したという。ただし、弟の勇二郎は隣村時又村長石寺境内で見つかり、召し捕えられ入牢を命じられた。日頃から不行跡で帳外れ（無宿）であったことも記されている。なお、千代蔵の跡役を務めることになった嶋田村弥市とは、前掲第2表にある、弥市を襲名する飯田組の簓仲間である。もとは飯田城下の谷川上小屋の簓であったが、文化六年、嶋田村で下役を務めていた「笠之者」が、下役務めを拒絶したため、飯田藩の簓を支配していた牢守谷川七左衛門を通して、嶋田村と下役務めの契約を結び、その後代々嶋田村の下役を務めていた(31)。藩領内の簓で補充されたことがわかる。

さて、千代蔵の闕所後、上川路村では跡役となる下役の「小家普請」と年貢未進金の弁済が、村入用を使って行われたことが確認できる。これによると、小家普請入用二九貫五九二文を、上川路村・時又村・桐林村の三カ村合計二〇九軒で割り、一軒当たり一三六文を負担する算用が、一二月に三カ村立会いで行われた。上川路村では二カ村分を

除いた六貫八八文に、千代蔵の年貢未進分金一両一分・銭四四一文と利息四五一文、計銭八貫八九六文を加えた銭一四貫九八四文が、下役交替にともなう経費として計上された。そして、ここから二貫二四八文を寺領分（「御寺三十五石掛り」）として差引き、残りの一二貫七三六文を、村の家割と高割で拠出した。

ここで注目すべきは、次の二点である。第一に、上川路村と隣村の時又村・桐林村の三カ村で、新たな下役の小屋普請をしている点である。実際には、嶋田村弥市手下の簓がこの小屋に住むとみられるが、それまでの千代蔵が上川路村単独の下役であったのに対し、(32)新たな下役は近隣村の共同で雇用された。前章までで明らかにしたように、下役は巡回や無宿・行き倒れ者の対処など、よそ者から村の治安を維持する役割や、ケガレをともなう遺体処理などを務める者であるが、下役を新規に置く際、一村単位ではなく複数の近隣村で雇用する場合があったことを示している。第二に、下役の経費を開善寺領も負担していることである。その分担金は、上川路村の村高に対し一五％の比率で算定されている。つまり、開善寺領を含め、上川路村、そして近隣三カ村で、村の治安維持のために、共同で下役を雇用していたといえる。

なお、天保一五年には、近村の伊豆木村において、下役弥作が立石村米山の簓弥吉倅兼十郎と欠落ちしたため、「留守居として上川路村民蔵倅千代蔵改名仕庄六と申者、当事るすい（留守居）ニ差置申候」と、千代蔵が留守居に雇われたことが知られる。(33)闕所となった千代蔵が庄六と改名して、上川路村に戻っていたものとみられる。

いずれにしても、上川路村の簓は、中世末から土地を所持して在住しており、「簓組」と呼ばれ、集団化していた。一八世紀前期までの「簓組」は、代々「甚蔵」一族で継承されていたが、おそくとも一九世紀前期にはその系譜は途絶え、別系統の家となっていた。また、その頃には、欠落ちや不行跡など、簓の生活自身も安定せず、「不仕末」で村にとって厄介な存在とみられる場合もあったことがわかる。

なお、ここで留意しておきたい点は、簓の所在村が、地域的に広がりをみせてゆくことである。飯田藩領上下筋をみても、冒頭で触れたように、寛政一〇年には二軒であったのに対し、天保六年には計一〇軒の簓が八カ村に所在しており、この間に簓の増加と質的な変化があった。その契機となったのが、享和元年（一八〇一）に立石村米山の簓仲間が、近江国関蟬丸神社の別当寺三井寺から「万歳」の免許状を受け、本所を持つ「説教者」となる動きが広がっていったことである。たとえば、文化一三年四月、南伊豆木村友七は、三井寺への登山のために、立石村米山の簓仲間に加わることを願い出た。(34)

［史料9］

一札

一此度被　仰渡ニ付、三井寺登山之事、我等義者壱軒限ニ御座候間、其御村米山組連中ニ相成申度段、村内御役衆中様へ御窺申候處、可然様可致段被仰候間、本山勤方之儀、自今一同ニ被成可被下候、為其一札仍而如件

文化十三年　　南伊豆木村
子四月　　友七㊞

立石村米山
李太夫殿
御中間衆中

右之趣、友七願出候處相違無之候ニ付、奥印如斯ニ候、以上
竹佐御支配所南伊豆木村
庄屋　留兵衛㊞

組頭　兵左衛門㊞

すなわち、高須藩の飛地である南伊豆木村の簓は、友七一軒のみであったため、毎年関蟬丸神社の祭礼日に上京する負担が大きかった。そこで、支配は異なるものの旗本近藤氏の知行所である立石村米山の簓仲間に入り、仲間の一員として三井寺への務めを果たしたいという願いであった。このように、どこか近隣の仲間に加わってまでも、三井寺傘下に入ることに利点があったことを示している。また、天保七年三月、近藤知行所の山本村でも三軒の簓が、「近来三井寺政所様、万歳楽之御改御座候ニ付、仲間之者共内ニ而、年々三井寺江万歳楽御免之冥加永上納仕候、依之往古之名説教と御改被下候」(35)と、三井寺政所の改めを受けたことを契機に万歳の免許を受け、「説教者」という名乗りを与えられている。

以上、一九世紀前期には、万歳の担い手を傘下に組み込もうとする三井寺政所の働きかけが、それに呼応して下伊那地域に対しても積極的に行われ、地域の簓が支配領主の違いを越えて、相互に結びつき連携してゆく動きを確認した。そこで次に、下伊那でもっとも早く三井寺の支配に入った、下伊那最大の簓集団である立石村米山の簓について検討していこう。

二　立石寺と立石村米山の簓

1　牢守としての簓

立石村は、天正一九年（一五九一）太閤検地により村高五二七石八斗五升二合四夕の村として打ち出され、京極高

第５図　立石村関係図

知の支配を経て、慶長六年（一六〇一）から元和五年（一六一九）までは幕府領、元和五年から交代寄合近藤氏の知行所となり明治に至った。

立石村には、近藤氏の屋敷が置かれたが、小身という理由で近藤氏が江戸定勤を許されたため、屋敷は地方支配の陣屋となり、代官二名が置かれた。ところが天和元年（一六八一）、近藤重堯が二男重平八郎に分地をし、粒良脇村に新たな陣屋を立てたため、立石陣屋の代官は一人となった。元禄年間に代官を勤めた山本村百姓出身の唐沢源太夫が、山本村の自宅を役宅として用いたため、実質的に山本村に陣屋の機能が移った。その後、元文三年（一七三八）に唐沢源太夫が不行跡で役儀を取り上げられた際、陣屋は立石村に戻されたが、天明年間に火災に遭ったことから、山本村出身の久保田信右衛門が山本村町谷の百姓家を仮陣屋とした。その後文化年間の終りに正式に山本陣屋が設けられ、そのまま明治維新まで立石村に陣屋が戻ることはなかった[36]。

立石村で陣屋が置かれたのは、伝説上の人物である甲賀三郎兼家の城地と伝えられる所である。第５図のように、「城」

という地字を中心に、「城際・城垣外・堀・堀端」という地名が取り囲む地域に当る。「城」から北北西にまっすぐのびた道は、仁王門を通って立石寺に至る。幕末に記された近藤家に関する立石村の記録では、「大手御門ゟ平地之内御城下御座候、只今御田地ニ相成候得共、町名申居候」[37]と、「城」を中心に城下町が展開していたと地元では認識していた。天明年間に陣屋が焼失した後も、「立石村ニ御城稲荷様・牢屋、并ニ牢守御長屋等も有之」[38]と、立石村に城の守神の稲荷と牢屋、そして牢屋の番人(「牢守」)の居所である「御長屋」が近世を通じて残されていた。文政一二年(一八二九)度の立石村年貢勘定目録[39]では、年貢高六七三俵三斗四升七合四才(一俵＝四斗)に、祭礼代・米蔵と牢屋の地代・上水の井堰代や村役人の給米・普請人足の扶持代などが差引かれるべきものとして計上されていた。また、「万歳六組へ被下置候」と、正月の万歳の祝儀として、一組当たり米二升ずつ、合計米一斗二升が立石村の簓六組に下行米として与えられていた。

立石村の簓は、下伊那地域ではもっとも大きな集団をなしており、立石寺近くの「米山(こめやま)」に集住し、村人からも「米山村」として扱われていた。立石村簓家は「牢守」として宗門帳が別帳となっており、弘化二年(一八四五)宗門改帳[40]には一二戸登録されていた。請判をしているのは、儀右衛門・弥吉・藤兵衛の三人で、印文は、寛政七年(一七九五)の証文[41]および文久二年「立石村籠守江申渡す加条事」[42]の牢屋頭三人のものと同じである。すなわち、この三家が、「牢守」の頭を務め、「米山」の簓を統括していたのである(後掲第7表参照)。

弘化二年の宗門改帳によると、頭三人の家族は、牢守屋敷「御長屋之内」に居住していたことがわかる。しかし、「御長屋」居住は牢守在職中に限られており、隠居後は「御長屋」を出て、別に居所を定める必要があった。時代は遡るが、正徳三年(一七一三)五月、当時、牢守頭の一人であった九左衛門が、立石村此右衛門から隠居家のための土地を買得した[43]。九左衛門は、赤羽根下田三畝七歩五合・年貢一斗八升二合七夕二才、羽脇垣外中畑四畝歩・下畑一畝一八歩五合・年貢合二斗七升一夕七才、合計年貢高四斗五升二合九才余の田畑を、名主西村治太夫から代金一両二歩で買得した。あわせて、九左衛門は次のような一札も入れている。(44)

［史料10］

一札之事

一拙者数年願上候隠居屋敷処、願之通今度被仰付難有奉存候、然上ハ貴様御子孫此田畑返し候様ニ被仰付候ハヽ、何時成共御意次第ニ可仕候、少も相背申間敷候、若相違申候ハヽ、拙者ハ不及申上ルニ、籠守共ニ何様ニ御ついほう(追放)被成候共、其時一言之御うらミ申上間敷候、為御日如件

正徳三年巳五月

立石村籠守

九左衛門㊞

立石村名主

西村治太夫様

すなわち、九左衛門から隠居屋敷を持ちたいとの願いが数年来出ていたが、ようやくそれが叶った。手に入れた土地は、赤羽根と羽脇垣内という「米山」に隣接する地域であった。売券には「右之通り込山(米山)九左衛門田地譲り始メ証文下書也」という後年の添書があり、その後も牢守に田畑が譲られたことがわかる。この一札にもかかわらず、九左衛門は田畑を質入れした。その後、安永五年（一七七六）、子孫の惣右衛門が請け返し、九左衛門の跡役である牢守頭弥吉が、「隠居屋敷」として差配することになる。

2　甲賀三郎伝説と米山の篭

弘化二年宗門改帳では、牢守頭三人以外に屋敷地を所持するのは四戸であった。その規模は、三間×四間が二戸、二間×三間が二戸と、狭小な屋敷地であった。屋敷地を所持しない五戸は、百姓からの借地に居住していた。その借地は、鄙が個々に借りているのではなく、「米山の者」として、集団で地主と契約していた。宝暦一二年（一七六二）四月、「米山六人之者」と呼ばれる牢守頭九左衛門・義右衛門・忠左衛門と、牢守の権兵衛・六右衛門・惣五郎が、地主である立石村団次郎と新兵衛に、小作料増額をめぐる口書証文を提出している。(45) やや難解な箇所もあるが、米山の人々の土地とのつながりを解く手がかりとなるため、全文を次に掲げ、現代語訳も添えておく。

[史料11]

米山六人之者共口書之事

一我等控来ル米山屋敷其外不残、此御年貢御さほなり（竿成）三表（俵）程ト相みゐ（見）申候所、此御年貢、米山より只今小作米上納致ス所六斗九升宛々請取申候ハヽ、諸役・諸貫代一向無之候、是付米山六人者江、段々戌ノ年より只今迄相勤候ハヽ、此故（上）勤難御座候、従それ六人者共申付、是からわ小作米上ケて申付候所ニ、六人者とも、何共めいわく（迷惑）な義ニ、御願イ、何卒々今年一年只今之通りで御差置可被下候と申候、当暮から春付て品々之色品ヲ付て申候、私申候事、それ者戌ノ年より今迄役・貫ヲこみ（込）立て幸りよく（利益）罷有候ハヽ、暮春迄ハのばす（延）事成り不申候、それゆへ六人之者共罷返り相談致シ、此ゆへ（上）ハ役米ニ而御済可被下候と、私申所、尤な義ニ成共、先差懸（事）り返し成難御座候、しやん（思案）致可申付候、亦よびよせ申付候ハヽ、右之趣拙者むね（胸）ニをち（落）不申候、左様ニ御座候ハヽ、ⓐ我等共あ之御田地、戌ノ年ししん（地震）の節、山本御役人様江御願（被仰付）、米山院（ママ）地所ヲ御年貢御引被下、我等屋敷江家作申被仰付、それニ違無御座、それゆへ殿様方被下候ト存候、其節庄屋様御世話ニ被成被下置、庄屋様より御もらいと存候、御しょさい（如才）不仕候、此故（上）は何度参り申候ても、是迄之義ニ御座候、そんならば此ゆへ（上）

ハ米山畑せんぜん(先前)之義ハ小作米四俵弐斗之所ニ而あるけれとも、ならんなみたちの義と成ハ、りうけん(了簡)の致、三表弐斗ニ是からハ小作米申付候、是故(上)ハ何度願候ても、是迄候と申候ハヽ、左様ニ御座候ハヽ、罷返り相談致、御返し(事)可申候、亦翌日参り、右之御願申通り、御歳貢・役・貫迄ハ仕候、其外一りう(粒)も成不申候と申候、又六右衛門申事ハ、只今迄之御年貢より外ニはしぬ(死)とも成不申候、皆々六人之者共口ヲそろ江、是ニ相違無御座候、此故(上)ハ乍憚もうこれぎりニ申事無御座候、又々翌日六人者ヲよびよせ、弥々違ない、と申候

一米山六人者共立ぎわニ、ⓑ此千(先祖)ぞからわハ(ママ)預り不申候、御役人様弥五左衛門様・治太夫様被仰付候存候、此故(上)ハ御年貢上ケ申候共、立のき(退)申候共、治太夫様之御指図次第ニ致可申と申候、為後日仍而口書証文如件

宝暦十二年

午四月二日　米山

九左衛門
義右衛門
忠左衛門
権兵衛
六右衛門
惣五郎

立石村
団治郎様
新兵衛様

[現代語訳]

米山六人の者共の口書

一私（地主＝団治郎・新兵衛）が所持してきた米山屋敷やその他すべての土地は、御年貢は検地帳により三俵（一俵四斗入、一石二斗）程とみえる所です。この御年貢は、米山から現在上納している小作米が六斗九升ずつで、それを（私は）受け取ってきたが、それでは諸役・諸貫代がまったく出なかった。これについて、米山六人者に、戌年（享保三年）からこれまで諸役・諸貫を（私が）務めてきたが、これ以上務めることはできない。そこで、六人者共に、今後は小作米を増額して納めるように、と申しつけた。ところが、六人者共は、何とも迷惑なことだ、何卒今年一年はこれまでどおりに据え置いてください、と言った。今年の暮れから来春といろいろなことを言った。（これに対し）私が言ったことには、戌年から今までは、役と貫を込みの小作米で幸い利益もあったが、暮れから来春まで延ばすことはできない、と言った。そこで、六人者共はもどって相談し、今後は役米を支払うのでそれで済ましてください、と言った。私が言ったことには、もっともなことだが、まずすぐに返事をすることはできない、よく考えて申しつける、と言った。再び（私は六人者共を）呼び寄せて申しつけたことには、右のことを私は納得できない、と言った。（六人者共は）そのようにいわれるのであれば（と開き直って次のように言った）、私たちは、この土地を、戌年の地震の時に、山本役所の役人様にお願いして、米山院地所を、御年貢を減免してくださって私の屋敷地として家作をするように命じられたもので、それに間違いはないものです。そのため、殿様方がくださったものと思っています。その時、庄屋様がお世話してくださってくだされたものなので、庄屋様からいただいたものと思っています。間違いはありません、と言った。（私は）、今後何度（六人者共）が来ても是までのことだ（これ以上かわらないだろう）。それならば、今後米山畑は、本来は小作米四俵二斗の所ではあるが、（ならんなみたちの義―「事が荒立つ」の意カ）ならば堪忍して、今後は小作米三俵二斗に申しつける。これ以上、何度願ってもこれきりとする、と言った。すると、（六人者共は）帰って相談をして返事をします、と言った。再び翌日（六人者共は）やってきて、右に願ったように、御年貢と役と貫は納めます。その他は、一粒たりとも納めません、と言った。また、六右衛門が言うには、これまでの御年貢以外、死んでも納めません、と言った。六人者共は皆口をそろえて、そのとおりです。この上は、もうこれ以上申すことはありません、と言った。再度翌日六人者共を呼び寄せたが、（六人者共は）まったく相違ありません、と言った。

一米山六人者共は、立ち際に、この土地は先祖から預ってきたものではありません。御役人様の弥五左衛門様と（庄屋）治太夫様が命ぜられたと思っています。この上は、御年貢を増額されようとも、立ち退けということでも、治太夫様のお指図のとおりにいたします、と言った。後日のため、口書証文は以上のとおりです。

（以下略）

この口書は、米山六人の者が地主団治郎と新兵衛に宛てた形式となっているが、本文は地主が米山六人の者を呼び出して行ったやりとりを、地主側で書き留めた記録を引き写したものである。この記録は、話し言葉や訛りなどがそのまま文字にされているため、やや判りにくい文書となっている。それでも、米山六人の者が、立石村の屋敷地や畑地を借用する経緯や意識が表出され、地主に対し強い態度で応対している興味深い文書といえる。

問題は、戌年＝享保三年（一七一八）の大地震(46)以来今日まで、年貢減免の上借用してきた土地の小作米を、地主側がこの時から値上げをすると通告してきたことにある。地主側の主張では、この土地は検地帳上の評価から、毎年の年貢（小作米）は三俵（一俵＝四斗入換算、一石二斗）程度であるが、米山村が納める小作米は六斗九升（一俵二斗九升）で、そのため、高掛かりの諸役や諸貫（村入用）は小作米では賄えず、地主が納めてきたが、今年からこの諸役や諸貫を地主は納めることはできない、それを上乗せして小作米を増額すると述べた。これに対し米山六人の者は、諸役と諸貫を「役米」として別に支払うと回答した。結局、地主側はその提案を納得できないと拒絶したところ、米山六人の者は、これまでの年貢（小作米）に加えて、諸役と諸貫は支払うが、それ以外は米一粒も払わない、と回答した。米山の六右衛門が、これまでの小作米以外死んでも払わない、と啖呵を切ると、他の者もそれに同調し、断固として小作米の増額を拒否した。

このように、米山六人の者が地主に対して強気の発言をする背景は、傍線a・bから窺うことができる。第一に、この土地は、戌年の地震後に、当時の庄屋治太夫の世話で、年貢を減免した上で家作をするよう、知行主近藤氏の役人から命ぜられたものであり、庄屋から「御もらい」になったものである、第二に、この土地は米山の先祖が代々預ってきたわけではない、先祖伝来の土地ではない、という意識であった。したがって、年貢を増額されるのも、立ち退くことになるのも、地主ではなく庄屋治太夫の指示に従うと主張したのである。

結局、年貢・諸役・諸貫代込みで小作料を三俵二斗（一石四斗）とすることで決着した。その後、文化一一年（一八一四）三月に至り、小作料は地主一人当たり米五斗七升宛、二人で一石一斗四升宛に増徴することが合意されている。[47]そして、明治維新を迎え、明治四年（一八七一）、米山の借地人五人に地券が発行されたのを契機に、改めて地主に借地一札を入れ、同額の借地料で再契約された。[48]さらに、明治八年五月、地主の一人である前沢徳吉との間に結ばれた契約書をみると、小作地は次の二筆の土地であったことが知られる。[49]

［史料12］

字米山

実地畑反別壱反八畝廿八歩

同所
　屋敷反別六畝廿三歩

実際には、もう一人の地主との間にも、同じ広さの小作地に関する取決めがあったのであり、合せると米山の畠地三反七畝余、屋敷地一反三畝余を、「米山六人之者」人々が小作地として使用していたことになる。なお、明治八年に再契約に際しても個人としてではなく、「米山」という集団で行っていた。

以上のことから、簓の人々が集住する「米山」の屋敷地や畑地は、買得地と借地の二種類が存在したことが判明した。ただし、借地については、個々の簓が勝手に借地契約したのではなく、享保三年大地震のあと、居所を奪われた簓の人々が、庄屋を通して近藤氏に出願して、安い小作料で借りることが認められたもので、簓の人々にとっては、借地ではなく拝領地として意識されていたのである。なお、前述したように、正徳三年に米山に隣接する土地を「隠居屋敷」として九左衛門が取得していることに鑑みると、享保三年の地震以前から、簓の集団は「米山」の地内に集住していたといえよう。但し、立石村に残された最古の検地帳である元禄二年（一六八四）の検地帳には、「米山」に所在する畑地の名請人に、簓と推定される者はみられない。(50)

3　米山の簓家の由緒と系譜

そもそも、簓の人々が近藤氏の牢守役をいつから務め始めたのか、現在のところ明確にすることはできない。ただ、元和五年に近藤氏が立石村に入部し館を構えて以来、知行地支配のための役所と刑罰のための牢屋を館（陣屋）近くに設けたことは想像に難くない。この点は、天竜川東岸に知行地を与えられた交代寄合知久氏も、館が所在する阿嶋村に陣屋と牢屋を設け、簓に牢守を務めさせていたことからも推測される。(51)

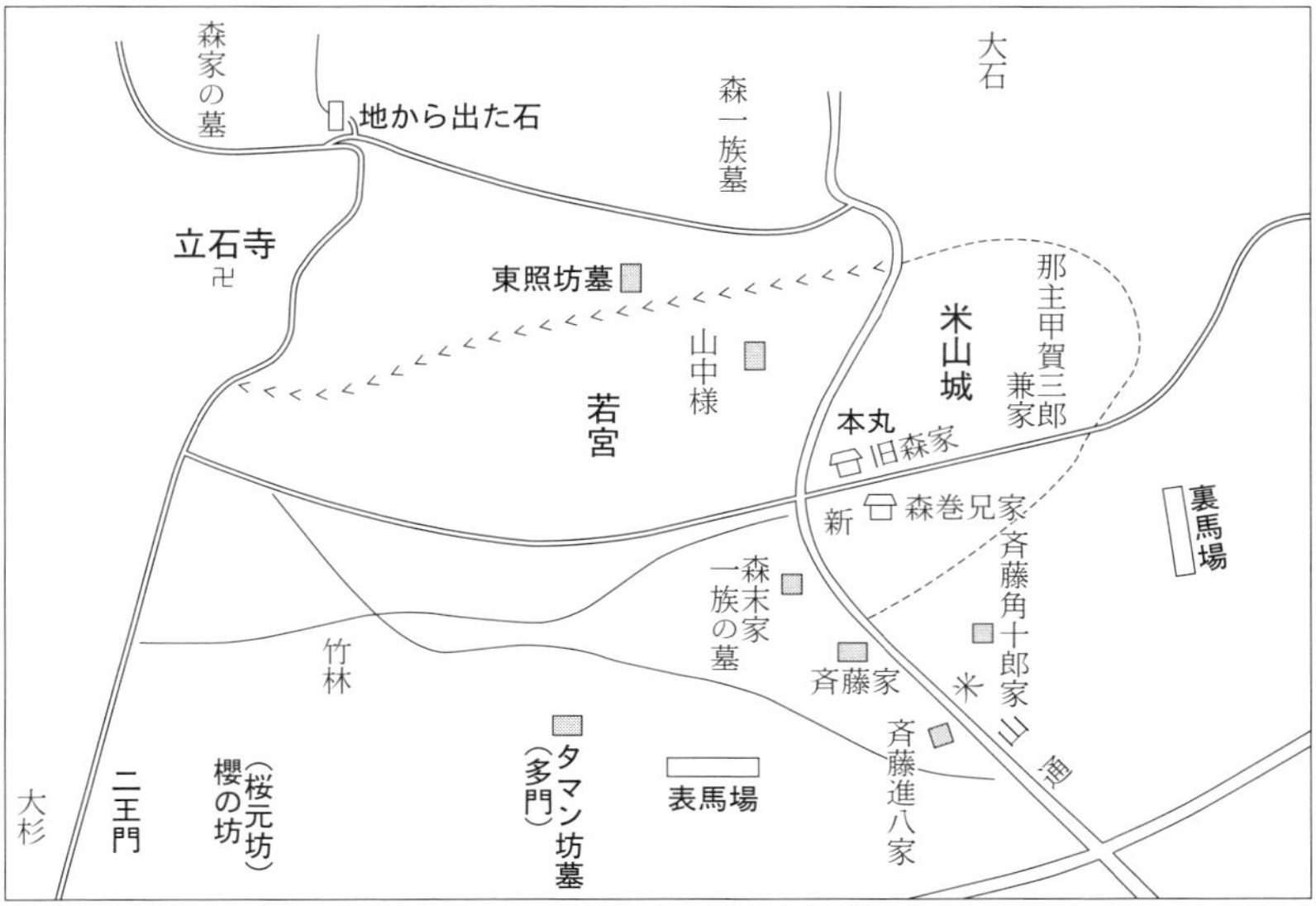

第6図　米山城と米山通

むしろ、米山の人々について注目すべきことは、集団の来歴に関する由緒を保持していることである。

第6図は、子孫の一人が米山に伝わる伝承を図に表したものである。(52) 米山には、甲賀三郎兼家に随従してきたという簓の森家の城と言い伝えられる「米山城」があった。米山城本丸に通じる「米山通」に沿って、森家と一族の斎藤家が立地している。その集落を挟み込むような形で、「表馬場」と「裏馬場」が所在し、米山一帯が米山城を中心とする空間として認識されている。米山城の西には立石寺が位置し、その裏手に森家の本家の墓があった。弘化二年の宗門改帳(53)でも、森家本家だけが立石寺の旦那寺で、その他は隣村小松原村に所在する松源寺の檀家となっていることが確認できる。この森家は、米山組簓仲間の頭斎藤杢太夫家で、伝承によると、山本村森家と姻戚関係を結び、森姓になったという。

第7図は、幕末から昭和に至る森一族の系譜関係を宗門改帳と伝承をもとに示した。「最後の杢太夫」と伝えられる儀右衛門（三六歳）は、竹之助（六三歳）の長男で、女房

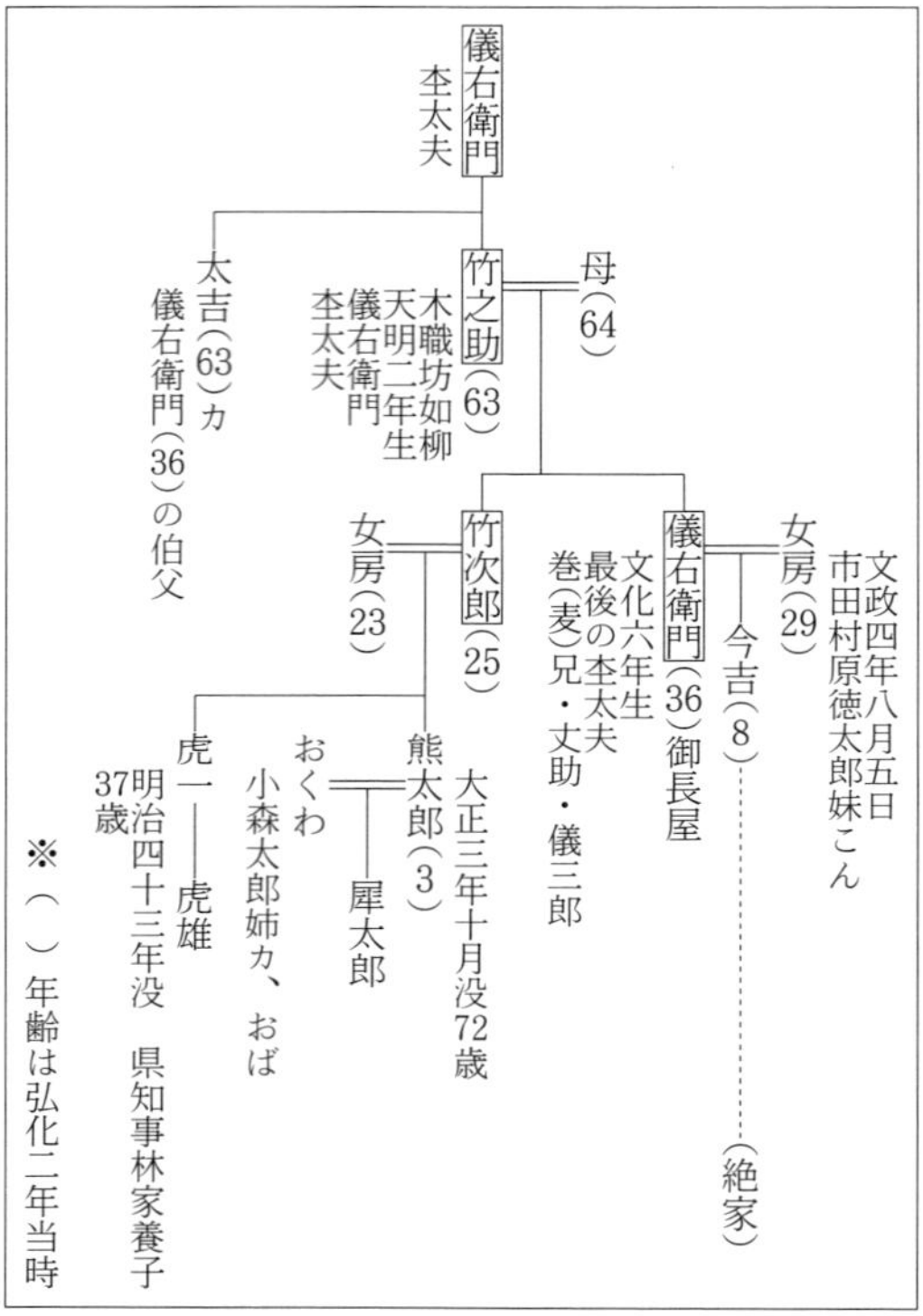

第７図　米山儀右衛門家系図

（二九歳）と八歳の今吉、そして六三歳の伯父太吉と六四歳の母という五人家族で、牢守の「御長屋」に居住していた。また、父竹之助は、二男の竹次郎二五歳とその女房（二三歳）と三歳の熊太郎と四人家族で、三間×四間の狭小な家屋に暮らしていたことが弘化二年の宗門改帳から知られる。

この竹之助は、旦那寺立石寺の住持大坪宥芳師の遺文(54)によると、別名「木職坊如柳」といい、天明二年（一七八二）に父儀右衛門（斎藤李太夫）の長男として生まれた。享和元年に、「李太夫の友をし(ママ)三井寺に参内す、如柳京都本居宣長の門をたづねる、その後伴萬吠(ママ)と友に田中大秀の門下生となる、如柳拾八歳である」という。ここで、如柳が一八歳の享和元年に李太夫の伴をして三井寺に「参内」したといわれる出来事は、第一章で述べた、米山組が三井寺近松寺から巻物と万歳楽の免許状、頭の斎藤儀右衛門が「李太夫」という太夫号を受け、三井寺の支配下に入ったことを指しているとみられる。また、後に門下に入ったという田中大秀とは、飛騨国高山の薬種商家の次男として生まれた人物である。文人伴蒿蹊に師事した後、享和元年本居宣長に学び、高山・古川において門人を育てたという。遺文の中では、田中大秀と如柳の行動に混同がみられるものの、如柳が飛驒国田中大秀との関わりを持っていた可能性を示唆している。また、「文政三年（信友＝如柳・筆者注）清内路村櫻井秀道・伊那勤王志士原信好の交（さそ）いにより、平田篤胤の門下生となる」ともあり、下伊那の国学者として知られる清内路村桜井秀道や原信好とともに、平田篤胤門人となったともいわれている。(55) また、竹之助の長男儀右衛門についても、住持大坪宥芳師の遺文では、宗忠・巻（麦）兄といい、父に師事し国学・和歌をまなび、また自ら彫刻と医学に通じたといわれている。妻は、市田村原徳太郎妹こんといった。儀右衛門は、「最後の李太夫」といわれ、明治一五年九月二二日に六八歳で没した。最後の簓であったということになる。家筋としては、第7図のように、その後本家にあたる儀右衛門の系譜は途絶え、儀右衛門弟竹次郎の家が続き、現在に至っている。

最後に、米山の簓の系譜を第7表に整理して示した。この表から、次の三点を指摘することができる。第一に、森家は、代々「義（儀）右衛門」を襲名する「頭」の家として確認できること。第二に、森家と緊密な関係にある一族の斎藤家は、［史料9］の牢守頭九左衛門―弥吉の家系であること、第三に、三人目の頭である忠左衛門も、一八世紀半ばから家筋を確認でき、藤兵衛―兼弥とつながり、長井姓となることがわかる。この中で森家は、甲賀三郎伝説を受け継ぎ、立石寺を旦那寺とするなど、とくに立石寺と歴史的に密接な関係を有していたといえよう。

そもそも立石寺は、天安元年（八五七）に京の僧侶有範和尚が創建した寺で、(56) 大地から大石が突き出していたことから、「立石寺」という名称が付けられたといわれる。この地の領主であった甲賀三郎兼家が、大旦那として立石寺に観音菩薩像と荘園を寄進し伽藍を再建し、山号を千頭山と改称したとの伝承がある。後に、小笠原貞基が再建し信貴に至るまで小笠原氏の祈願所となり、最大で寺領七〇〇石・一二坊の子院を有していた。(57) 太閤検地で寺領は没収され、慶長七年三月に朝日受永により寺領一〇石が寄進された。(58) 近世における境内地や寺領の範囲、および村との関係など、詳細は明らかにすることはできないが、先に検討した開善寺と上川路村の職人や簓との関係から類推すると、

弘化2年 ⑨⑩（1845）	嘉永3年 ⑪（1850）	銀 （匁）	嘉永7年 ⑫（1854）	文久2年 ⑬（1862）	明治4年 ⑭（1871）	明治8年 ⑮（1875）
(頭)儀右衛門（竹之助長男）36才	儀右衛門	10	儀右衛門	儀右衛門	儀三郎（借主）	森儀三郎（地主）
竹之助63才	丈助	8	丈助		丈助（借主）	森竹次郎（地主、竹之助伜）
(頭)弥吉77才			弥吉	弥吉	弥吉（借主）	斎藤弥吉（地主）
			簑助			
	源助	6	源助			
	三平	4	三平			
松弥（弥吉孫）			兼吉		兼吉（請人）	斎藤兼吉（地主）
			栄助			
			忠左衛門			
	弥之吉	4	弥之吉			
			恵助			
			金平		金平（請人）	小池金平（地主）
兼重郎（弥吉世帯内伜）46才	兼重郎	10				
(頭)藤兵衛69才（単身）	兼弥（民右衛門同居人）	6		忠左衛門	兼弥（請人）	長井兼弥（地主）
	芳兵衛	6				
	栄作	4				
伝七36才（伜巳之助）	伝七	4				
源八53才					松十郎（借主）	斎藤源八（地主）
作右衛門61才					清蔵（請人）	
千代吉62才（伜由兵衛39才・音吉29才）					峯吉（請人）	
与助68才（伜重助）					紋弥（請人）	斎藤紋弥（地主）
甚作70才（伜梅太郎・梅吉）						
万四郎60才（伜由太郎）						
民右衛門52才（同居人1人兼弥）						

書）。③「米山六人之者共口書之事」（前沢秀）連署、印なし。④新兵衛分年貢算用帳（村名証文事」（村松新助）署判あり、「籠や頭」3人。⑦「御年貢高面々名前帳」（村松好文家好文家文書）。⑨宗門帳署判3人。⑩「宗門御改帳」立石村牢守。⑪立石寺「御免勧化寄「牢守頭」3人。⑭「借地相定申一札之事」（前沢秀）中「米山」連署者印あり。⑮「借地

第7表　米山篦仲間の系譜

正徳3年①（1713）	宝暦7〜9年②（1757〜1759）	宝暦12年③（1762）	宝暦11〜明和2年④（1761〜1765）	安永5年⑤（1776）	寛政7年⑥（1795）	文政13年⑦（1830）	天保6年⑧（1835）
		義右衛門			(頭)義右衛門	儀右衛門（杢太夫）*	
							竹之助*
九左衛門		九左衛門		惣右衛門（九左衛門子孫）			
				弥吉（九左衛門あと役）	(頭)弥吉		
		忠左衛門			(頭)忠左衛門		
						甚作	甚作
		権兵衛					
		六右衛門					
		惣五郎					
						染吉	染吉
						勇八	勇吉
	文左衛門						
			惣七				

出典：①「一札之事」（村松新助）の署判印あり、「籠守」1人。②新兵衛分年貢算用帳（村松新助家文松新助家文書）。⑤「一札之事」（村松新助）署判、印あり、「籠守之内」1人。⑥「御頼申上候屋文書）、*「儀右衛門」は長男に襲名させ、「竹之助」と名乗る。⑧「御年貢高面々名前帳」（村松進簿」中「米山」。⑫「登山年番帳」。⑬「立石村籠守江申渡す加条事」（村松新助）署判あり、小作証文之事」（前沢秀）美穂村、連署、印あり。

森家が立石寺との関わりで中世以来活動した簓＝声聞師であったとみなして大過ないと考える。(59)

おわりに

以上、本章では、地域社会における簓の位置づけを深めるために、中世から近世への移行期に注目し、寺・簓・村という三者の関係を検討してきた。

天正一九年（一五九一）の上川路村には、開善寺に関わりの深い鋳物師や大工、紺屋といった職人が居住していたが、近世ではこうした人々は開善寺の寺百姓ではなく、飯田藩領の百姓として、村の構成員となった。また、「天正十九年検地帳」には明示されていた多様な職種の表示も、寛永期の検地帳以降はなくなり、職人もすべて「本役」を担う百姓身分としての扱いを受けたことが判明した。

その中にあって簓は、簓として集団化をとげ、村でも「ささら」「ささら組」と呼称されていた。そして、土地は所持していても「本役」負担を免除され、百姓身分としての扱いは受けなかった。上川路村の簓が領主に対して負った役は、飯田城下の「谷川牢守」が「目明かし」の下で領内の簓を統括していた事実に鑑みると、藩の行刑役や警察機構に関わる役を担っていたと考えられる。また、居住地においても、簓は村役＝下役を負うことを余儀なくされていたとみられる。

一方、立石村米山の簓集団は、知行主に対して牢番役を担うことで、「牢守」と位置づけられた。米山の簓は、中世には立石寺に奉仕する声聞師であったと推測されるが、やはり近世への移行にあたり、寺と切り離され、立石村の一員として「村」に包摂され、「村」の下役を務めることを余儀なくされた。

しかし、米山の簓集団の場合、自らの歴史を甲賀三郎と結びつけて語り継ぎながら、中央寺院である三井寺傘下にいち早く入り、「説教者」の免許を得ることで、簓という身分集団としての自覚を強く維持し続けることができたとみられる。上川路村では、近世初期以来の簓の家系は一八世紀で途絶えたのに対し、米山では森家のように中世以来の系譜を継続した家が存在した。こうした家が「頭」となり、そのもとに強固な集団が維持されたと考えられる。

以上、二つの地域の事例ではあるが、検討結果を踏まえて簓の中世から近世への移行過程を仮説的に見通しておきたい。

中世に声聞師として寺社に奉仕した簓は、寺社周辺に居所を構え土地も所持し、集落を形成していた。ところが、太閤検地により寺領が再編される過程で、寺社の用務を務めていた職人や農民とともに、簓も行政的に「村」に包摂されることになった。新たな身分編成が進められる中で、簓は百姓役を免除される代りに、領主の牢番役を担うことで、「牢守」あるいは「簓」身分とされた。「村」内部においても、百姓集団とは区別された簓集団として、村の下役を務めることになったのである。なお、下役を務めることを余儀なくされる過程は、第四章猿牽の事例を参照することで類推ができよう。

注

（1）本書第Ⅰ部第一章・第二章・第三章・第四章、Yoshida Yuriko *'Artiste ou marginaux: Les sasara de Shinano' Annales 66e annee-no 4*, octpbre-decembre 2011、一〇二九～一〇五二頁。

（2）拙稿「村と身分的周縁」（杉森哲也編『日本の近世』日本放送出版協会、二〇〇七年）。

（3）世界人権問題研究センター編『散所・声聞師・舞々の研究』（思文閣出版、二〇〇四年）。

（4）天正一九年九月「信州伊那郡青表紙御検地帳写」（『長野県史　近世史料編』第四巻〈二〉一一六七号）、同「信州伊那青表紙之縄帳　ウツシ也」（『信濃史料』第一七巻四二〇～四二九頁）。

（5）清水美彦家文書、『信濃史料』第一七巻、四〇七～四二〇頁。
（6）寛永一〇年九月二〇日「上川路村検地田方名よせ」「上川路村畑方検地帳名よせ」（清水美彦家文書）。なお『信濃史料』（第廿六巻、九七～一一六頁）に所収されている写しには、検地役人などの記述がみられないため、より記載が詳細で、かつ正保二年・寛文一〇年の新田検地帳も合冊された本史料を用いた。
（7）寛文一三年正月「上河路村百姓数之事」（森浩亮家文書）『長野県史　近世史料編』第四巻（二）一二五八号。下伊那地域では、検地後に定められた持高に年貢率を乗じた定物成高が持高と同じように用いられる（拙稿「幕藩体制成立期の村落と村請制」『歴史学研究』五四八号、一九八五年、のち同『兵農分離と地域社会』校倉書房、二〇〇〇年所収）。
（8）文政三年六月「（開善寺丹海和尚豊前小倉城主小笠原氏宛寄進依頼状）」（森浩亮家文書）。
（9）『信濃史料』第一八巻、一八六頁。
（10）『信濃史料』第一九巻、五三頁。
（11）寛永一六年七月「乍恐御返答之事」（『長野県史　近世史料編』四〈二〉一一七三号）。
（12）『長野県史　近世史料編』第九巻一号。
（13）『長野県史　近世史料編』第四巻（二）一一六八号。「開善寺検地帳」は、現在原本をみることができないが、表紙に記された二人の検地役人に「殿」がつけられていることから、検地当時のものではなく、少なくとも表紙は後年付されたものであることがわかる。
（14）清水美彦家文書、なお『信濃史料』第廿四巻、六二頁では、表紙を「上河路村開善寺三拾五石分村人別帳」と読んでいるが原本を確認した上で修正した。
（15）清水美彦家文書（『長野県史　近世史料編』、第四巻（二）一二〇三号）。なお、下津屋金左衛門景信は、寺社への禁制（『信濃史料』廿二巻、五一五頁）や通行手形の発給（浪合千葉一悳家文書）、代官に指示して在方の年貢納入を差配する立場（『信濃史料』廿四巻、一三五頁）などから判断して、飯田藩脇坂安元のもとで郡奉行を務めていたと考えられる。
（16）飯田藩領域では、慶長一三年から一四年にかけて検地が実施されたことが知られている（前掲注（7）拙稿「幕藩体制成立期の村落と村請制」）。

（17）森浩亮家文書（『長野県史　近世史料編』第四巻（二）一一七三号）。

（18）この作右衛門は、脇坂安元が飯田に入部するまで上川路村の肝煎を務めた五兵衛である。五兵衛は、原因は明らかではないが、脇坂安元により入牢を命じられ、一九年後の寛永一五年に許され、作右衛門と名前をかえて村にもどった。その際、上川路村の助蔵分の田地・家屋敷と、「くもかいと」という田を百姓中から預けられ、二、三年耕作したものの、年貢未進がかさみ、左五右衛門に家屋敷を預けて江戸で武家奉公をした。再び、寛永一九年二月、帰村するにあたり、村人が作右衛門の帰村に反対の訴願を藩に提出している（森浩亮家文書、『信濃史料』廿八巻、三一四―三一五頁）。五兵衛のあと、清水家の伝右衛門が肝煎を務めている。

（19）「上川路村訴状　同村開善寺返答書　写」、延享元年一〇月二二日「乍恐以口上書奉願上候事」、同二年四月六日「差出申一札之事」、同二年一一月「誤り申一札之事」、同二年一二月二二日「覚」、同二年一二月一八日「口上之覚」、同二年一二月「上河路村開善寺と村中山内出入曖証文之事」、同三年正月一九日「開善寺落葉論之願書済口書外品々共扣」（以上森浩亮家文書、飯田市歴史研究所写真資料）。

（20）延享二年三月一六日付「乍恐以返答書訴訟奉願候御事」（「上川路村訴状　同村開善寺返答書　写」所収、森浩亮家文書）。

（21）この八石は、天明七年に開善寺が村との地境をめぐる訴訟を起こした際、「寺惣外廻り七八尺寺分ニ而、其外ニ地下八石免除地有之」（「開善寺御朱印地境之儀ニ付上川路村ゟ之返答書　写」（森浩亮家文書））と、「地下」すなわち村の土地に寺分として免除地八石があると住持が主張しているのである。

（22）『信濃史料』第廿巻、四九一～四九三頁。

（23）「上川路村訴状　同村開善寺返答書　写」（森浩亮家文書）。

（24）ただし、前述したように同じ名請人でも、「寺」が付されない名請地もある。つまり、この「寺」という記載は、慶長六年に朱印地三五石が定められる際に、上川路村「天正十九年検地帳」から朱印地に該当する土地に付した印であったと推測される。そのため、名請人の中には、朱印地と朱印地ではない両方の土地を所持する者もあった。

（25）明治七年一月一七日「元朱印地開善寺地所取調書」（森浩亮家文書）。

（26）『長野県史　近世史料編』第四巻（二）一二五〇号。

(27) 森浩亮家文書（飯田市歴史研究所写真資料）。
(28) 同右。
(29) 天保期「永歳扣留記録」（上川路区有文書、飯田市歴史研究所写真資料）。
(30) 同右。
(31) 前掲注（1）本書第I部第三章・第四章。
(32) 年貢未進分の処理は、上川路村だけで行っていることから、千代蔵は一村の下役であったと推定される。
(33) 天保期「永歳扣留記録」上川路区有文書、飯田市歴史研究所写真資料。
(34) 斎藤芳男家文書。
(35) 瓜生節次家文書、飯田市歴史研究所写真資料。
(36) 慶応二年「山本近藤家五記録」（『長野県史　近世史料編』第四巻〈二〉一四六〇号）、なお、立石村では陣屋の帰村を願っていた（安政六年「乍恐以書面奉願上候」（『長野県史　近世史料編』第四巻〈二〉一四五九号）。
(37) 同右「山本近藤家御記録」。
(38) 前掲注（36）安政六年四月「乍恐以書面奉願上候」。
(39) 文政一三年二月「丑御年貢御勘定目録」（村松好文家文書、飯田市歴史研究所写真資料）。
(40) 弘化二年三月「宗門御改帳　立石村牢守」（久保田勤家文書、飯田市歴史研究所写真資料）。
(41) 寛政七年八月九日「御頼申上候屋名証文事」（村松新助家文書、飯田市歴史研究所写真資料）。
(42) 文久二年三月「立石村籠守江申渡す加条事」（村松新助家文書・飯田市歴史研究所写真資料）、『長野県史　近世史料編』第四巻（二）一四七五号。
(43) 村松新助家文書、飯田市歴史研究所写真資料。
(44) 同右。
(45) 前沢秀氏文書（飯田市歴史研究所写真資料）。
(46) 『長野県史』通史編、第五巻近世二、五五八頁。

(47) 前沢秀家文書(飯田市歴史研究所写真資料)。
(48) 同右。
(49) 同右。
(50) 名請人藤三郎・久右衛門・左次右衛門。この検地帳名請人には、「米山」以外でも「篩」を確認することができない。
(51) 前掲注(1)本書第Ⅰ部第一章・第二章・第三章。
(52) 斎藤ミネヱ氏筆。斎藤嘉範氏からご教示を受けた。
(53) 弘化二年三月「宗門御改帳　立石村牢守」(久保田勤氏文書、飯田市歴史研究所写真資料)。
(54) 斎藤嘉範氏所蔵。
(55) 「授業門人姓名録」では、名前を確認することはできない(『新編信濃史料叢書』第二〇巻、信濃史料刊行会、一九七八年)。
(56) 立石寺の縁起については、『南信伊那史料』巻ノ下、山本吉左右「伊那の説教師」(『文学』四〇―一、一九七二年)参照。
(57) 子院は、不動坊・滝井坊・池の坊・桜本坊・多門坊・酉の坊・東照坊・湛心坊・地蔵坊・梅本坊・威光坊・弥うちぼう・とうじ坊があったという(前掲注(56)山本論文)。
(58) 『信濃史料』第一九巻、六一頁。
(59) 前掲注(56)山本論文。同氏は、米山の人々を声聞師であるとの前提で論を進めているが、やはり推定の域を出ていない。

第Ⅱ部　地域社会のなかの芸能者

第六章　「篩」——周縁化された芸能者と地域社会——

はじめに

天保九年（一八三八）に江戸で出版された『東都歳時記』[1]には、第1図のように新春の江戸日本橋の南際で、三河万歳や鳥追が、路上を歩む姿が描かれている。また、第2図の『江戸名所図会』（巻之一、天樞之部、第二冊）には、「三河万歳、江戸に下りて毎年極月末の夜、日本橋の南詰に集りて、才蔵をえらひて抱ゆるなり、是を才蔵市といふ」と、通行人が足を止めて万歳師の太夫が才蔵に声をかけるのをながめる様子が描かれている。

万歳とは、扇を持ってめでたい詞を語る太夫と、鼓をうち太夫の語りに合いの手を入れる才蔵という二人が一組となり、家々の玄関先や座敷で、その年がよい年であることを祈り舞う芸能である。江戸には、徳川家康の出身地である三河国（現、愛知県）の万歳師たちが、年末から江戸に下って門付けを行う特権を持っており、江戸の町を回り終えると、近郊農村に出向いて門付けを続けた。鳥追は、田畑の鳥獣を追い払い、その年の豊作を祈る予祝芸で、女性が編笠や菅笠を被り、三味線を携えて歌いながら門付けを行った。この他、猿に芸をさせる猿廻しも、正月に欠かせない芸能である。これは、猿が馬の守護神だと信じられていたことから、馬の健康を祈るために行われた宗教的な意味を持つ芸能である。とくに、馬を必要とする武士や農民にとっては、大切な行為であった。

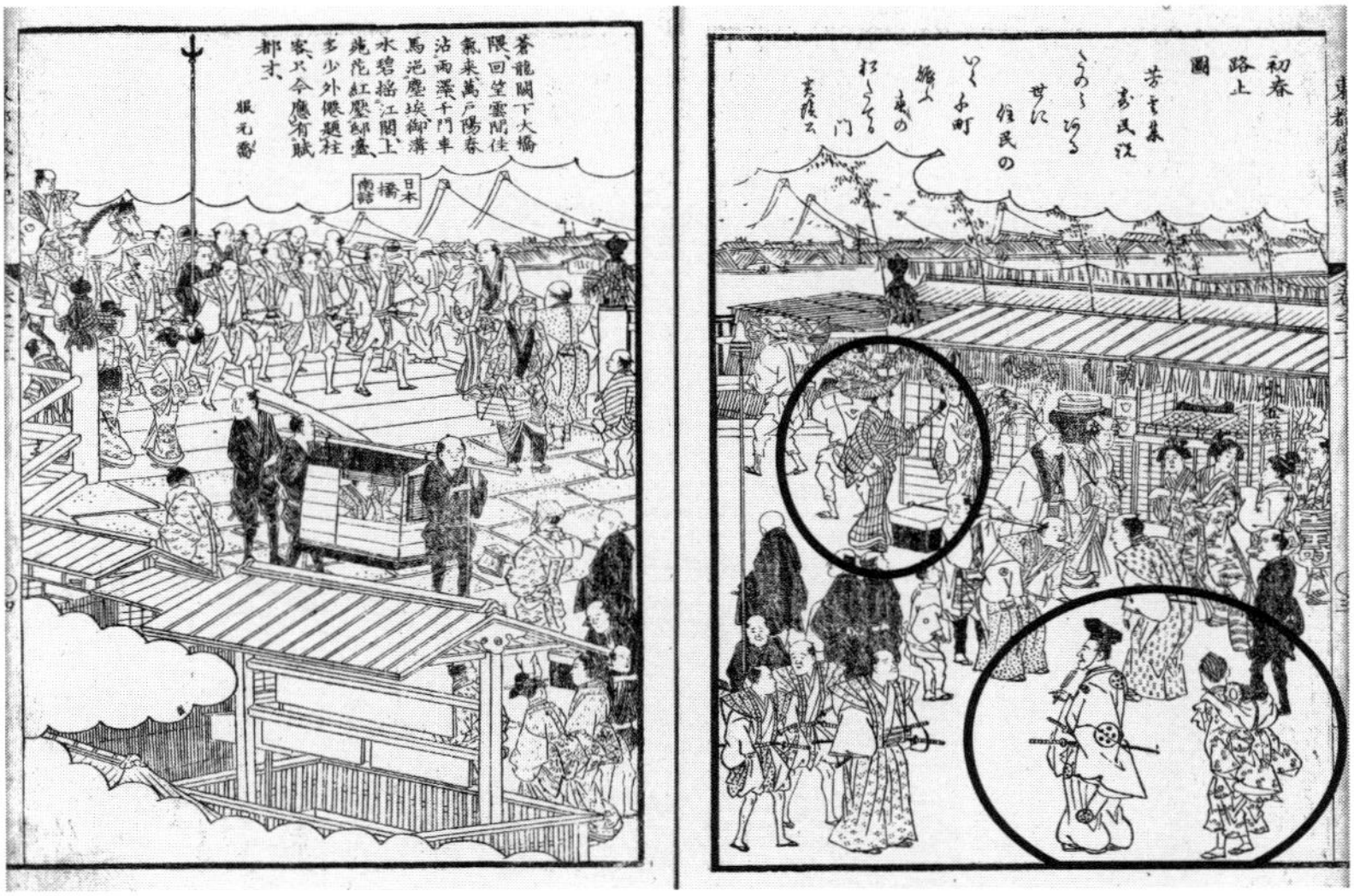

第１図　『東都歳時記』に描かれた三河万歳　（筑波大学附属図書館所蔵）

こうした門付けの祝福芸は、江戸に限らず、地方の城下町や村々においても、近代以前の日本では、全国各地で行われていた[2]。本章では、これらの芸能者に注目することにより、「士農工商」（武士・農民・職人・商人）と「えた・非人」という身分制の枠組みでは捉えきれないような、周縁的な人々の社会的な位置づけを考察することを目的としている。

すでに、一九九五年に組まれたアナールの特集号[3]において、網野善彦は非農業民に注目することにより、日本の中世社会の特質を論じた。網野は、日本社会が水田耕作民からなるというイメージを誤りとし、多様な職人や遍歴・遊行する宗教民・芸能民の存在を明らかにした[4]。それによると、中世前期まで、技能や呪術的な力を身につけたこれらの職能民は遍歴し、無主の地を活動の舞台とし、天皇や寺社の保護のもとに生活していたという。ところが、天皇や寺社の力が低下し、世俗の幕府権力が表に現れるようになる南北朝以降、こうした職能民の中に分化が起こり、定住化して世俗の権力の庇護下におかれる人々と、漂泊・遍歴を続ける宗教民・芸能民の一部とに分かれた。そして、中世前期までは特別な技能を

第２図　『江戸名所図会』に描かれた三河万歳　（国立国会図書館所蔵）

有する者として畏敬の念をもって「聖別」されてきた職能民の中にも、「穢」に関わる職能民や天皇・寺社との結びつきを失い社会的に賤視される宗教民・芸能民が生まれた。さらに、近世に入ると、幕府によってこれらの遍歴する人々も強制的に定住化・集住させられ、差別された集落が形成されるとした。

　このように網野は、一二世紀から一七世紀までの長い歴史的な変化を、漂泊・遍歴する職能民の定住化・差別強化の過程として捉えた。たしかに、大坂、京都、江戸で知られているように、都市形成の過程で、「えた」の人々が集落の移転を強制されたことは知られているが、それは遍歴していた人々を強制的に定住化・集住させたのではなかった。すでに中世においても、「河原者」（えた）や、宗教者や芸能者を含む広義の「非人」[5]の集住地である「宿（夙）」が存在し、京都の清水坂と奈良の北山宿が畿内・近国の「宿（夙）」を編制していた。そして、一四世紀頃から占いや祈禱を行う陰陽師や、万歳・猿廻し・大黒舞いなどの正月の祝福芸を担う声聞師と呼ばれる人々が「宿」から分離しはじめ、「散所」を形成し、特定の寺社と結びつき、その庇護を受けて生活するようになる。[6] ところが、織豊政権による寺社勢力の解体政策により、寺社との結びつきを奪われ、近世領主支配のもとにおかれることになったのである。

そこで、中世から近世への移行について問題とされるべきは、「宿」の非人や「散所」の声聞師の人々の近世における姿であろう。[7] 豊臣秀吉による太閤検地は、近世領主支配の行政単位となる「村」を創出したが、その際「宿」や「散所」はどのような扱いを受けたのであろうか。新たな編制原理のもとにおかれた近世社会において、声聞師の系譜を引く芸能者の位置づけは十分には明らかにされていない。

網野の研究に触発され、近世史研究の分野においても、芸能者や職人に関心が向けられ、畿内・近国を中心に史料の発掘・研究が進められた。[8] しかし、声聞師の系譜を引く芸能者と「村」との関係については、「差別」されていたか否かへの言及にとどまり、ともに地域社会を構成する住人として、両者がどのような関係を取り結んでいたのかという視点からの研究は十分なされているとはいいがたい。

そこで、本章では中世の声聞師の系譜を引く芸能者のうち、万歳を担う「簓」[9] の人々に焦点をあて、近世社会における「簓」の組織と編制のされ方を明らかにする。そして、「村人」と簓がどのような関係を結んで地域社会を構成していたのかを具体的に検討することを課題とする。[10]

なお、本章が素材とするのは、畿内・近国ではなく、信濃国の下伊那地域（現、長野県飯田市および下伊那郡）である。下伊那地域を取り上げることで、これまでは畿内・近国を中心に発掘されてきた声聞師や「宿」の存在を、広く日本各地に普遍化して考えることを可能とするだろう。また、地域に生きた「簓」の実態を解明することで、「士農工商」、「えた・非人」だけではなく、芸能者をはじめとする多様な職分を持つ人々を組み込んで身分制や地域社会のあり方を示してゆきたい。

一　万歳と「簓」の人々

1　「簓」の居住地

信濃国伊那郡伊豆木村に陣屋を構える旗本の小笠原家の一八世紀前期の日記には、正月五日に「例の如く万歳・猿舞し参る」[11]と記されており、例年万歳と猿廻しが訪れていたことが知られる。下伊那地域には、一九世紀前期に六つの「簓」の組が存在したことが知られている。小笠原家の陣屋にもっとも近い立石村の斎藤杢太夫を頭とする「米山組」、親田村の斎藤磯太夫を頭とする組、知久平村の森杢太夫を頭とする組、林村の三浦三太夫の組、福与村の佐藤九郎兵衛の組、そして下市田村の加藤林太夫を頭とする「飯田組」である。

この米山組は、嘉永七年（一八五四）段階で、組頭斎藤杢太夫の住む立石村を中心に、近隣の山本村、合原村、栗矢村、南伊豆木村、大畑村、今田村、早稲田村、栗野村、入野村という一〇カ村、延べ二六人が所属していた。立石村は、旗本近藤氏の知行地で、寛政年間まで近藤氏の陣屋と牢屋があった村である。他の村々の領主は必ずしも同じではない。他方、飯田組は、城下町飯田を中心に飯田藩領の村々に居住する「簓」を構成員としている。天保六年（一八三五）段階で、飯田城下に九人、農村部の八カ村に延べ一〇人が存在していた。この他の組も、構成員の居住地域ごとにまとまりをもって組合が作られていたことがわかる。

2　「簓」の集落と日常生活

それでは、「鄙」の実態を明らかにするために、居住軒数がもっとも多い立石村の鄙の集落を検討していこう。

立石村の米山に居住した鄙一族の由緒によると、米山の人々は、もとは甲賀三郎兼家に仕えた随臣で、甲賀三郎が城を構えた米山の地に住むことになったという伝承を持っている。[12] 甲賀三郎とは、諏訪明神の縁起に現われる伝説の人物である。現在も、「鄙」子孫の家では、甲賀三郎兼家の城と馬場の位置を伝えている。甲賀三郎伝説は、南北朝期に説教『神道集』として完成され、一六世紀以降御伽草子や古浄瑠璃としても語られてきたが、[13] 近江国甲賀地方（現、滋賀県）に伝わるものと信濃国に伝わるものなど、いくつかのバリエーションがある。米山で語られる伝説では、甲賀三郎は諸国を漂泊ののちに、里人の尊崇を得て地頭として城を構え、その地にあった立石寺の大旦那となり、寺を再興したといわれている。立石寺は、天安元年（八五七）に京都の僧宥範阿闍梨が開基した立石村にある寺で、室町時代には松尾城主小笠原氏の庇護下で、一〇余の末寺を持ち隆盛したといわれる。この立石寺の近く、甲賀三郎の城と伝える地域に、米山の集落が所在する。以上のことは、米山が立石寺と関係を持つ「散所」であり、米山の人々が声聞師の末裔であることを示しているのである。

さて、一六世紀末の太閤検地によって、米山は行政的には立石村のなかに含まれた一集落という扱いを受けた。しかし、近世の史料では「米山村」と表記されることもあり、地域の人々の間ではひとつの村と意識されていたとみられる。[14] この米山の集落には、幕末・維新期までくだるが、弘化二年（一八四五）には一二軒、嘉永七年（一八五四）に一二軒、明治四年（一八七一）に一〇軒の「鄙」が居住していたことが知られる。このうち弘化二年の「宗門御改帳」をみると、一二軒の「鄙」それぞれが家族をなし、次の世代へと続く「家」を形成していることがわかる。家屋は二間（約三・六m）×三間（五・五m）＝一九・八㎡、三間（五・五m）×四間（七・三m）＝四〇・一五㎡という狭小住宅や、「御長屋」と記された領主の陣屋にある集合家屋であり、居住環境は通常の百姓とは異なり、よいといえないものであったと推測される。この点は、明治二年（一八六九）の山本村の「簓」四軒についても同様で、すべて自身の持ち家ではなく、他の百姓の敷地内の狭小住宅に借家していることがわかる。

米山の人々の主要な生業は、正月の万歳や芝居、操り興行などの芸能活動と、それに付随した商売であった[15]。これは、香具師が商売をするために携えていた免許状である「十三香具御免許」が、米山の「簓」の子孫の家に残されている点からも裏付けられる[16]。

とはいえ、芸能興行に出る以外は、日常的には米山で畑を耕作し、すぐ近くを流れる阿知川に梁を仕掛けて漁猟をするなどの生産活動に携わっていた。ただ、自分の畑や屋敷地などを所持していたわけではなく、立石村の百姓の土地を小作していた。たとえば、文化一一年（一八一四）三月には、立石村の二人の百姓が「米山下作之者」に、米山の畑や屋敷地の地味がよくなってきたため小作料を増額すると通告し、米山の小作者たちが困惑したと記録されている[17]。また、明治維新後の明治四年一一月には、旧来どおり畑と屋敷地を借用したいとして、米山の者が地主と再契約を交わしていることからも知られる[18]。

ところで、家々をまわって芸を披露して米銭を受取ることを「門付け」というが、門付けをする家（「檀家」）と、領域（「旦那場」）は、「簓」ごとに定まっていた。第1図『東都歳時記』にみられた江戸の三河万歳の故郷である三河国幡豆郡上町村森下（現、愛知県西尾市）の万歳師若杉家の場合をみると[19]、毎年に暮れに下る関東に、自らの旦那場として現在の千葉県銚子市付近の四九カ村、一三〇〇軒余りを檀家として持っていたことが知られている。三河の万歳師が一日に回る家は、普通二〇—五〇軒ほどで、多い者では一〇〇軒前後を回ったという。

米山組の「簓」の檀家や旦那場の詳細は明らかではないが、川路村の豪農関島家では、正月元日に例年訪れた米山万歳に対し、例年、白米一升と白餅五切を渡し、屠蘇を振る舞っていたと記録されている[20]。米一升とは、成人男子の二日分の扶持米に相当する。このような檀家を複数回ることで、万歳の収入はかなりの額となったことが推測される。檀家と旦那場を、万歳師は財産の一種と認識しており、これを売買、または質入れの担保ともしていた。(21)

3 役負担

江戸時代には、武士・百姓・職人・町人・「えた」・「非人」など、それぞれの社会的分業（職能）に応じて、幕府や領主の御用を務めていた。武士は軍事的な能力で奉仕し、百姓は耕作や野良仕事、漁業などの生産活動にともなう年貢・諸役を務めた。町人は町人足役を務め、職人は大工役など職能に応じた役を果たした。「えた」は太鼓の革を献上し、「非人」とともに行刑役を担った。

こうした江戸時代身分制の原則と同様、「簓」の人々は、領主から牢屋の番人（牢守）としての役を賦課されていた。たとえば、米山の「簓」は領主である旗本近藤氏の牢屋の牢守を務めた。また、阿嶋村の「簓」は、旗本知久氏の牢屋の牢守を務め、さらに飯田城下の谷川という河原に小屋掛けで集住していた谷川七左衛門の一族は、飯田藩の牢守を務めていた。

このような領主から賦課される「役」の他に、「簓」は居住村の「村役」も務めることを村から課されていた。「簓」に課せられた「村役」の具体的な内容を、三つの村の例からみておこう。

まず、天竜川東岸の小川村の場合である。寛政三年（一七九一）に、小川村の簓が村に誓約した一札には、次の四項目が記されている。(1)村人の縁組や葬式などの吉凶に際して、警備をすること、(2)亡くなった人の埋葬をすること、(3)狼藉者がある場合は、取り鎮めること。(4)毎日村を巡回すること、とある。次に、米山組の山本村の簓が、天保七年（一八三六）に村の名主に誓約した一札をみると、(1)昼夜に限らず村を巡回し、博打の取締りをすること、(2)村人の吉凶の時に、取締りをすること、(3)亡くなった人を埋葬すること、(4)行き倒れ人を片づけること、(5)そのほか、村からの仰せにより何でもする、と誓約されている。最後に、立石村の鄚が、文久二年（一八六二）に立石村の名主に誓約した次の三カ条をみよう。(1)盗賊や悪党を見つけた時は、すぐに捕縛し、村の庄屋に訴え出て、その指図を受けて行動すること、(2)火事のときには、立石村は勿論のこと、隣村であってもすぐに駆けつけて火を消すこと。火事の時には、盗難が多く発生するので、治安に注意すること。(3)立石村の田畑で栽培している農作物を盗む者がいないように、十分に気をつけること。もし盗む者を見つけたならば、追い払うこと、である。

以上、三つの村の事例を総合すると、「鄚」の「村役」とは基本的に村の巡回警備、治安維持、死者の埋葬、火事の駆けつけ、野荒しの警備など、近代以降には、国家や自治体の下で警察が行うような、住民の生活の安全を守る仕事であることがわかる。このような役目を、当時、村では「下役（したやく）」とも呼んでおり、村の公的な「役」であった。したがって、村は「下役」を担う者に、扶持（給料）を支払った。これは、量は少ないが、名主や組頭が村の役人を務める代償として受けていた給料と質的には同じものである。たとえば、飯田組の「鄚」が務めた嶋田村の「下役」では、村から「一人扶持」、すなわち一日五合の米が支給されていたことが確認できる。(22)

4　村人との関係

このように、村人の生活には欠かせない安全確保の仕事をしながらも、「鄚」は村人とは「異なる」人々という扱いを受けていた。これは、阿嶋村の名主が「鄚」を「下道（げどう）」と記録していたことにも表わされている。そのように、村人から「下位」に位置づけられた「鄚」であるが、たとえば阿嶋村の名主は、自らの農業経営に、「鄚」の力を借りていた。この点は、「下役」に対する扱いが、「ケガレ」観をともなった差別的な扱いとは異なっていたことを示している。

文政七年（一八二四）度の同家の農業経営帳簿には、この時期、村に居住していた徳治郎と文次郎という「鄙」の家族との関係が示されている。[23] それぞれの家族は、名主の農業経営帳簿に表われる「鄙」の徳治郎とその女房、文次郎の女房いとである。

これらの「鄙」と名主家との関係をみると、第一に注目されるのが、徳治郎とその女房は、五月の田打ち・田植えにそれぞれ三日と二日、九月の田こなし麦播きにそれぞれ二日と一日手伝いに出、文次郎女房のいとも田植え一日と一二月の稲こきを一四日間手伝っていることである。これらに対する名主家からの礼物は、米・餅・小麦・大根・味噌・藁・竹といった現物で渡されており、帳簿でも「見舞」と表現される心付けであった。これは、同じ農作業に「雇人」として雇用される百姓に、労働の対価として銭が支給されているのとは異なり、「心付け」であった。「心付け」は、あくまで払う側のお礼の気持ちを表現するものであり、労働に対する正当な評価基準は存在しなかった。そのため、「鄙」は受取った礼物がたとえ少なくとも、文句をつけることはできなかったのである。

第二は、名主家が、「鄙」の持ってくる品物を買い取る場合のあることである。たとえば、「土用の丑の日」とみられる六月二八日に、名主家は「鄙」から鰻七筋を銭三〇〇文で購入している。また、四月・五月に、徳治郎は茄子の苗一八〇本と、南蛮辛子（唐辛子）の苗二〇本を名主家に渡し、代価として小麦を受け取っていることがわかる。つまり、「鄙」は茄子や唐辛子など野菜の苗を栽培し、これを名主に提供する一方、鰻を捕獲するなどの漁労も行い、生計の足しにしていたのである。もちろん、通常、この名主家では農作物の種は飯田城下の専業の種屋から購入していることから、徳治郎が行っていた苗生産や川魚漁を、「鄙」本来の生業とみなすことはできない。しかし、「鄙」が一般の小作人と同じように地主の畑で働き、苗や川魚を販売していたことは、「ケガレ」意識を内包する「えた」に対する差別とは質の違う関係が村人と「簓」の間にあったことを示しており、注目されるところである。

第三に、名主家と「簓」との「遣い物」の関係をみておきたい。簓徳治郎から名主家に、歳暮として牛蒡一把が（文政七年度）渡され、また簓いいとからは、文政八年度に年玉として柿（干し柿）一〇串が、進上されていることを確認できる。他方、名主家から「簓」への「遣い物」は、見舞い、祝儀、升物、代替わり勧化、新盆見舞いという名目で多様である。このうち、代替わり勧化と新盆見舞いは、文政七年に徳治郎の父猶吉が亡くなり、徳治郎への代替わりが行われたために遣わせられたものである。例年の「遣い物」としては、「升物」といわれる、六月の麦二斗、一〇月の籾二斗である。これは、夏と秋の収穫期に、簓に麦と籾で渡されるもので、他の地域でも広くみられる施物であった。その量は、やはり村人の心次第（気持ち）であった。

5　村人による生活・婚姻上の規制

次に、村人が「簓」に対して行った生活上の規制を述べておきたい。まず、立石村の人々は米山の「簓」に対して、⑴立石村の中で下駄を履くこと、傘をさすこと、煙管を吸うことを禁じ、村人に無礼のないように振舞うことを求めた。⑵五節句の飾りを、屋外に出すことを禁じ、⑶衣類は絹を一切用いてはならないとした。ただし、⑴⑵については、米山の仲間内や、家内では許している。つまり、村人は米山の人々を見た目で区別しようとしたのである。また、小川村でも、下駄と傘を用いてはならないうえ、百姓の家に上がることも禁止され、庭先で土下座して礼（挨拶）を言うことが求められた。さらに、たとえ目の前に本人がいない場合であっても、敬意を表すために、必ず村人の名前には「様」を付けて呼ぶことまで強制された。このように、村人は簓の人々の生活を規制し、村人とは「異なる」もの、「下位」のものとして位置づけようとしたのである。

さらに、村人と鄙が縁組することもなかった。たとえば、延享五年（一七四八）段階で阿嶋村には三軒の「鄙」の家族が居住していたが、そのうち与五兵衛がとった養子弥四郎（二三才）は近隣の林村の「鄙」弥三郎の倅であり、伝九郎（四六才）の女房（二八才）は同じ阿嶋村の「鄙」源四郎の娘である。また、明和五年（一七六八）に弥四郎（四三才）の倅五郎三郎（二〇才）は、女房（一七才）をやはり近隣の河野村の「鄙」善内のもとから迎えている。嶋田村の「鄙」弥市の二人の倅が嘉永五年（一八五二）度に迎えた女房も、近隣の富田村の「鄙」鉄五郎の娘と、上伊那にある幕府の飯島代官所の牢守谷八の姪であった。このように、原則として「鄙」の婚姻は「鄙」どうしで行われており、百姓や町人身分の者とは縁組することはなかったのである。

この点は、下伊那に限ったことではない。喜多川守貞が一九世紀の中ごろに記した『守貞漫稿』には、江戸に下る三河万歳について述べた最後に、「三河は院内村と云ふに住す、この一村には他村婚を結ばず」と記している。[24]すなわち、三河万歳の万歳師が居住した三河国の院内村（宿村）（現、愛知県）も、百姓とは婚姻をしない村と認識されていたことがわかる。その他、大和国（現、奈良県）の万歳師の村も、百姓とは婚姻をしないことが明らかにされている。[25]

二 「鄙」の組織

これまで、地域社会における「鄙」のあり方に注目して述べてきた。次に、「鄙」の身分的な位置づけを探るために、「鄙」の職分を支配する「本所（ほんじょ）」と「鄙」との関係について述べておきたい。

1 「本所」による支配

近世社会においては、土地の領有関係に基づく領主支配が原則であり、個人は家族や村を媒介として支配される。「簓」の場合、たとえば米山組の中心である立石村は旗本近藤氏、飯田組の飯田城下の場合は飯田藩というように、それぞれの居住村の領主支配を受ける。しかし、「簓」の職分である「万歳」に関しては、「本所」、すなわち近江国の関蟬丸神社の配下に入ることで「説教」として支配を受けることになった。

関蟬丸神社は、平安時代の歌人で盲目の芸能者である蟬丸を祀っている。蟬丸の生没年は不明で、醍醐天皇の第四皇子が盲目ゆえに逢坂の関に捨てられたと語られ、あるいは宇多法王の皇子の雑色（下級役人）などと伝えられる伝説上の人物である。蟬丸の奏でる琵琶や琴の音色が、逢坂関を行き交う旅人の心を慰めたといわれる。

すでに一七世紀前期には、関蟬丸神社は、説教者が讃語を唱えることを免許する「本所」として、近江国はもとより、京都、伊勢（現、三重県）・尾張（現、愛知県）・三河（現、愛知県）・美濃（現、岐阜県）、さらに江戸の説教者も配下に治めていたことを確認できる。[27] 配下に入った説教者に対して、蟬丸神社は掟書を守るように誓約させた。[26]

寛永一九年（一六四二）五月一日に、蟬丸神社の配下となった三河国宝飯郡の説教者が誓約した掟書は、次の五カ条から成っている。⑴本地である蟬丸神社から説教者は代々讃語を唱える免許を受けること、⑵国・郡・村を単位として説教者を編成すること、⑶毎年九月二四日の蟬丸神社の祭礼には、組の頭が一人ずつ参詣し、説教者の装束で祭礼に奉仕すること。⑷諸国で出会う勧進者どうしで、氏素性を穿鑿しないこと、⑸他国で蟬丸神社の免許状を携えない説教者に出会ったならば、蟬丸神社から免許を受けるように申し聞かせ、蟬丸神社にも連絡をすること。そして、以上の五カ条に背いた場合には、組頭はもとより、組中の説教者まで、幕府に訴え出て、説教者の装束と家職を差し押さえること、さらに蟬丸神社から渡された「御巻物」も取り上げること、が誓約されている。

このように、蟬丸神社は諸国の説教者を地域ごとに「組」に編成して頭を置き、さらに「組」をまとめて郡、さらに国単位に頭を置き、諸国の説教者をヒエラルヒー的に支配した。配下に入った説教者へは、組単位に「御巻物」が下付され[28]、個人には万歳興行を免許する許状と、「太夫号」と装束が免許された。その対価として、毎年五月二四日に行われる蟬丸神社の祭礼に、各組から代表者を上京させ、役銭を納めることが義務づけられたのである。米山組に残された蟬丸神社からの受領書によると、役銭とは、燈明料三〇〇文・神事役人料六〇〇文、万歳楽料三〇〇文からなっていたことがわかる。

組に下付された「御巻物」は、盲目ゆえに逢坂山に捨てられ蟬丸の身を按じて尋ねてきた姉宮が、その哀れな姿をみて狂乱し、髪を逆だてたとの逸話を述べた上、蟬丸に従った基経、古屋の美女、師轉について触れ、この師轉の行く末が説教者であるという内容になっている。この「御巻物」の末尾には、蟬丸神社の執行職の複数の印がある。つまり、執行職が交代するたびに説教者は巻物を携えて上京し、新しい執行職の改印をうけたことを示している[29]。組の成員である各説教者は、組の頭が管理・継承していたこの「御巻物」を、それぞれ写し取っていた[30]。

ところで、蟬丸神社では、一七世紀段階には逢坂の関守の系譜を引くという社役人の兵侍家が執行職として説教支配を行っていた。しかし、正徳元年（一七一一）に蟬丸神社の別当寺である三井寺の塔頭近松寺が兵侍家を追放し[31]、かわって近松寺が説教を支配し[32]、さらに、文化一〇年（一八一三）からは、三井寺政所の直接支配に移行した[33]。

正徳元年、近松寺は兵侍家にかわって説教者支配を開始するにあたって、諸国の説教者の再編のために、「説教者改め」を実施した。これは、「古来、説教者の家筋に紛れないこと」と「不浄穢らわしい職や村々の番人を務めていないこと」を吟味し、説教者が居住する村や町の役人が保証した場合に、改めて説教職を認可するというものである。

この吟味を経て認可された説教者には、「太夫」号を、組には「御巻物」を下付し、掟書の遵守を誓約させたのである。なお、再編成にあたって掟書には、「不浄穢らわしい職や村々の番人を勤めていないこと」という条文が加えられた。

こうした吟味が行われた背景には、諸国の説教者の中に、「穢れた職分」と認識される行刑や遺体の埋葬に関わる仕事や「番人」を務める者が、多く存在したという事実があった[34]。伊勢国宇治牛谷村・山田拝田村の説教組は、すでに宝永年間に時の執行職の兵侍家の取次で「御巻物」を下付され、蟬丸神社の配下に入り、説教を務めてきたという。ところが、近松寺の直支配となったのを機に行われた吟味により、「不浄穢らわしい職分」や「村の番人」、牢番や行刑役に携わっていることが判明した。そこで、これらの役儀をすぐに停止するよう命じられ、「御巻物」と装束が取り上げられたのである。しかし、拝田村の者は山田奉行所の雑職役、すなわち咎人の捕縛、牢番、成敗などの役儀を務めていたが、伊勢山田に居住する限り、これを止めることはできなかった。そのため、三井寺は拝田村の説教を「不浄な説教」として諸国に知らしめ、掟破りの罪を犯した者として、見せしめのため説教職を取り上げ破門し[35]、「えた」同様の「下賤の者」との刻印を与えたのである。

とはいえ、現実には諸国の説教者から村の番人や牢番を取り上げることはできず、下伊那の「簓」も、三井寺配下に入って以降も旧来どおり、牢番や番人の役儀を務めていた。

それでは次に、下伊那地域の「簓」が三井寺の支配を受ける過程を述べ、「本所」支配下に入ることの意義を、「簓」の側から考察してゆこう。

2　「本所」支配の受容とその意義

立石村米山の「簓」の家に伝えられる「御巻物」は、末尾に享保六年（一七二一）二月付の巻物を、三井寺の執行が写本させたと記されている。また、今後、執行職の交替のたびにこの巻物を持参し、新しい執行職の印を受けるようにと記され、享和元年（一八〇一）五月二四日付の執行の印、文化三年（一八〇六）五月付の執行の印、そして文化一一年（一八一四）五月付の政所の印が捺されている。つまり、この巻物は享和元年五月二四日に三井寺の執行職を務めた近松寺から交付され、その後、執行職が交替した文化三年、三井寺政所の直支配となった直後の文化一一年に新たな加判を受けた「御巻物」の原本であるといえるのである。同家には、享和元年五月二四日付で、「御巻物料」金二両の近松寺役人の受領書が残されており、この巻物が三井寺からこの時に交付されたことを裏付けている。

すなわち、米山組の「簓」は、享和元年に三井寺の配下に入ったということができる。また、同日付で、斎藤杢太夫宛の「太夫号御礼金」の受領書も残されており、米山組の頭を務める斎藤杢太夫が説教者としての名乗りである「太夫」号を免許されたことも明らかになる。また、これ以降、米山組の説教者は、万歳楽のために諸国を巡る自由を保証する証文も三井寺から発給された。その許状には、万歳師の斎藤杢太夫が、関蟬丸宮の末流として、往古からしてきた「勧進渡世」である万歳楽を、前々のように自由に巡行するようにと記し、別当三井寺政所の印が捺されている。さらに、蟬丸神社の祭礼に毎年登山するよう、「宿々船川　御役人中」にあてた関所手形にかわる証文が三井寺から発給された。このように、簓の人々は三井寺と結びつくことにより、幕府や藩などの支配領域を越えて、渡世の自由や通行の自由を、三井寺から保証されたのである。

そして、下伊那の「簓」は「説教者」と名を変えた。天保七年三月に山本村の「簓」が村役人に差し出した一札に、次のように記されている。

近年三井寺政所様による万歳楽の御改めを受けました。その後、毎年仲間で、万歳楽渡世をご許可いただいたお礼として冥加金を三井寺に上納しています。そこで、私たちの以前からの名を、「説教」と御改め下さいましたので、今後は私たちの「密名」を「説教」とするようにお願いしましたが、これをお認めいただきありがとうございます。

このように、三井寺の配下に入ることにより、「簓」は「説教」と呼び名を変えることになった。しかし、この呼び名は「密名」と表現されているように、村内での通称であり、幕府や領主などが認める公式の名ではなかった。公式な名称とは、身分の呼称である。それは、幕府や領主が行う「宗門改め」の結果作成される「宗門改帳」に反映される名称であった。

江戸時代には、幕府が禁止するキリスト教や不受不施派などの信徒ではないことを証明するために、すべての人はいずれかの寺の檀家になり、毎年行われる宗門改めの際、旦那寺から檀家であることを証明してもらわなければならなかった。その際、百姓身分の者は同じ帳面に記入されたが、「えた」、「非人」、僧侶、神官などは、それぞれ別帳が立てられた。「簓」も「簓」だけの帳面が仕立てられた。「簓」が三井寺の配下に入った後も、村によって、「簓宗門改帳」や「説教者宗門改帳」と名称は統一されていない。このことは、幕府や藩が「簓」や「説教者」を公式な身分呼称としていないことを示している。

つまり「簓」は、公式な身分呼称は定められていなかったが、「百姓」や「えた」「非人」とは異なる身分として把握されていた。このように「簓」は、いわゆる「士農工商えた非人」という枠組みでは捉えきれない身分、すなわち「身分的周縁」であった。

それでは、「簓」はなぜ三井寺の支配を受けようとするのであろうか。下伊那からわざわざ毎年近江まで上京し、冥加永を納めるという困難を超える大きなメリットがあるはずである。

まず第一に考えられるのが、万歳渡世を有利に行うことができる点である。先にみたように、三井寺の配下に入ると、万歳楽渡世と祭礼への供奉のために、諸国を自由に通行する権利を保証された。この免許状に示された、門跡寺院三井寺の権威が、万歳師の身元を保証する役割を果たしたと考えられる。

第二は、勧進をめぐる旦那場争論において、三井寺が公権力として紛争解決に一定の役割を果たしたことである。文政元年（一八一八）冬、本藩である美濃国高須在住の長吏（「えた」）清右衛門が下伊那の高須藩領村々の「下役」と「勧進」を行うと宣言し、他の「勧進」を差し止めた(36)。それまで下伊那地域を旦那場としていた「簓」たちにとって、四六カ村、一万五千石の旦那場を失うことは大きな打撃となった。実際、文政二年正月から、米山組の簓は万歳に廻ることができず、仲間一同困窮し「何をいたすべき力も無い」状況に陥ったと訴えている。米山組の「簓」たちは、村の庄屋をとおして高須藩の代官に数度問い合わせてみたものの、埒は明かなかった。そこでついに、立石村斎藤杢太夫の弟斎藤竹之助と仲間惣代の彦蔵は近江に上京し、三井寺政所の「御威勢」（権威）で一刻も早く事態を解決するように求めた。そして、三井寺政所が認めた高須藩への「御状」を持って、高須藩竹佐陣屋に届けたのである。

高須藩陣屋は、三井寺の「御状」を携えてきた米山組の人々について、立石村知行主旗本近藤氏に問い合わせをしたため、立石村と山本村の庄屋、そして斎藤杢太夫も、知行主近藤氏から吟味を受けることになった。吟味の結果、高須藩代官は、三井寺政所役人に返書を送り、三井寺が発給する「御免状」、すなわち万歳楽の免許状を尊重し、これまでどおり「簓」が万歳楽を巡回することを了承すると伝えた。ただし、長吏清右衛門の職分と競合しないよう、「簓」が皮売買と猪などの山猟をすることは禁止した。

江戸時代の原則では、領民に対する裁判権はそれぞれの領主が持っており、領域間の争論の場合は、それぞれの領主の許可を得て、領民が幕府に訴え、幕府が領主間の調整をしながら裁定を下すことになっていた。ところが、「簓」

の場合は、領主をとおして幕府の裁定機関に提訴する道をとらず、仲間集団が所属する三井寺をとおして、領主間の調整を実現したのであった。このような「簓」の動きを、村の百姓は、「三井寺へ欠抜ける」、すなわち「規定の手順を無視して三井寺に訴える行為」と表現し、原則から逸脱していると理解していた。

しかし、「簓」にとって、三井寺の権威にすがることは、一種の公権力の助けを得て集団間の競合や紛争を有利に解決するという利点があった。とはいえ、三井寺の「御状」を受取った高須藩が、米山の「簓」について近藤氏に問い合わせたように、三井寺の「簓」支配は、封建制的領主支配の原則からははずれた機構であったため、必ずしも周囲から認知されていたわけではなかった。この一件が終了したのち、米山組の「簓」は三井寺に、例年の祭礼に登山する道すがら支障がないように、三井寺の紋所の入った提灯の下賜と、その提灯の下賜を、村の知行主である近藤氏と村役人に「御状」で知らせることを求めた。米山の「簓」の子孫の家には、菊の紋章のついた三井寺の提灯が残されているように、この紋所が、米山の人々と権威ある三井寺との関係を表象する役割を果したと考えられる。こうした効果があったため、「簓」もその配下に入ることを選択したと考えられるのである。

3　三井寺の掟と破門

米山組の「簓」の家には、享和元年三月付の三井寺政所から出された掟書が残されている。これは、三カ条から成っている。(1)毎年の神役を懈怠せずに務めること、(2)国または郡に一人の小頭を立て、そのもとで人数をとりまとめ神役を懈怠なく務めること。太夫号は倅、親類のうちで継承すること、(3)職分は讃語・勧進・座組など思いつきの職分は許すものの、「不浄穢敷職筋」を兼ねているかを吟味すること、とある。このように、三井寺は、神役の精勤と「不浄穢敷職筋」の禁止を最大の関心事としていたのである。

ところが、天保五年（一八三四）、下伊那の飯田組の「鄽」の倅が「非人」の娘と不義をしたことに端を発し、関係した「鄽」が三井寺から破門されるという一件が起きた。

「鄽」の倅と「非人」の娘との不義を知った仲間の「鄽」は、この倅を義絶しようとした。しかし、飯田藩から「鄽」と「非人」の小屋の支配を委ねられている小屋頭浅右衛門が、「非人」の娘を養女にして身分を変更させ、「鄽」に縁付けたことから、飯田藩と村役人を捲き込んでの騒動に発展した。結局、天保六年四月二一日、飯田藩が小屋頭は「押込」、不義をした倅と娘の中は「引き分け」、その親の「鄽」と「非人」は「御叱り」という裁許を申し渡した。他方、三井寺は、飯田組の「鄽」のうち、不義の倅の親を含む四人は、小屋頭と「非人」に加担したという理由で、「説教職召放」（説教職の免許をとりあげる）の上「宗門帳下賤」とすること、つまり「非人同前」となるため「破門」するとの通達をした。そして、飯田組の「鄽」仲間も、子々孫々に至るまでこの四人と付き合った場合は、その者も説教者の「宗門」を取り上げ「破門」とするとされ、四月二五日に署名入りの申合書が作成された。

また、この一件に関連して、飯田組ではない天竜川東岸の知久平村太田清太夫組と林村三浦三太夫組下の「鄽」も、説教仲間の掟に背いたとして、三井寺が組の頭に糾明を求めた。さらに、数年後とみられるが、飯田組の「鄽」が再び「非人」と交わったとして、嶋田村の「鄽」弥市が上京して三井寺に「追放」を求めるという一件も起きている。

以上のように、「鄽」が三井寺から「説教者」の身分を保証されるためには、三井寺の定める掟＝法を遵守し、「下賤」と交わらないこと、そして三井寺への神役奉仕を精勤することが、必要不可欠な要件であった。また、「非人」との不義や交わり行為に対する「鄽」仲間の反応の強さも注目に値する。これは、一部の「鄽」の背信行為により、「鄽」仲間全体が地域社会から「下賤」とみなされることを危惧していたことの証である。逆に言えば、「鄽」は社会的に「下賤」との境界に位置しており、つねに「非人」への転落の際に立たされた存在であったということができる。

この点は、三井寺の掟にもかかわらず、「簓」が居住地域において「不浄・穢らわしい職分」や「番人」を務め続けたことにも通じることである。先述したように、伊勢国拝田村の「簓」は山田奉行所の雑職役を務め続けたために、見せしめとして説教職を取り上げられ「下賤」とされた。しかし、下伊那の山本村の場合、「簓」は、天保七年三月に三井寺政所の支配下に入り、呼び名を「説教」と改めたが、三井寺には隠れて、従来どおり村の下役を務めると誓約している。三井寺の改めを受けて摘発される危険性を犯してまで村の掟を優先した。百姓とともに地域社会に生きるために、「簓」にとって、必要な選択であったといえよう。

おわりに

以上、本章では万歳を担った「簓」と呼ばれる人々に注目して、その職分と組織化の過程、そして地域社会における生活の実態を述べてきた。簓が集団として居住してきた集落（宿・散所）は、太閤検地では独立した「村」と認定されず、百姓らの「村」に包摂された。領主は村請制を支配の基本としたため、簓は行政的に「村」の支配を受けた。本来、職分を異にし、そのため生活サイクルや価値観も違う簓が、百姓が構成員として運営する「村」の規則にしたがうことを求められ、生活の上でも従属的な位置に置かれるようになった。百姓は、「村」の生活を守るために、治安維持の仕事（番人）や行き倒れや乞食への対応など、危険で好まれない仕事を簓に委ねるようになり、「下役」が簓の村役となっていった。他方、簓も「村」で生活を続けてゆく上では、「村」や村人の要求を受入れ、与えられた役割を果たすことを選択した。

この点は、「簓」に限ったことではない。下伊那地域をみても、やはり正月の祝福芸として知られる「猿廻し」(37)や豊作を祈る田楽である「春田打」[38]を担った人々も、同様であった。近世の「村」の集落で生活し、正月には芸能活動に出向いてゆくが、日常的には「村」の下役を務め、二季廻りという勧進行為を行っていたのである。

ただ、「簓」がこれらの芸能者と異なる点は、三井寺という「本所」を持ったことである。万歳の「本所」としては、本章で述べた関蟬丸神社（三井寺）とともに、公家の土御門家が知られている。土御門家は、平安時代中期に陰陽道の達人といわれた安倍晴明（九二一～一〇〇五年）の系譜を引く家で、慶長五年（一六〇〇）に徳川家に出仕し、以後歴代の天皇のみならず徳川将軍家にも仕え、天和二年（一六八二）には陰陽師支配を独占することになった。寛政三年（一七九一）には幕府から全国触れを流すことが認められ、諸国の陰陽師支配を幕府から公認されていた。中世の声聞師の系譜には、陰陽師につながる者が多くみられる。とくに、豊臣秀吉の陰陽師狩と呼ばれる、尾張国の土木工事に携わらせるために陰陽師を京都から一掃したといわれている。その系譜を引くといわれる尾張や三河の万歳師は、土御門家の配下となり、「職札」（免許状）を受けたのである[39]。

万歳職の免許を受けた者には、三井寺系列の「説教者」と、土御門家系列の「陰陽師」と「万歳師」があった。両者の系列は、必ずしも国郡単位に棲み分けられていたわけではない。三河・尾張・遠江にも三井寺配下の説教者があり、また宮中や公家に出入りしていた大和万歳は、土御門系列に属していたなどである。このように、万歳に関しては広く諸国の芸能者を組織化しようとする寺社や公家の「本所」が現われた点で、特徴的である。これは、古代以来、宮中において正月芸として千秋万歳が行われていたという「伝統」によるのであろう。すなわち、中世社会にみられた寺社や公家といった権門の力が、近世の領主支配とは異なる次元で再生されたのである。

こうした近世の支配原理とは異なる「本所」の存在が、幕府の身分制では捉えきれない身分的周縁に社会的位置を与える背後の力となっていたのである。

注

（1）斎藤月岑『東都歳時記』第一、二冊（朝倉治彦校注、平凡社、一九七〇、七一年）。

（2）京都の宮中や公家の屋敷には、大和国（現、奈良県）の万歳師が参内し、名古屋城下には尾張国（現、愛知県）の万歳師が出向いた。各地の万歳については、大阪人権博物館編『万歳――まことにめでとうそうらいける』（大阪人権博物館、二〇〇七年）参照。

（3）『アナール』第五〇巻第二号、一九九五年。

（4）たとえば、網野善彦『日本の歴史をよみなおす』（筑摩書房、一九九一年）、同『中世の非人と遊女』（明石書店、一九九四年）、同『日本中世の百姓と職能民』（平凡社、一九九八年）など。

（5）網野が職能民を中心にすえて中世社会の特質を論じたのに対し、「非人」身分にこそ中世の社会構造の特質が凝縮されているとした黒田俊雄の身分論が注目される。黒田は、中世の身分体系を共同体・社会的分業・階級関係・国家という四つの社会関係によって整理し、「非人」は「身分外の身分」であるという。すなわち、百姓共同体から排除・疎外され、社会的分業にもとづく奉仕（階級関係においては「公事（くじ）」）の外におかれ、帝王を頂点とする国家秩序のもとで形成された「君・臣・民」という種姓観念をともなう身分系列の外の存在とされた。そして、こうした体制外の存在である「非人」を有するという「構造」が中世社会を理解する鍵となるとした（黒田俊雄「中世の身分制と卑賤観念」『部落問題研究』第三三号、一九七三年五月、のち『黒田俊雄著作集』第六巻「中世共同体論・身分制論」法蔵館、一九九五年に所収）。

（6）大山喬平「中世の身分制と国家」『岩波講座 日本歴史』第八巻（岩波書店、一九七六年、のち同『日本中世農村史の研究』岩波書店、一九七八年に所収）による。なお、近年の「散所」研究は、中世から近世への移行を十分には捉えきれていない。声聞師の居所を「散所」と呼び、「宿」と区別する見方もあるが（山本尚友「中世末・近世初頭の洛南における賤民集落の地理的研究」（全二回）（世界人権問題センター『研究紀要』第二、三号、一九九七、九八年））、その本質的な違いを明確にしていない。

（7）近世における宿や宿の非人、散所や声聞師の姿を解明しようとする研究として、村上紀夫「常磐散所小考」『芸能史研究』第一四〇号、一九九八年、同「近世「弦召」考」『大阪人権博物館紀要』第三号、一九九九年など、一連の村上の研究がある。近世の村の中に、「散所」が存在していた事実を山城国について指摘しているのである。

（8）世界人権問題研究センター編『散所・声聞師・舞々の研究』（思文閣出版、二〇〇四年）。とくに大和国に関しては研究が盛んで、吉田栄治郎「中近世大和の被賤視民の歴史的諸相——横行の場合」（『天理大学人権問題研究室紀要』第六号、二〇〇三年三月）など一連の研究がある。

（9）簓とは、もともと竹製の楽器のことをいうが、この楽器に合せて仏教の教えなどをわかりやすく語った人々を簓と呼ぶようになった。

（10）「簓」に関しては、本書第Ⅰ部第一章・第二章・第三章・第四章、拙稿「村と身分的周縁」（杉森哲也『日本の近世』放送大学教育振興会、二〇〇七年所収）。以下、とくに断らない限り、下伊那地域の「簓」に関する記述は、これらの論文を典拠としている。なお、本書第Ⅰ部第五章の原稿は、『アナール』特集号掲載後に、「散所」の声聞師としての中世から近世への移行を論じたものである。

（11）「長暉公御代　享保九甲辰御記録」（久保田安正編『伊豆木小笠原家の御用日記——長暉公御代享保九甲辰御記録』南信州新聞社出版局、二〇〇七年）。

（12）斎藤嘉範氏からの聞き取りによる。

（13）『日本民俗大辞典』上（吉川弘文館、一九九九年）。

（14）宝暦一二年四月二日「米山六人之者共口書之事」（前澤秀家文書（飯田市歴史研究所写真資料））。米山の人々の半分が檀家となっていた小松原村松源寺の過去帳には、立石村と区別して「米山」という地名を肩書として記している（松源寺所蔵）。

（15）伊勢国の万歳師として現役の村田清光氏は、万歳のために広範に旅をしながら、「ある場所でジャコの注文をとり、次に来た時にはジャコを売り、そこで炭を仕入れては別の場所で炭を売る」と、同時に商売をしていたと語っている（村上紀夫『万歳』から見えるもの」『部落解放』五八七号、二〇〇七年九月））。

（16）斎藤芳男家文書（同家所蔵（以下同））。

（17）文化一一年三月「定申下作米之事」（前澤秀家文書（飯田市歴史研究所写真資料））。

(18) 明治四年一一月「借地相定申一札之事」(前澤秀家文書(飯田市歴史研究所写真資料))。
(19) 安城市歴史博物館編『三河万歳――伝承された舞の形：特別展』(安城市歴史博物館、一九九八年)。
(20) 安政六年「萬日記覚帳」(関島庄司家文書(飯田市歴史研究所写真資料))。吉田ゆり子「正月の門付芸『春田打ち』の再興」(『史料で読む　飯田・下伊那の歴史2』飯田市歴史研究所、二〇二一年)
(21) 前掲注(19)安城市歴史博物館編『三河万歳』。
(22)『嶋田記』巻六(『島田記』(復刻版)合巻六・七、毛賀史学会刊行委員会、一九八五年)。
(23) 文政七年「歳内萬覚帳」(宇佐美家文書(喬木村歴史民俗資料館所蔵))。
(24) 喜田川守貞『近世風俗志(守貞謾稿)』㈣、宇佐美英機校訂、岩波書店(岩波文庫)、二〇〇一年。
(25) 吉田栄治郎「近世夙村の被賤視解除の戦略をめぐって」(奈良県教育委員会『研究紀要』第一三号、二〇〇七年三月)、同「大和国の被差別民について――⑴夙の場合」『奈良人権・部落解放研究所紀要』第二六号、二〇〇七年)など。
(26) 説教者とは、竹で作った楽器のササラの音に合せ、仏教の教えを民衆に通俗的な語りで伝えた芸能者、すなわち「簓」のことである。
(27) 室木弥太郎・坂口弘之編『関蝉丸神社文書』(和泉書院、一九八七年)。
(28) 寛政五年(一七九三)以前は、九月二四日であった。
(29) 斎藤芳男家文書。
(30) 立石村斎藤芳男家文書のものは、享保六年二月に近松寺から下されたものの写しをもととし、これに享和元年、文化三年、文化一一年と三回執行職が交代したときに、改印を受けた原本である。これに対して、斎藤嘉範家文書の同文の巻物は、享保六年、享和元年、文化三年、文化一一年の改印ともに写しである。
(31) 三井寺は、園城寺または寺門とも呼ばれ、天台宗寺門派の総本山である。七世紀後半に創建されたと伝えられ、一〇世紀末に同じ天台宗の比叡山から分かれ、山門派の比叡山延暦寺に対して寺門派として存続し、江戸時代には徳川氏の帰依を受けて栄えた。三井寺は、京都から滋賀に抜ける逢坂の関にある関蝉丸神社の別当寺として、関蝉丸神社を管理した。
(32) 前掲注(27)室木・坂口編『関蝉丸神社文書』。

（33）前掲注（1）本書第Ⅰ部第一章の注（37）。注番号要確認
（34）塚田孝『近世身分制と周縁社会』東京大学出版会、一九九七年。
（35）伊勢国の説教者については、和田勉「伊勢国の芸能の民「ささら」」（『反差別人権研究みえ』四号、二〇〇五年九月。
（36）斎藤芳男家文書。
（37）下伊那郡下市田村にある「猿廻し」の人々の集落についての分析は、前掲注（1）本書第Ⅰ部第四章。
（38）この他、下伊那の嶋田村にある「笠村」も同様である。「笠村」には、「春田打」という正月の祝福芸を行う芸能者集団が江戸時代に一五戸前後居住しており、松尾城の小笠原氏のもとで正月に芸を披露していたという。「笠之者」に関しては、前掲注（1）本書第Ⅰ部第一章・第二章を参照のこと。
（39）前掲注（19）安城市歴史博物館編『三河万歳』、四二頁、図66、67。なお、万歳楽を行う免許状には、「兼職万歳」と「万歳師」との二種類がある（鈴木実「土御門家と三河万歳」『安城歴史研究』第一六・一七号、一九九〇、九一年）。前者は、陰陽師職のなかのひとつの職分として千秋万歳を行うことが認められているもので、職札には土御門家の江戸役所に燈明料を納めることにより、全国どこででも「陰陽家一通りの家業」を務めることを免許するとある。これに対して後者は、「年始万歳職」を寺社奉行所が定めたとおりに関東のどこででも務めることを免許するとある。しかも、後者は「三河・尾張・遠江三箇国中の当家末派」の万歳職であると断っているように、全国的な規模で土御門家が万歳師を組織化していたのではなく、三河・尾張（現、愛知県）と遠江（現、静岡県）に限られていたことがわかる。

［付記］本章は、平成一六年度三菱財団人文科学研究助成「日本近世における身分的周縁と地域社会」、平成一九年度科学研究費補助金（基盤研究Ⓒ「近世「地域社会」における諸身分集団の複層構造に関する基盤的研究」）による研究成果の一部である。

第七章　人形芝居——道薫坊——

はじめに

信濃国飯田郡今田村と黒田村（現、長野県飯田市）は、「今田人形」や「黒田人形」という名で知られる人形浄瑠璃がたいへん盛んな土地柄であった。その伝統を受けて、昭和五四年（一九七九）、「人形劇カーニバル飯田」という全国の人形劇団が集まるフェスティバルが企画され、その後、国内のみならず海外からの参加者も増え、昭和六〇年からは、海外の劇団を公式に招待するまでに至った。そして、昭和六三年、フランスのシャルルヴィル・メジエール市と友好都市関係を締結し、今日まで交流を重ねている。(1)こうした国際交流の架け橋にもなっている、飯田・伊那地域における人形浄瑠璃の歴史は、すでに日下部新一をはじめとする研究で、多くの史料が収集され、解明が進められている。(2)そして、その集大成ともいうべき飯田市美術博物館調査報告書がまとめられ、刊行された。(3)本章では、これらの研究に依拠しながら、伊那谷に来訪し、人形浄瑠璃の技芸を伝授し、この地に骨を埋めることになった人形遣いに注目することで、芸能者の遍歴と定住の歴史を考察してゆきたい。

その際注意したいのが、非農業民に注目することにより、日本の中世社会の特質を論じた網野善彦の研究である。(4)網野は、日本社会が水田耕作民からなるというイメージを誤りとし、多様な職人や遍歴・遊行する宗教民・芸能民の存在を明らかにした。すなわち、中世前期まで、技能や呪術的な力を身につけたこれらの職能民は、無主の地を活動の舞台とし、天皇や寺社の保護のもとに生活していたという。ところが、天皇や寺社の力が低下し、世俗の幕府権力が表に現われるようになる南北朝以降、こうした職能民の中に分化が起こり、定住化して世俗の権力の庇護下に置かれる人々と、漂泊・遍歴を続ける宗教民・芸能民の一部とに分かれたとした。そして、中世前期までは特別な技能を有する者として畏敬の念をもって「聖別」されてきた職能民の中にも、「穢」に関わる職能民や天皇・寺社との結びつきを失い、社会的に賤視される宗教民・芸能民が生まれた。さらに、近世に入ると、幕府によってこれらの遍歴する人々も強制的に定住・集住させられ、結果として、差別された集落が形成されるとした。

しかし他方では、「散所」や「宿」という集落に[5]、祭文、説教や千秋万歳などの諸芸能者、口寄せ巫女や陰陽師など呪術的行為に携わる声聞師といわれる人々が居住した集落が中世に形成されていたことも指摘され、近年、研究が進み、山城や近江国、大和国における実態もかなり明らかにされている[6]。これら「散所」や「宿」と呼ばれる集落に居住する人々は、特定の寺社に属し、境内掃除や雑役など寺社に奉仕する芸能民・宗教民であった。

このように、一方では遍歴と遊行の民といわれながら、他方では「散所」や「宿」という集落を居所とする民という、一見矛盾する両者の関係をどのように捉えればよいのか。網野はこの矛盾を中世から近世への移行、すなわち遍歴・遊行から強制的な定住へと捉えることで解消しようとした。しかし、同時代の社会で両者の併存をどのように捉えるか、課題は残されている。また、近世社会を定住の時代と捉えることも、必ずしも首肯することはできない。本書で述べてきた簓（説教者）笠の者、猿牽は門付けをしながら巡業する芸能者であるが、拠点となる集落を持っていた。そして、その集落は、中世以来の「宿」であった。本章で取り上げる人形浄瑠璃は、一七世紀に入り、人形操りと浄瑠璃語りが合体して流行した芸能である。中世において人形操りは、傀儡子（傀儡師）と呼ばれる人々によって担われており、まさに網野のいう遍歴・遊行する芸能者であった。そこで、人形遣いの遍歴・遊行と居所との関係を明らかにすることにより、網野の芸能民のイメージとその近世移行後の姿を再検証してゆきたい。

一　人形浄瑠璃の伝播と普及

はじめに、飯田・伊那地域に展開した人形浄瑠璃の概要を、先学の研究に学びながらまとめておこう。

1　人形浄瑠璃の分布

第1図は、現在、全国で確認されている人形浄瑠璃のうち、淡路島から諸国に伝播したとされるものの分布図である。(7)ここには、下伊那の今田人形が掲載されておらず、すべてを網羅しているとはいいがたいものの、北は岩手県盛岡市から南は熊本県上益城郡まで、各地にその歴史が刻まれていることがわかる。そこで、長野県について、さらに詳しい分布を表した第2図をみてみよう。これは、武井正弘、伊藤義夫を中心とする人形芝居調査団が、現在も興行している人形座、頭(かしら)を伝える人形座、記録・伝承のみの人形座と区分して、長野県域全体について分布を表示したものである。(8)これをみると、全体の九割近くが伊那谷、とくに天竜川沿いに分布していることが判明する。その中で、1古田人形、9河野人形、10黒田人形、12今田人形は、淡路島から伝えられたことを裏付ける文書史料が残されている。

第１図　淡路系人形浄瑠璃の分布

［出典］　大江恒雄『淡路人形浄瑠璃と文楽の歴史探訪』（神戸新聞総合出版センター、2009年）116-7頁より転載。

2　飯田・伊那地域の人形浄瑠璃

古田人形

まず、古田人形についてみていこう。古田人形は、伊那郡上古田村（現、上伊那郡箕輪町）で行われていた人形浄瑠璃である。上古田村は、天保五年（一八三四）の村高四六三石余、松本藩預所の村である。上古田村名主唐沢家に残る文政七年（一八二四）の史料(9)によると、上古田村では元文五年（一七四〇）の氏神白山明神祭礼のさい、若者仲間が素人拵えの道具で、「操（あやつり）」＝人形浄瑠璃のまねごとをしたことが始まりであるという。その後、寛保三年（一七四三）、上方から来村した茂八の話を聞いて、村人四人が出金し、名古屋の人形屋源左衛門から獅子・太鼓・人形道具を買い求め(10)、村役人に願い出、若者仲間が「本操」（本格的な操り）を始めた。翌寛保四年からは、毎年八月九日の村

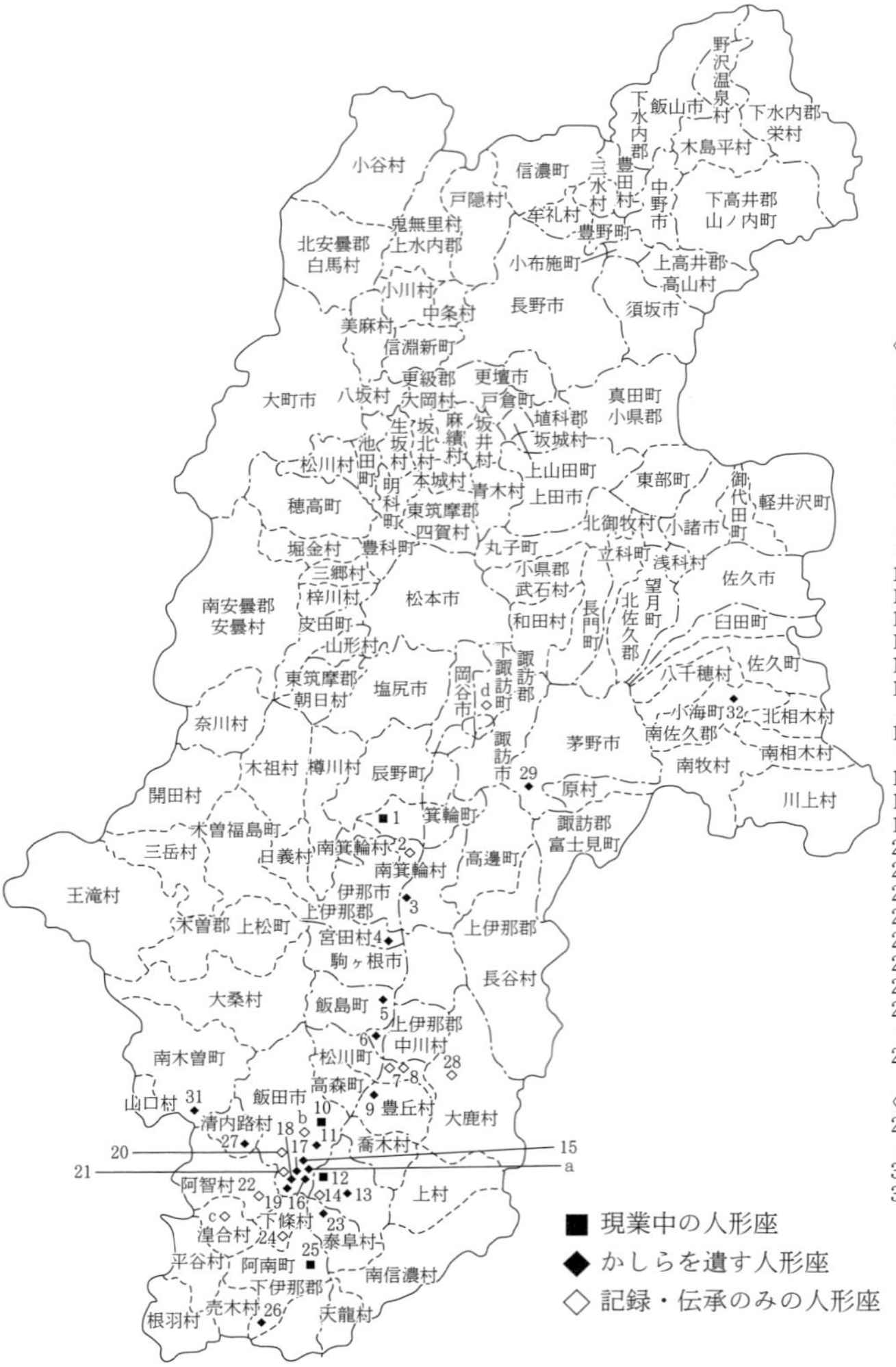

第２図　長野県における人形座の分布

〈長野県・伊那谷〉
1・古田人形
2・南殿人形
3・上殿島人形
4・大田切人形
5・本郷人形
6・横前人形
7・福与人形
8・部奈人形
9・河野人形
10・黒田人形
11・山村人形
12・今田人形
13・野池人形
14・下村人形
15・桐林人形
a・安城垣外
16・上川路人形
b・上大瀬木
17・伊豆木人形
18・伊豆木関坂人形
19・立石人形
20・竹佐人形
21・箱川人形
22・丸山人形
23・金野人形
24・吉岡人形
25・早稲田人形
26・新野人形
27・清内路人形
c・浪合
28・鹿塩人形

〈長野県・伊那谷外〉
29・宮川人形
d・下諏訪
31・蘭人形
32・親沢人形

第１表　「年々日記」よりみた操興行一覧

引き札	年月日		記事
	元文５		操の真似始まる
	寛保４	８月	祭礼操初日大当り
	宝暦３	８月	祭礼操：国姓爺合戦
	明和３	８月	祭礼渡る（「渡ル」はママ、執行の意味カ）
	明和４	８月	祭礼渡る
	明和５	８月	祭礼：日高川
	安永10		祭礼渡る
	天明２	８月９日	祭礼渡る、当年村林代金５両故、村操道具ニ而、紙、手摺一ト前買たし申候
	寛政１	２月７・８日	操宮にてする、天気克大当り
	寛政３	８月９日	祭礼渡る、操有
26	寛政４	８月	祭礼操有
29	寛政５	８月	祭礼操有、明神鳥居、祭前ニ新規ニ建替
	寛政７	正月～	操狂言致し
33・34		２月15・16日	祭礼渡る
			操ぶたい普請、舞宮と一トツニ致候、８月12日までに成就、金子10両ほど懸り候
36・37	寛政８	３月５日	操致し候
43	寛政９	８月９日	祭礼渡る、操至而大当り
	寛政10	８月９日	祭礼ニ狂言有り、操ハ休、［操のうち手前共４軒（助右衛門・五左衛門・宗七・与吉）除く］
	寛政11	1/19～26	日待操けいこ致し、手前共４軒（助右衛門・五左衛門・惣七・与吉）、八夜操有
		１月29日	八乙女村え被頼、儀右衛門宅ニて一日操いたし、殊之外賑敷事
		７月	大公儀より日本国え遊芸芝居其外何ニよらず人寄目立候事御停止之御触出ル、依之一向操狂言芝居無之、太夫職其外芸者共渡世こまり入候
47	寛政12	１月26日	日待操致ス、手前宅ニて
56	文化２	１月	日待操手前宅ニ而大当り
58	文化３	１月20日	日待操助右衛門宅ニて当り
	文化５	４月６日	高遠祢里祭鉾持町え若者俄に被頼操いたし、両三日大キに大当り、評判吉
62	文化６	２月４日	高遠御城内勘助曲輪ト云稲荷祭礼ニ被頼、子供十弐三人参、操いたし大当り、御奉行より御酒頂戴、礼金弐両受取也
63	文化７	１月19・20日	伝介宅ニて日待操大当り
64	文化８	１月25・６日	日待操、助右衛門宅ニて大当り
		２月初午３日	伊奈部へ日待操ニ被頼行
	文化９		祭礼操役元え願出候而、７月16日村方相談いたし候処、小前方春迄延し度由相談極り

			7月17日雨降候得共、舞宮手摺下ノ土台、壁、2間程焼候処、昼頃神子見付候而消、役元へ届有、其夜宮ニ而日待いたし、土台取替普請出来、其上正全法印取噯、再相談ニて祭礼操出来、
67		8月9日	即御役所より御出役御両人ニて無滞祭礼相済、操大当り、桟敷村方一統賽銭敷入込ニて垣を繕、外ニ村方ノ者計ニて相済、尤他村隣郷之人大き誉候
	文化13	6月27日	木下祭礼え被頼、一統八九人参り、操二日興行
		8月	祭礼ニ新規狂言若者相企興行仕候
		閏8月14日〜	南殿村え被呼、拾四五人も参り、三夜操興行、尤市村久蔵之追善と号、久蔵旧恩之返礼なり
	文化15	4月8日	辰野村御柱祭礼へ被頼、操興行大あたり、翌日上嶋村嘉藤次方へ被頼相勤、右同様大あたり
	文政3	3月18日	於正全寺ニ、浦太夫浄瑠璃花会興行、手前外三人世話人ニ相立、首尾能相済
	文政7	1/27〜2/2	正月5日淡路者ニ而吉田時蔵と申人形遣参候ニ付、若者共人形稽古相始候処、狂言も相企、両様共に日待ト号、致候
			去々年より若者二つに相成候而不和ニ候、此事小前よりも申者あり、役人共も如何とそんじ彼是申合見候
			二月上旬、不時御用朝比奈紋蔵様外壱人御渡り被遊候、依之若者両様之事有増申上候処、細ニ御尋被遊、一年ニ二ツ仕候義甚悪敷、何れ両様共格年ニ致、相互中能可仕様、村役人取納可申と、被仰付候間、同下旬ニ至り惣寄合附、彼是申見候得共、さまざま操道具等之事抔相改度様子名主申候ニ、書付いたし、惣村連印ニ而も納り方宜敷様ニ致度候間、追而会談可致と引受置申候
	文政9	夏	福与村操芝居請興行、中原ニ而致、天気悪敷不印也
	文政10	8月	若者去八月和合ニ付、日待狂言相催
	文政11	3月	御奉行神方輔助様、御手代高木此右衛門様上下拾人御渡り、二日夜私宅ニ御止宿也
		3月5・6日	氏神祭礼為取越、操興行、御出役三輪恵喜左衛門様、松木定次様、四日夕より三日夜私宅ニ御泊り御見分相済、七日朝御引取被遊候、天気折悪敷故、御引取之後、内々ニて三幕致、千秋楽相済申候
	嘉永6	3月17日	江戸人形遣い吉田荒吉と云者尋来り、寺にて操三幕致、弐朱呉返し候
		8月	大坂者吉田朝右衛門親子参り、手前と文右衛門、四五日ツ、滞留致、弐朱呉返し候
	安政7		跡ふき操二幕づつ両度致し、両様雑用〆拾両壱朱七十文か相懸り申候
	慶応1		当春は十三年目ニ而操可致候所、又々狂言催し、二月拾日より取掛り（中略）殊之外大あたり也、沢大出にも有之、当村一番也
	慶応3	11月3日	札祭り社内ニ而致し、酒壱駄肴銘々持参し、弁当ハ役人ハ三拾人前ツヽ、其外村方は思召次第持出し、当日若者

			操二幕致候、一ノ谷二切三切ナリ、其後ヤッチョロにて老若男女思ひ思ひに踊り申候、十二日迄村中札祝ひ不残日々騒ぎ遊ひ申候、一統村々薪ニ困入申候
	明治4	11月～	若者共中老頼舞台建替致度段再三願出し、則朔日村方へ相談致し候処、何れも宜敷と申候付、（後略）
	明治5		舞台出来、三月節句後、（後略）

［出典］「壱番　年々日記」「二番　歳々日記録」「三番　年々日記録」「四番　年々日記録」「五番　年々日記」（『伊那国の人形芝居［文書目録編］』59～61頁）より作成。

祭りに、人形浄瑠璃を上演することになった。これ以後、村で行われた人形操りに関する事柄を年表にしたのが、第1表である。これは唐沢家の当主が記した「年々日記」の記事から作成したものである。(11)

第1表をみると、元文五年（一七四〇）に「操の真似」が始まり、その後、前述のように「本操」が始まった翌寛保四年（一七四四）八月祭礼では、初日大当りであった。その後も、八月、祭礼には操が行われたことが確認できる。ただし、安永八年に火災のため幕水引や諸道具が焼失し中絶したため、天明元年（一七八一）、勧化をして幕水引などを拵え、翌年には、南殿村から人形道具を購入した。また、それまで小屋掛けであった舞台にかえて、寛政七年（一七九五）、惣村で相談し神楽屋に定舞台を増設している。(12)

ところが、そのころ若者仲間から人形浄瑠璃に出る者が減り、寛政七年には一人も出ず、ついに寛政一〇年、若者操は休止されるに至る。原因は、若者の間で内々に「狂言」＝歌舞伎を始めようと企てる者があったためだという。

さらに、寛政一一年、寛政改革の倹約令の一環として氏神祭礼の場であっても、「賑敷人寄等」（華やかな興行）を禁ずる法度が出されたことが影響した。若者の親たちは、「若者之義ハ厳敷相防候而も、万々一悪事等ニ心を寄候も難計」（若者は厳しく禁ずると、悪事に心を奪われるかもしれない）と、全面的に禁止するのではなく、「日待操」と称し、正月にそれぞれの家で小規模な人形浄瑠璃を行うことを内々に許した。そこで、寛政一二年一月二六日から、「日待操練習致ス、手前宅ニて」と、祭礼の場ではなく、個人の家で操が行われた。その後、文化四年（一八〇七）、幕府が祭礼で「賑敷人寄」を行うことを仕来りとする村に解禁したことを受け、上古田村も氏神への風除け祈願の由来を述べ、三番叟の上演許可を松本藩に求めた。

他方、村では狂言を推進しようとする若者と操を行う若者との対立という問題が残された。ようやく文化八年、仲裁人が入り、人形浄瑠璃と狂言とを交互に隔年で開催するという和談に至り、文化九年は、若者仲間一同で人形浄瑠璃、文化一三年は狂言が催された。しかし、人形浄瑠璃の年である文政五年（一八二二）、若者仲間の会合で、狂言の興行を主張する者が現われたことで揉め事となり、三二人の若者仲間中一七人が狂言派、一五人が人形浄瑠璃派と、村を二分する争いとなった。文政七年には、正月二七日から二九日まで人形浄瑠璃、三〇日から二月二日までは狂言と、一年に両方の興行を催さざるをえなくなった。こうした事態に対し、代官朝比奈紋蔵は隔年での実施を指導し、村でも惣寄合の結果、文政九年八月、ようやく和合に至ったのである。[13]

なぜここまで、上古田村の若者たちは人形浄瑠璃や狂言の興行に熱狂したのであろうか。これまで述べてきた上古田村の歴史をみると、頻繁に興行を見物することのできる都市部と異なり、村人は祭礼の機会に神への奉納を口実にして娯楽を楽しんだ。そうした場を作る役割を担った若者は、人形浄瑠璃や狂言を演じる主体となることに傾注していたのである。若者仲間とは、二〇歳代までの若者男子たちの仲間組織であり、年齢が進むと、「中老」、「年寄」という仲間に所属が移ってゆく。村の祭礼を担うのは若者仲間であり、若者の暴走を抑える世話役として「中老」がともに運営に携わった。寛政一一年（一七九九）、幕府からの禁制をかいくぐってまで、親たちが人形浄瑠璃を許したのは、若者たちの演技を村人が楽しんだからにほかならない。

さて、上古田村の人形浄瑠璃と淡路人形との関係は、文化六年（一八〇九）一一月に淡路国三原郡の市村久蔵から上古田村治郎右衛門と六右衛門に宛てられた覚書から知ることができる。[14]これは「道薫坊之事」と記され、市村久蔵が所持する「御輪旨」(綸)(以下「御綸旨」と表記)一軸を、上古田村の唐沢家に譲るための譲り状である。この覚書によると、市村久蔵は、五〇年以前に諸国に人形浄瑠璃の巡業に出た市村六三郎の甥で、市村六三郎が飯田辺で老死したあと、「御綸旨」を譲り受けたという。市村久蔵もこれを携えて、三〇年以前に上古田村に来て、両人の世話により村に居住していた。病気となり、本来はこの「御綸旨」を倅に譲るべきところであるが、倅は町人になったため、両人に譲ることにしたということである。

ここから判明するのは、次の三点である。第一に、淡路国から人形遣いが諸国に巡業に出ていたこと。第二に、人形遣いは勅許の証となる「御綸旨」を携えていたこと。第三に、上古田村に、三〇年以前から淡路国の人形遣いが来村し、その後定住していたこと、である。市村六三郎の足跡を追った伊藤義夫の研究[15]によると、市村六三郎一座の記事は、享保九年(一七二四)に下伊那の伊豆木、寛保三年(一七四三)、宝暦三・四・六年(一七五三・五四・五六)に美濃国の半原(現、岐阜県瑞浪市)、宝暦一二年(一七六二)に下伊那の小川渡と、美濃・伊那地域を廻って興行しており、覚書にある飯田辺で老死したとの記述の信憑性が裏付けられる。六三郎の人形興行の権利を譲り受けた市村久蔵は、六三郎と同様の地域で興行を行っていたが、上古田村に定住し、村の人形浄瑠璃の指導にあたっていた。久蔵は文化七年正月六日に亡くなり、翌年一二月一五日に没した妻とともに唐沢家の墓地内に葬られている。また、長男は上古田村の絶家を再興し、唐沢弥兵衛忠久と名乗り、文久二年(一八六二)六月一〇日に没したという。[16]古田人形の興行引札を示した第2表をみると、市村久蔵が頭取や世話人として興行に関わっていたことが確認される。また市村久蔵の没後は、後述する吉田重三郎の名が人形頭取に見られるなど、次々と淡路国の人形遣いが来村し指導に当ってゆく様子がわかる。第二の「御綸旨」であるが、これは覚書の文面からもわかるように、人形芝居興行を行う免許状に当たるもので、これを携えた者が諸国を巡業する権利を持っていた。なお、後述するように、この「御綸旨」とは、寛

座元	行司		補佐	演題	
—				彦山権現誓助剱	
—				有識鎌倉山	
				楓狩剱本地	白山権現・祭操
				祇園祭礼信仰記	祭礼御操
				壇浦誉弓勢	祭礼御操
				荒御霊新田神徳	白山社内にて興行・祭礼御操
				忠義墳盟約大石	祭礼御操
				音曲待兼山	日待操
市村桂蔵				音曲待兼山	日待操・改板
				音曲待兼山	日待操
				神霊矢口渡	七蔵寺にて興行
				音曲待兼山	式三番・吉田宅にて興行
				御日待音曲	
				箱根霊験躄仇討	
				箱根霊験躄仇討	祭礼御操・梅六殿宅にて興行
				日まちあそひ興	祝儀・廿日夜
				勘助曲輪　稲荷御祭礼	御免御操　式三番・高遠　御城内興行
				木下蔭狭間合戦	日待　三番相・伝介宅にて興行
				古戦場鐘懸の松	藤元波蔵宅にて興行・日待御操
	嘉六	与市	上村平五郎	一谷嫩軍記・役行者大峯桜	御免祭礼御操
				本田善光日本鑑・祭礼御操	祭礼御操・白山社内にて興行

永一五年（一六三八）の奥付を持つ「道薫坊伝記」といわれる巻物であり、様式は天皇の綸旨ではない。

今田人形

次に、「今田人形」の歴史をみてゆこう。今田村は、第2図の12番、天龍川東岸に位置する天保五年（一八三四）の村高一八五五石余の大村である（現、長野県飯田市）。村は、上・中・下組に分かれた「本村」と、壱人百姓「七郎左衛門分」と「六左衛門分」から成る。

今田人形は、宝永元年（一七〇四）七月、「氏神祭礼賑ワイノタメ操始申候」（氏神祭礼の賑わいのため人形浄瑠璃を始めた）といわれ、村人一〇人が観音講を結成し、銭三貫六六四文を出金して人形浄瑠璃が始められることにな

第2表　古田人形　興行引札一覧

No.	文書 No.	興行開始年月日		人形頭取		人形世話人	
1	20	寛政1	8月8日	—		市村久蔵	
2	22	寛政2	—	—		市村久蔵	
3	26	寛政4	8月8日	若竹富之助	市村勘治郎		
4	29	寛政5	8月8日	市村久蔵			
5	33・34	寛政7	2月13日	市村久蔵			
6	36・37	寛政8	3月3日	市村久蔵			
7	43	寛政9	8月8日				
8	47	寛政12	1月26日	市村久蔵			
9	48	寛政12	1月26日	藤本浪蔵	若竹茂蔵	吉田四郎兵衛	藤井佐市
10	49	享和2	1月20日	市村啓蔵	藤本波蔵	市村久蔵	
11	51	享和2	4月7日			上村平五郎	
12	52	享和3	8月9日	市村久蔵			
13	53	享和4	1月23日				
14	56	文化2	1月24日	市村久蔵			
15	57	文化2	4月3日	市村久蔵		吉田城平	市村桂蔵
16	58	文化3		吉田長四郎	市村久蔵		
17	62	文化6	2月初午日	喜多屋伝右衛門	山田善吉		
18	63	文化7	1月19日	吉田重三郎			
19	64	文化8	1月25日	吉田重三郎			
20	67	文化9	8月8・9日	宇兵	亀次	伝介	庄左衛門
21	70	文化13	3月5・6日	市村又五郎			

［出典］『伊那谷の人形芝居「文書目録編」』図版6より作成。

った。[17]人形や道具を購入するために、今田村の四組と長百姓から銭一〇貫文を集め、下伊那郡野池村から人形と幕三釣（代金一両一分）を購入し、京都からも人形一三を買い足したという。

こうして、今田村では、三月一五日の八幡宮の祭礼と、七月二七日の諏訪大明神の祭礼、さらに八月一五日の伊勢大神宮の祭礼に、人形浄瑠璃を神前で奉納することになった。文政九年（一八二六）、神主大平常陸正と倅の多門が、今田村本村上・中・下組との間で取り交わした誓約書によると、振付師、三味線弾き、細工人を神主宅で世話をするとあり、村外から専門家を招いていたことがわかる。[18]また、今田村奥村家にも「道薫坊伝記」が伝えられており、譲り主は明らかではないが、淡路国の人形遣いが芸を伝授していたことが知られる。

今田村の人形浄瑠璃の歴史で注目すべきは、観音講が、村祭りにとどまらず、村内外で興行を行う芸能者集団として成長していったことである。天保一〇年（一八三九）には、村祭りとは別に、今田村本村下組にある大願寺で「人形廻し稽古」を四日間行う許可を得た[19]。これは、「稽古という名の興行願い」であった[20]。また、同一五年には、富田村の神社の舞台で出張興行も行っており[21]、今田村の観音講は、飯田・下伊那地域では熟練した一座として知られていったとみられる。

ところが、今田人形も幕末から明治初期に廃れる時期を迎えた。安政二年（一八五五）三月の上組八幡宮の例祭では、人形ではなく湯立と神楽の奉納が願われており、慶応三年（一八六七）七月の上組春日大明神の例祭でも、前年の凶作を受けてのことか、「差支え」を理由に湯立神事を行う願書が出されている。

しかし、今田村の場合これを払拭するように、明治二一年（一八八八）一〇月二八日に「今田人形座」が結成された。これは、「上中両組該芸熟達ノ者有志金ヲ募」り、芸に秀でた今田村上組・中組の有志集団である。生田村の福与耕地から人形・道具を買い求め、「一座ヲ設立シ、永遠保存ノ為」に規約が定められた[22]。座員は出資金で株を所有する形をとり、売買は禁止された。家族への譲与は勝手であるが、今田村上中組を出るときは脱座が義務づけられた。座の運営は、座員の互選による委員が行い、「信愛友誼」が信条とされた[23]。村共同体という枠組を越えた、芸能者集団の誕生であった。

黒田人形

黒田人形は、第2図の10番、天龍川西岸に所在した天保五年（一八三四）の村高九八三石余の下黒田村（現、長野県

飯田市）で行われた。元禄年中（一七世紀末ごろ）に高松薬師正命庵の正覚真海という僧侶が、村人に人形浄瑠璃を教えたといわれている。(24)この教えを受けて、村人は人形の道具を買い求め、氏神の境内に六間×三間半の舞台を新築し、明神講を結成し、例年の村祭りや大祭礼に、神楽にかわって人形浄瑠璃を奉納することになった。明神講とは、一四歳から二五歳の春まで一二年間加入することのできる若者仲間の組合である。人形浄瑠璃の興行は、やはり若者仲間で行われたのである。

黒田村では、天保一〇年に旧舞台を取り壊し、翌年新規に舞台を造り、天保一二年八月の大祭礼に、都合一二幕の人形浄瑠璃を行った。ところが、天保改革で、祭礼当日前から連日で興業を行ない、人寄せ興行を禁ずる飯田藩の触れを破ったとして処罰された。そして弘化二年（一八四五）、飯田藩主堀親義が家督相続のために江戸へ参府する際、黒田村として人足三〇人を提供したことを契機に許されるまで人形を仕舞うことになった。しかし、実際には年に一度「虫乾」を行うという名目で、人形芝居は上演され続け、さらに、幕末になると明神講への新規加入希望者が増加し、再生することになった。

明治一〇年（一八七七）、人形遣い一人当たり年間三円の税金を徴収するという鑑札制度が始まり、再び明神講に危機が訪れる。黒田村の北原弥治郎と代田斎は、「年内両度之祭礼ニハ、御宮ニ而虫干致候方可然と心得」（年内二度の祭礼には、氏神で虫干し＝人形浄瑠璃をするのがよいと考え）、六円の税金は明神講が出金する心づもりで、鑑札を受けた。ところが、明神講は税金の支払いを拒否したため、二人は、人形道具を明神講から借り受け、「芝居売込」（商業での人形浄瑠璃興行）により得た収入で税金を捻出することで、黒田人形の継承をはかった。

明治一二年には、二人と上飯田の義太夫古瀬ことが、四月二六日の氏神祭礼に人形浄瑠璃を無銭で奉納したいと願い出ている。祭礼時の興行まで、鑑札を受け、税金を支払ういわばプロの人形遣いが行わねばならない時代となったのである。実際、明治一四年には、飯田町曙座で一日金三円で一〇月五日から三日間、「売込」興行が行われたことも知られる。

ところで、黒田人形の背後にも、淡路国人形遣いの存在があった。天明年中（一八世紀後期）、淡路国から吉田重三郎という人形遣いが下黒田村に来村・定住した。[25] 吉田重三郎は、大坂の人形遣いといわれるが、[26] 所持していた「人形根本之免伝」（＝「道薫坊伝記」）から、淡路国出身の人形遣いであることが判明する。この免許状は、黒田村に納められ、同村の北原直助（明治一六年当時の当主）が秘蔵した。

吉田重三郎は、文化六年（一八〇九）二月、高遠城内で上古田村の一座を率いて上演したといわれており（前掲第1表）、上古田村に定住していた市村久蔵同様、伊那地域の人形浄瑠璃を指導していたことがわかる。文化一〇年二月、吉田重三郎は上古田村唐沢家から養子を迎え家を継承させて、文政四年（一八二一）九月三日に亡くなり、下黒田村の太念寺に葬られた。その後も、京都・大坂で興行を重ねてきた桐竹門三郎が来村し、桐竹は嘉永六年一〇月晦日に没した。また、大坂で興行していた吉田亀造も来村し、安政二年二月二〇日に下黒田で没し、いずれも太念寺に葬られている。[27] とくに、吉田亀造は、天保一一年に落成し、現在、国の重要有形民俗文化財に指定されている黒田舞台の建築に携わったことで知られている。[28]

河野人形

最後に、第2図の9番、天龍川東岸に所在する、天保五年（一八三四）の村高一〇一六石余の河野村（現、豊丘村）の場合をみておきたい。河野村には、現在も譲り状と「道薫坊伝記」の巻物が伝えられている。譲り状は、文化五年（一八〇八）三月付で、千賀蔵から河野村伝兵衛ほか八人に宛てられている。「私儀淡路出生ニ而、操商売仕来り　御綸旨頂戴罷有候所、及老年ニ血脈身寄之者も無御座候ニ付、奥書御連名之御衆中御無心」（私は淡路生まれの者で、操り商売の御綸旨をいただいてきたが、老年となり血脈のある身寄りがいないため、奥書のみなさんがほしがった御綸旨を）とあり、河野村に「道薫坊伝記」を譲ったことがわかる。

以上のように、飯田・伊那地域には、複数の淡路国出身の人形浄瑠璃の一座が来訪し、なかには定住して村の住人となるものもあり、村の祭礼時における人形浄瑠璃興行に芸の技法を伝授していった。また、人形浄瑠璃興行の免許状に相当する「道薫坊伝記」を村人に譲り、新たな座元を生み出す役割を果たすことになった。

二　淡路人形と由緒

1　淡路国の道薫坊廻

それでは次に、飯田・伊那地域に人形浄瑠璃を伝授した淡路国人形遣いの実体に迫ってみよう。

淡路人形は、淡路国三原郡三条村・市村・地頭方村、津名郡鮎原村などに居住する人形遣いらによって担われていた。淡路国を支配する徳島藩蜂須賀氏は、人形遣いを一般の「百姓」身分とは区別した「道薫坊廻百姓」と呼んだ。文化八年（一八一一）に実施した「棟附人数改め」では、三条村一四四軒の内九二軒[29]、市村一七三軒の内二二軒[30]が「道薫坊廻百姓」として記帳されている。「道薫坊廻百姓」には、弟子と子供といわれる修業者を抱える場合がある。たとえば、地頭方村では、一四軒の「道薫坊廻百姓」の他に、弟子・子供が合計一九人いたと記録されている[31]。「道薫坊廻百姓」は、郡単位で仲間を結成しており、三原郡では、寛延四年（一七五一）「仲間諸法度書之事」[32]が残されている。ここには、三条村一二三人、地頭方村一四人、市村二五人の「道薫坊廻百姓」の連署があり、源之丞と「惣座本中」に宛てた条目が認められている。法度は四カ条からなる。(1)「道薫坊廻百姓」でありながら、浄瑠璃語り・祭文・手妻・子供舞おどりをし、門付けで三番叟を演じ、恵比須・大黒・淡島・稲荷・疱瘡などの守り札を配る者は、人形浄瑠璃の道具を取り上げ、「仲間はつし」（除名）すること、(2)洲本・大坂をはじめ諸国の巡業先の宿で、不埒なことがないように、弟子や子供の荷物も改めること。もし不埒があったならば、当人はもとよりその者が属する座元と組んで興行することを禁ずること、(3)藩から「諸国在々廻在之者」（諸国を巡業する者）に下げ札が渡されることになったが、「道薫坊廻百姓」は「道薫坊廻」の由緒があるので、下げ札を受けとらないこと。受けとった者は、以後、組んで興行することや付き合いも禁ずること、(4)他国で博打や賭け事をしてはならないこと、である。第一条と第三条は深く連関している。第一条で述べられているような、諸芸と配札を門付けで行う芸態は、藩の取締の対象となるものであるため、由緒正しい「道薫坊廻」は、このような芸態に手を染めてはならないとした。第三条でも、こうした芸能者に配られる下げ札も受けてはならないとしたのである。これらの法度に背いた場合は、「仲間はつし」とすると定められているように、これは、「道薫坊廻」の身分集団としての規定である。各地に巡業する人形遣いが、由緒正しい「道薫坊廻百姓」身分を堅持するための法度といえる。

それでは、ここでいう由緒正しい「道薫坊廻百姓」とはどのような条件を持つ者であろうか。第一の条件が、「道薫坊伝記」を所持していることであり、第二に「道薫坊廻百姓」の仲間に属していることであった。そこで注目されるのが、宛所の源之丞である。源之丞は、三条村の「道薫坊廻百姓」である上村日向掾で、「座本頭」[33]という肩書を持つ者である。天保一三年（一八四二）八月、藩の役人の下問に答えて、自らの由緒について記している[34]。それによると、初代の源之丞は元亀二年（一五七一）二月、禁裏の節会で春日・住吉・八幡の三社神楽操之式を奉じ、従四位下に叙すとの綸旨を受け、さらに、二代目源之丞は寛永一五年付の「道薫坊伝記」を拝領したという。この写しが三六本作成され、[35]淡路国に広まり、以後「道薫坊伝記」＝「御巻物」を所持することが淡路国の「道薫坊廻百姓」の由緒を保証するものとなったというのである。この「御巻物」は村の宝蔵に収蔵され、「座本」仲間と「道薫坊廻百姓」仲間で毎年正月六日に拝戴された。

さて、「座本」とは、人形浄瑠璃の座長で、淡路国には文化八年（一八一一）に二一軒、天保一三年には一八軒あった。一座は、座本である操師のもとに役者（「道薫坊廻百姓」）が組むことで、人形遣いの演出を可能にした。先述した「道薫坊廻百姓」の法度書でも、不正を働く「道薫坊廻百姓」とは一座を組むことが禁止されていた。「座本」は、「座本」だけの仲間を結成しており、文化八年（一八一一）正月の「座本中究方之事」では、三条村の座本七人、地頭方村の座本六人、市村の座本四人、鮎原の座本四人が連署して三条村村役人に宛て、五カ条を誓約している。それによると、（1）「壱人稼」を禁じ、もし違反した場合は道具取り上げのうえ、「村中相封シ」処置（村での謹慎）とすること、（2）借金がある義太夫や役者を同行する場合は、興行収入で返済させること、（3）他国で不埒な行為をした場合は、座本は座本仲間を除名し、役者は「連名を指留」める（組合うことを禁ずる）こと、（4）座本仲間に関することは、「御上」（藩や幕府）に訴訟せず、「座本捌」とすること、（5）座本や役者の不埒な所業について仲間で処理しようとしているときに、仲間外に情報を漏らした者は、不埒な所業をした者と同罪とすること、とある。以上のように、座本仲間は、座本や役者に関わる処罰を自律的に行い、公儀の介入を忌避する集団であった。

さらに、淡路国の「座本」の中でも、三条村の「座本」は別格であった。宝暦五年（一七六五）正月、三条村助太夫他二〇人が藩役人に宛て、「司看板」の使用をめぐる訴状を提出した。それによると、自分たちの先祖である「道薫坊廻藤原百太夫政清」は、「諸芸諸能之司御巻物」を所持しており、その流れを引く者だけが、国々所々の祭礼で

「操」（人形浄瑠璃）をすることができるという。そこで、「諸芸諸能之司看板」を出すのは、先年から三条村の者に限定すると仲間で取り決めた。そのため、享保一六年（一七三一）に徳島で六之丞が「諸芸諸能之司看板」を出した時、三条村の源之丞がこれを制止した。また七年前に市村六三郎が[36]、近江国で司看板を出したため、仲間寄合を開き、看板の使用を停止させた。しかし再び宝暦四年、倅の六三郎が美濃国で司看板を出したので、仲間寄合を開き、これを制止したが、六三郎は了解せず、その後もたびたび看板を出したため、六三郎が市村や地頭方村も引き入れて仲間の法度に背くのではないかと危惧している、というのである。この訴状に述べられているように、三条村が司看板を出す特権を持つようになったのは、「座本」仲間の取り決めによるものであり、享保一六年からそれほど遡るものではなかったものとみられる。その特権の根拠となっているのは、「諸芸諸能之司御巻物」＝「道薫坊伝記」を所持していることであった。そしてこの家が、先述したように三条村上村日向椽（源之丞）家であったのである。

「道薫坊伝記」＝「御巻物」の内容を検討された山田和人氏[37]によると、淡路人形の由来には「道薫坊伝記」以外に、「淡路座秘書」と『音曲道智論』の一説の三系統があるという。いずれの由緒も、摂津国西宮の道薫坊の死後、百太夫が道薫坊の身代わりに木偶（でく）を作って神の心を慰め、再び波風が静まったことから、百太夫が「諸技芸首」との勅号を受けたこと、そして、諸国神社の神を慰めるうちに、淡路国三原郡三条村で没し、この地に傀儡子が伝わった、という筋は共通しているという。つまり、摂津国西宮の傀儡子が、淡路国の人形浄瑠璃の原型とされているのである。

2　摂津国西宮神社と傀儡子

摂津国西宮神社は、現在、漁業・商売・農業の神として祀る恵比須信仰で知られているが、平安時代には広田神社の末社の一つで、同格の末社に「百太夫」を祀る社があった。「百太夫」を祀っていたのは、人形操りをする傀儡子

（夷昇（えびすかき））で、現在の西宮市産所町に居住していたという。[38]西宮の傀儡子は、戎の神像をかたどった人形の入った箱を首からかけて、人形を踊らせて講釈をし、神徳を広めたという。近世に入ると、浄瑠璃と結びつき、音曲入りの人形浄瑠璃となった。産所村の傀儡子は、元禄期頃（一七世紀末）には三、四〇軒居住しており、正徳四年（一七一四）段階で、その中に二〇人の戎像売（人形操りのかたわら神札を配布する）がいたといわれている。ところが、文化二年（一八〇五）には人形を売却し、興行のために人形を借りた。嘉永期（一九世紀前期）には産所村には一戸も居住者がいなくなり、「百太夫」も西宮神社に移された。淡路人形が栄えるのに反比例して、西宮の傀儡子は衰退していったのである。

ここで、両者の盛衰を分けた要因の一つと考えられるのが、芸の業態の違いである。淡路人形は、諸国に巡業し、各地に芸を広めたが、西宮産所村の人形の興行範囲は、西宮神社や広田神社の境内やその周辺に限られていた。[39]背後に、領主蜂須賀氏による淡路人形の保護政策もあるが、こうした業態の相違が大きな要因であったのではないかと推測する。

他方、両者に共通しているのは、人形遣いの人々が本拠とした居所が、「散所」と呼ばれていることである。西宮の傀儡子も西宮町の枝村である「散所」「産所」とよばれる地域に居住していた。ここに住む人々は、日常的に西宮神社に奉仕しており、たとえば一六世紀初頭には広田・西宮両社の遣いとして、京都の白川家に注進する雑役にも従事していたことが知られている。[40]これに対して、淡路国の三条村は、「産所村」の「産所」の音が、「三条」という漢字に置き替えられたものであると推定されるように「散所（産所）」であった。三条村の場合は、特定の寺社との関係は不明ながら、中世の国衙に所属した楽人や傀儡子が居住していたとも考えられている。

そして、もう一つ両者の共通点は、近世に入っても、周辺の百姓・町人から縁組を忌避されていたということである。西宮で百太夫の末孫を称した人形遣いの笠井氏は、「平人笠井氏を厭ひて縁組をなさずとぞ」[41]といわれ、婚姻に関する差別を受けていた。また、淡路国三条村の場合も、周囲の百姓からは婚姻を忌避され、「下賤種姓」とみなされたことが指摘されている。[42]

おわりに

以上、伊那谷に伝播された人形浄瑠璃と人形遣いについて述べてきた。最後に、伊那谷と淡路国を行き交う人形遣いの巡業の実態から、芸能者の遍歴・遊行と本拠地との関係について、三点指摘しておきたい。

第一に、近世における人形遣いには、人別を掌握される本拠地が存在したことである。伊那谷を訪れたのは、市村の六三郎を座本とする一座をはじめ、吉田重三郎、森川千賀蔵など、淡路国を本拠地とする者たちである。座本はもとより、役者である「道薫坊廻」も本拠地に家屋敷と家族を持ちながら、座本とともに諸国を巡業し、再び淡路にもどるという生活をしていた。いわゆる「遍歴・遊行」の民も、居所である「散所」を本拠とし、諸国に遊行していた。

第二に、遍歴・遊行しながらも、諸国に定住してゆく者もあったことである。伊那谷に墓所のある人形遣いは、本拠地の人別を、伊那谷に移している。遊行の果てに定住するという場合も、住所のない漂泊状態から定住するのではなく、本拠地からの人別移動が行われたというのが実態といえよう。

第三に、以上の点を踏まえると、中世から近世への大きな変化として指摘できるのは、遍歴・遊行から定住へ、という変化ではなく、居所による人別把握が未確立な中世から制度化された近世へ、という点である。この変化の契機となったのが、キリシタン禁制である。人々を人別把握し、居所で「帳付（ちょうづけ）」するという政策が実施されたがゆえに、芸能民も遍歴・遊行の実態が掌握されることになった。近世の領主権力は、定住を強制したのではなく、中世に存在した実態を承認しながら、そこに人の支配という制度の枠をはめたということができるのである。

注

（1）寺谷純一郎「人形劇カーニバル飯田と伝統人形浄瑠璃」（『文化庁月報』一九九七年一二月）。
（2）日下部新一『伊那谷人形概観と黒田人形』（黒田人形保存会、一九八二年）。
（3）伊那谷の人形芝居に関する先行研究は、「文献資料一覧」（『伊那谷の人形芝居［文書目録編］』（以後、『文書目録編』と呼ぶ）飯田市美術博物館、一九九六年、一三一～一三八頁）に詳しい。
（4）たとえば、網野善彦『日本の歴史をよみなおす』（筑摩書房、一九九一年）、同『中世の非人と遊女』（明石書店、一九九四年）、同『日本中世の百姓と職能民』（平凡社、一九九八年）など。
（5）声聞師の居所を「散所」とよび、「宿」と区別する見方もあるが（山本尚友「中世末・近世初頭の洛南における賤民集落の地理的研究（上）（下）」（『世界人権問題センター）研究紀要』二号・三号、一九九七・一九九八年）、その本質的な違いは明確ではないため、本章では声聞師も含めて広く非人の「宿」として捉える。
（6）世界人権問題研究センター編『散所・声聞師・舞々の研究』（思文閣出版、二〇〇四年）、吉田栄治郎「大和国の散所に関する新出史料の周辺」（『リージョナル』七号、二〇〇七年）など。
（7）大江恒雄『淡路人形浄瑠璃と文楽の歴史的探訪』（神戸新聞総合出版センター、二〇〇九年）一一六～一一七頁。
（8）『文書目録編』二四頁。
（9）「操発端之事」（『文書目録編』七三・七四号）、「祭礼操之由来記」（『兵庫県史』史料編　近世四、八七号）。
（10）前掲『文書目録編』四号。
（11）「壱番　年々日記」（前掲『文書目録編』一号）。上古田村で氏神祭礼の時に人形浄瑠璃を行い始めたのは、享保一四年と元文五年の両説ある。
（12）以下、元文五年から文化四年の記述は、『文書目録編』五九・七二・七三号による。

(13)『文書目録編』七一号。
(14)同右六一号。
(15)伊藤善夫「資料からみた伊那谷の人形芝居」(前掲『伊那谷の人形芝居「文書目録編」』)。
(16)『箕輪史資料集第二十九輯　古田人形芝居資料』箕輪町文化財保護委員会・箕輪史研究会、一九六五年。
(17)年代不詳「当村操始之事」(『長野県史』近世史料編第四巻(一)一三三七号)。
(18)『文書目録編』一二〇号。
(19)『長野県史』近世史料編第四巻(一)一三四一号。
(20)『今田人形』(今田人形発祥三〇〇周年記念事業実行委員会・今田人形座、二〇〇四年、一七四頁)。
(21)『文書目録編』一二三号。
(22)前掲注(21)一二四号。
(23)前掲注(21)一二五号。
(24)以下、黒田人形の由緒は、明治一六年「明神講誓約規則書」(『長野県史』近世史料編第四巻(一)一九四六号)による。
(25)吉田重三郎については、前掲日下部『伊那谷人形、概観と黒田人形』、『文書目録編』。
(26)昭和二年(一九二七)下黒田村諏訪神社奉納額(前掲注(2)『伊那谷の人形芝居「文書目録編」』他六号)。
(27)『文書目録編』一七〇頁。
(28)前掲注(25)日下部新一『伊那谷人形概観と黒田人形』。
(29)吉井敏幸「散所村から人形操村へ」(『天理大学人権問題研究室紀要』九号、二〇〇六年)。
(30)『兵庫県史』史料編　近世四、八四号。
(31)前掲注(30)七九号。
(32)前掲注(30)七九号。
(33)前掲注(30)九四号。
(34)前掲注(30)八九号。

(35) 『文書目録編』六一号。
(36) この訴状の相手側当事者である市村六三郎とは、前述した美濃から信濃にかけて巡業し飯田辺にて没し、「道薫坊伝記」を市村久蔵に譲ったという人形遣いである。
(37) 山田和人「『道薫坊伝記』—淡路人形の始祖伝承—」(『同志社国文学』一三号、一九七八年)。
(38) 吉井良隆「人形操りと百太夫信仰」(『えびす信仰事典』戎光祥出版、一九九九年)、前掲注(29)。
(39) 前掲注(29)。
(40) 前掲注(29)、三六三頁。
(41) 「摂陽奇観」(前掲吉井敏幸論文、七九頁)。
(42) 前掲注(29)。

〔補論五〕伊那谷の村と人形浄瑠璃

はじめに

ここでは、人形浄瑠璃が盛んな伊那谷の歴史を、二つの問題点を取り上げ、江戸時代から近代に至る村の生活の中に位置づけたい。

第一は、現在も人形浄瑠璃の継承を意識的に進める今田村・下黒田村や、上伊那の拠点であった上古田村などで、人々はどのように人形浄瑠璃を行ってきたか、江戸時代に焦点をあてて考えること。第二は、人形浄瑠璃と村祭りの関係を考えることである。

具体的な検討に入る前に、なぜこのような関心を持つようになったのか、契機となった経験にふれておきたい。

卒業論文執筆のため、三〇年以上前に豊丘村を訪れて以来、下伊那地域の史料を見ていくと、村祭りにおいて「操り」や「芝居」がたいへん活発に行われていることに驚かされた。とくに若者組、近代に入ると青年団といわれる若者たちの動きが、かなり展開していたことに伊那谷の特徴があるという印象を持っていた。たとえば、大鹿村の村芝居のように、現在も地芝居歌舞伎を村の人々が役者となって行っていることである。人形浄瑠璃も含め、全国的に見ても活動が非常に活発なのではないかという印象を受ける。

下伊那では、慶応三年（一八六七）に「お札降り」とそれにともなう祭り、全国的には「ええじゃないか」といわれる騒動が起きた。民衆は、天から御札が降ってくることを、神威、神様の威光、意思であると受け止め、降った家に御札を祀った。そして、その家に若者が躍り込み、酒や食べ物を要求する騒ぎが広がっていった。(1)その時、村役人たちは、何とかその動きを止めようとして、あえて領主に願い出て「村祭り」という形に収めていこうとした。「七日間」、「五日間」、「三日間」というように期間を制限し、村の「騒動」を「祭り」の形に転化していこうとする状況が見えてきた。人形浄瑠璃や芝居も、プロの芸能者集団ではなく、村人自身が「村祭り」の中で行うことで、秩序を越えてしまいそうな若者たちの動きに枷をはめる効果が村役人から狙われていたとみることができよう。

もう一点注目されることは、人形浄瑠璃は、「村祭り」にとどまらず、あるときから、村を出て、上伊那、下伊那の様々な村に呼ばれ、興行をするようになる。近代に入ると、今田人形座、あるいは黒田の明神講、上古田村の甲子団というように、興行を行う自律的な団体が生まれてくるようになる。プロかアマチュアかという芸のレベルというより、この「座」、「講」、「団」という組織が、芸能興行から収益を得る芸能者集団へと成長する点が注目される。収益を目的としない「村祭り」の芸能から、収益を得る芸能に変化したという意味で、プロとなっていったともいえる。こうした変化がなぜ起きていくのか、変化の経緯を追うことも求められるところである。

以下、人形浄瑠璃の歴史を、江戸時代から明治・大正までを三つの時期に分けて見ていきたい。

一　伊那谷における人形浄瑠璃の歴史

1　第Ⅰ期　神楽から人形浄瑠璃へ

下伊那地域での人形浄瑠璃関係記事の初見は、正保四年（一六四七）、名古屋から操り芝居が吉岡に来るという『熊谷家伝記』の記述といわれている。実際、下黒田、今田、上古田各村における人形浄瑠璃の濫觴は伝承の域を出ず、史料として確認することができない。ただ、おおよそ元禄、宝永期つまり一七世紀末から一八世紀初め、とくに一八世紀初頭から、いろいろな理由がつけられて人形浄瑠璃が行われるようになったことが史料から窺うことができる。その理由のつけ方としては、氏神、産土神など、村の神への奉納という形で出てくる。

たとえば下黒田村の場合は、元禄年間に高松正命庵の正覚真海という僧侶が、義太夫・三味線・人形の芸を村人に伝授したことを契機に、産土神である諏訪神社境内に舞台を新築し、「明神講」を結び、毎年例祭に行ってきた神楽に替えて人形浄瑠璃を奉納するようになる。(2)

今田村の場合は、宝永元年（一七〇四）七月、「氏神祭礼賑ワイノタメ」として、野池村から人形と幕、京都から人形を購入し、「観音講」を結んで人形浄瑠璃を開始したといわれている。(3)

さらに上古田の場合は、享保一四年（一七二九）に、年々嵐の烈しい土地柄であるため、田畑の作物に風損被害がひどいことから、氏神である白山明神に風除の祈願をし、人形などを購入して若者らが集まって「操之真似」を始め、その後、例祭において続けたといわれている。(4)

このように、いずれの村でも村祭りの神事として、村で結成した「講」や若者たちが人形等道具を購入して、人形浄瑠璃を始めたことがわかる。

2 第Ⅱ期 幕府の御制禁

その後、宝暦から寛政にかけて、つまり一八世紀半ばから後期、人形浄瑠璃は下伊那一帯でたいへん盛んに行われた様子が、史料から見受けられる。下黒田の記録には、「清内路・竹佐・早稲田・新野・金野・今田・河野・福与・田切・桐林・山村」(5)では、祭礼で人形浄瑠璃が演じられたと記されている。ところが、寛政一一年(一七九九)六月、幕府は全国の村々に対して次のような触れを出す(6)。

在々において神事祭礼の節、或いは作物虫送り風祭りなどと名付け、芝居見世物同様の事を催し、衣裳道具等をも拵え、見物人を集め、金銭を費し候儀これあるよし相聞え、不埒の事に候、右様の儀全く渡世に致すものは勿論、其の外にも風儀悪しき旅商人、或は河原者など、決て村々え立ち入らせ申すまじく候、遊興惰弱よからぬ事を見習い、自然と耕作も怠り候よりして、荒地多く困窮に至り、終に其の果ては離散の基にも成り候事に候間、右の次第をよく弁え候様心がくべく候、依て自今以後、遊芸・歌舞伎・浄瑠璃の類、惣じて芝居同様の人集め堅く制禁たるべく候、今後右のとおり相触れ候上にも、もし相止めざるにおいては、用捨なくきっと咎これ有るべく候也

すなわち、村祭りの神事での費えや風儀を乱す村外の人々を呼び入れることを禁止し、今後はすべて芝居同様の人寄せの禁止を謳っている。これにより、大々的には村祭りで浄瑠璃を演じることができなくなったのである。この御触れは、天保一三年(一八四二)七月にも繰り返され、これに背く者は召し捕らえることも謳われた。

こうした触れに対して、村ではどう対処したのか。上古田村では正月に一日、「日待ち」と称して、人形浄瑠璃を催したという。「日待ち」とは、人びとが集まり寝ずに潔斎して日の出を待って拝む行事であるが、結局、音曲や連歌、囲碁を楽しむ酒宴が営まれていたという。(7) 下黒田村では、触れを守らなかったために処罰され、人形の道具は仕舞うことになったといわれている。その後は、奉納神事は中止したが、年に一度の「虫乾（虫干）」と称し、明神講の若者仲間で人形浄瑠璃を演じ続けたという。(8) 黒田の場合は、明神講の若者仲間たちがどうしても収まらないため、親たちが「虫干」、つまり人形浄瑠璃の道具や衣装の虫干しという口実を持ち出して、人形浄瑠璃を認めさせていたといわれている。

これに対して今田村では、「虫干」で人形浄瑠璃はしないと誓約することで、三月一五日の八幡大神宮と七月二七日の諏訪大明神の例祭に操りを奉納することを認められていた。さらに、天保一〇年には二月晦日から三月三日まで四日間、人形浄瑠璃の下稽古も願い出て認められている。

いずれにしても、天保改革後には次第に上古田村や下黒田村でも、村祭りでの奉納が復活を遂げるようになった。ただ、そのときには人形浄瑠璃ではなく、むしろ狂言、つまり歌舞伎（地芝居）に流行が移っていた。後に触れるように、人形浄瑠璃か狂言かが、村の若者を二分するほどの問題になる。

3　第Ⅲ期　明治維新後の変化

明治に入ると、諸芸人鑑札制度が施行される。これは、芸人が府県に営業許可を求める願書を提出し、許可されると鑑札を受ける制度である。ただし、許可される代わりに税金を支払う義務を負った。

明治一〇年、人形遣いの税金として一人年間金三円ずつ支払うことになった下黒田村では、北原弥治郎、代田斎の二人が鑑札を受け、明神講が税金を負担することで、それまでどおり村祭りで人形浄瑠璃を行おうとした。ところが、明神講では税金を支払えないため、人形や道具を両人に貸すことになった。こうして両人が、明神講を率いて収益を目的とした興行を行う時期に入っていくことになる。

鑑札制度は明治一七年に廃止されたが、明治二一年に今田村でも人形座が設立され、上古田村でも大正に入ると甲子団が設立される。人形一座が村祭りを越えて興行する形に変化したのである。

二　村の神事から芸能興行へ

こうした変化は、明治の鑑札制度が契機になったが、すでに江戸時代の終わりから、村祭りだけに収まらず、他の地域に出向いて興行を行う状況は見られた。また、その前提に、淡路の人形遣い（道薫坊）の活動が、伊那地域の芸能の力を躍進させる原動力であったことに注目しておきたい。

1　竜東地域

豊丘村歴史民俗資料館が収蔵する田村の片桐家文書のなかに、寛延三年（一七五〇）の「乍恐以書付奉願上候御事」という史料がある[9]（第1図）。

［史料1］

乍恐以書付奉願上候御事

一卯辰両年旱損仕候ニ付、当所於　大明神社ニ雨乞仕、郷中一同之御立願ニ、再禮(祭)操り二月巳春可仕与、願文奉

懸ケ上候處ニ、世から悪敷村方差詰り申候ニ付、当春迄申のへ仕候處ニ、今日操り参りか々り（ママ）申候間、無據御
立願ニ御座候ニ付、操り仕度奉願上候御事
右申上候通り、乍恐被為　聞召分ケ、御慈悲ニ願之通り被為　仰付被　下置候ハヽ、願文成就仕、郷中一統ニ難
有奉存候、以上

寛延三年午四月

願人田村名主　文右衛門
同断　弥兵衛
組頭　長重郎
百姓代　新右衛門
御分知名主　源左衛門
同断　又右衛門
組頭　九平次
百姓代　儀右衛門

阿嶋
御役所様

（異筆）「操り之願書」

田村では「卯辰両年」、つまり四年前の延享四年と三年前の寛延元年に、干ばつが続いたため、諏訪明神において雨乞いの立願をし、雨を降らしてくれたならば御礼に操り（人形浄瑠璃）を辰三月に奉納する、という願文を郷中一同が差し上げた。ところが、知行主である旗本知久氏から、干ばつで村が疲弊しているので、寛延三年春までといっ

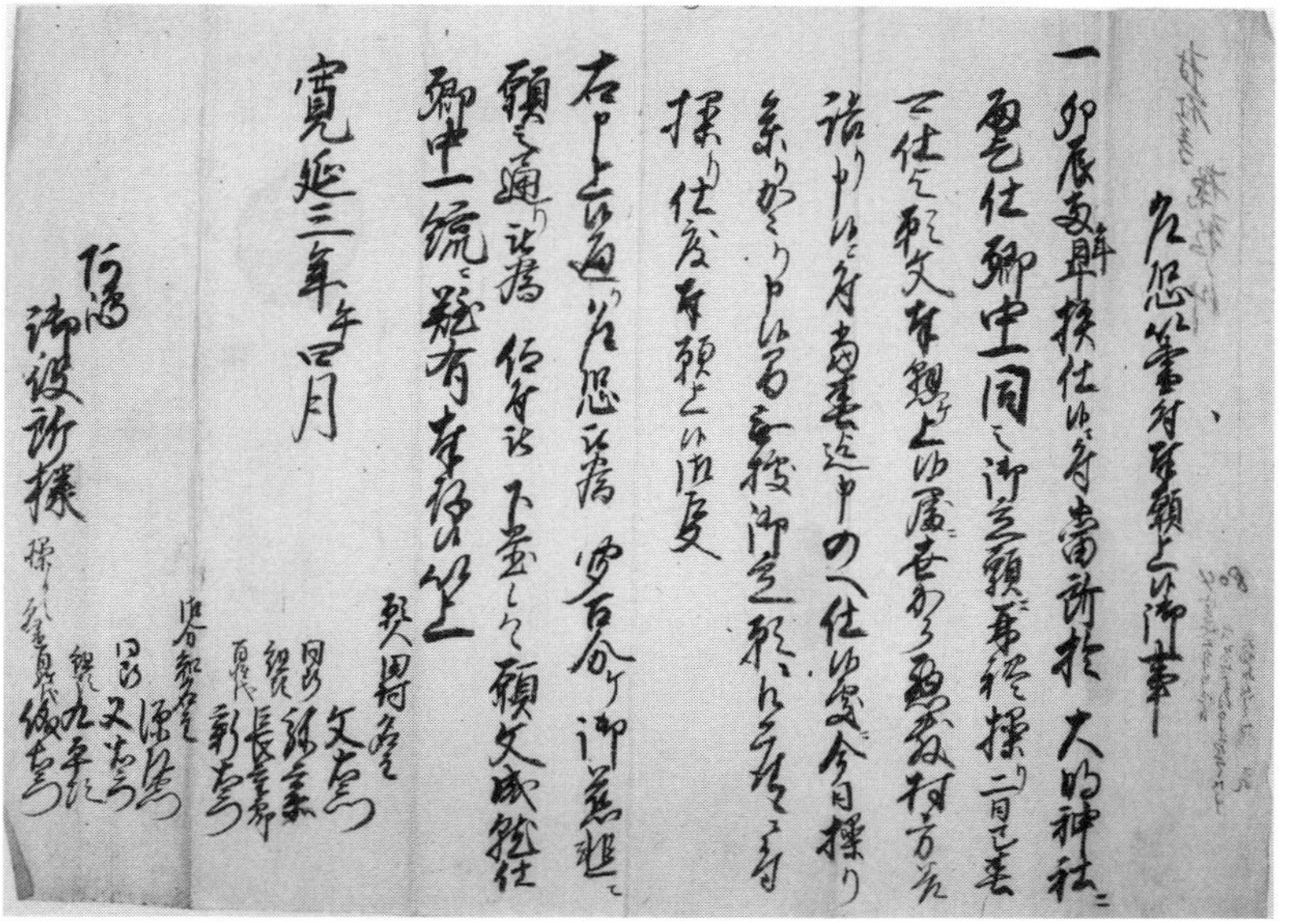

第１図　寛延三年片桐邦助家文書八〇四号

て延期してきた。このたび操りの人形使いがこの地にやってきたことから、やむをえず立願されたので、操りを行いたい、という願書であった。

　ここで田村村にやってきた人形遣いとは、時期的に見て、市村六三郎一座であると思われる。そういう人たちの来訪を契機にして、雨乞いを願い出るという、村の状況が知られるのである。同年に田村村は、十王堂の修復資金を得るために狂言を行いたいという願いもあわせて出している。[10]すでに一八世紀半ばに、操りと狂言がともに村で行われている状況がわかる。

　なお、市村六三郎の足跡は伊豆木で確認されるが、その後、御綸旨を市村久蔵に譲り渡し、飯田近辺で亡くなったといわれている。

2　上古田村

　市村六三郎から御綸旨を譲り受けた市村久蔵は、上古田村に定住して、盛んに興行を行った。引き札を見ると、寛政元年（一七八九）から、亡くなる四年前の文化三年

（一八〇六）までの時期に集中して興行が行われていることがわかる。[11] そして亡くなった文化七年からは、引き札に吉田重三郎という名前がよく現われるようになる。

いずれにしても、この時期は、先述したように、寛政一一年に幕府の触れが出された後である。松本藩預地の上古田村では、表立って興行を行うことができず、「日待操」という名目で正月に個人の家で行われた。ただ、文化二年や三年には、「日待操」が「大当たり」と記録されており、個人宅とはいえ、かなり多くの人が見物にきた「人寄せ」であったとみられる。[12]

その後、文化四年六月には、松本藩が「御内分」で、「仕来りの村方は祭日限り、子共おどり御伺の上、御許容次第質素に仕るべし」と、以前から村祭りで行ってきた村では、許可されれば子供踊りを質素に行うことが認められることとなり、事実上の解禁となる。そこで、上古田村では早速八月に、子供踊りではないが、「風除祈願」で三番叟を上演することを出願している。[13]

すると村では、操り（人形浄瑠璃）と狂言（歌舞伎）の争論が始まった。実態としては、すでに狂言がかなり普及していたとみられるが、若者仲間が村祭りに際し、操り派と狂言派の二つに分かれて争った。文化八年、下古田村斧右衛門と上古田村伝右衛門の仲裁で和談し、若者一同で「操り」にする年と、一同で狂言をする年と、隔年で行うことが取決められた。[14]

しかし、文政五年（一八二二）、結局、狂言派の一七人の主張が強く、結局、分裂することになった。二年後の文政七年、淡路から吉田時蔵という人形遣いが来て操り稽古が始まるが、狂言派一七人は参加を拒否した。本番の「日待ち」では、正月二七日夕方から二九日夕方は操り、翌晦日夕方から二月二日まで狂言というように、担い手も時期もはっきりと分かれた。

この事態に対し、松本藩の代官朝比奈紋蔵が介入し、「操り」と「狂言」を年番で実施するようになった。とはいえ、幕末になると、狂言が優勢になっていった。

この上古田村の事例から、二点注目したい。第一は、先述したように、若者組が村を越えて村外での操り興行を展開していくことである。幕府の禁制が解けた文化四年以後に増加し、文化六年二月には、高遠城内の勘助曲輪の稲荷祭りでも興行している。(15)文化八年には、伊奈部、同一三年には木下、南殿村、同一五年には辰野村の御柱祭りに呼ばれて行くなど、伊那谷の北や南へ興行に出かけていった。(16)こうした状況は、上古田村だけではない。下黒田村でも、嘉永五年(一八五二)に本郷村西願寺に、翌年には竹佐村へ行っている。(17)また今田村も、天保一五年(一八四四)に冨田村で興行をしている。(18)

第二は、個人の技量で、プロの芸人となってゆく動きが見られることである。象徴的なのは、唐澤千鶴(竹本千鶴)である。唐澤千鶴は、明治一七年(一八八四)に上古田村に生まれ、昭和二五年(一九五〇)、六七歳で亡くなった。一六歳から地域の狂言に出演して、明治四一年には日待ちの人形芝居や狂言にも役者として、あるいは振付師や太夫として出演している。大正に入ると周辺地域に止まらず、各地に出てゆく。

その際、注目すべきは、地域の座に所属するのではなく、一人の芸能者として、各地を巡業する座に頼まれ、座組太夫として出てゆくことである。まさに個人の能力で、地方巡業座に誘われ、太夫として各地に出て行ったのである。下伊那だけをみても、大正一三年に飯田朝日軒で行われた狂言に出演し、翌月には、遠山の和田村で松本幸十郎一座の太夫として行くなど、盛んに出演していった。

昭和期になると、上伊那が七〇回余に対し、下伊那では九〇回余も座に加わっていたことが実録から知られる。(19)さらに、東京、千葉、埼玉、神奈川にも、市川米寿郎一座や中村仲蔵一座の太夫として巡業した。個人の技能で、真の芸能者として活動していくという動きが見られる。

箕輪町では現在も、茶箱に古田人形の頭を保存している。上古田村では、これを「村中積行道具」、つまり村として継承する道具と位置づけ伝えていった。明治四年、「持主之道具」（個人持ちの道具）と、「村道具」（村持ちの道具）に分けられたものの内、村持ちの道具が、今日箕輪町に伝えられたものだと考えられる。

3　下黒田村

次に、下黒田村についてであるが、重複する部分を除き、注目すべき部分だけ取り上げる。

まず、第Ⅱ期の御制禁時代には、名目は「虫干」と唱えて人形浄瑠璃を行っていた。文政一〇年（一八二七）には畑に掛小屋の舞台を設えて大狂言を行ったという記録がある。ただし、これも表向きは「小供（子）踊り」で、役人が検視に来た時には子供に狂言をさせたと記されている。[20]天保一一年（一八四〇）には、古い人形の舞台を壊して新しい舞台に建て替えた。これが、現在「下黒田の舞台」として、国の重要有形民俗文化財に指定されているものである。このように、下黒田村でも、人形浄瑠璃や狂言が盛んであった様子がわかる。

下黒田村の場合、とくに注目したいのが、明神講という団体の存在である。明神講の由緒によると、元禄年中に高松正命庵に住居していた正覚真海という僧侶から人形や義太夫、三味線を学んだ村人が、諏訪明神の境内に舞台を新築し、例祭に神楽の代わりに奉納することを同意した集団であるという。「他ノ者一人モ相交わらずして」と伝えられているように、講に所属しない者は人形浄瑠璃に参加できないという厳格な組織であるという意識がみえる。明神講に所属する人々は「連中」と呼ばれ、運営を担う「世話人」が置かれた。また、明神講の中には、年齢階梯的に一四歳から二五歳の春寄合まで一二年間の若連（若者組）と、その上の年齢層の中老組も含まれていた。

明治三年に諏訪明神の遷宮にあわせて若連の規定が改革され、また新規加入を認めることとなる。新規加入に際し、講中の二人を親に取り、一札書くが、その条件は次のように厳格なものであった(21)。

① 舞台や手遊び道具に経費がかかるため一人当たり金五〇両、三〇円、一五円を出金すること。
② 新規加入者は「世話人」にはなれないこと。
③ この加入は明神講の若連だけに認めるものであり、二五歳春には明神講を抜けること。
④ 同じ家から二男三男が加入する場合には、改めて親取りをして新規加入手続きをすること。

第２図　代田斎の筆塚（筆者撮影）

⑤「若連目印之提灯」は、たとえ家にあっても若連を抜けた後は、使用してはならないこと。

こうして加入した者は、出金額が五〇円と三〇円の者が「二等」、一五円の者が「三等」と位置づけられた。

ところが、加入者が増加し、旧例の規則を心得ない者が出てくるようになり、村祭りの式法や連中の付き合いなどが猥りになっていく。新規加入の者が年上だと称して歳若の者を召し使うなど、講加入の新旧の秩序が乱れてきた。そのため、明治一五年、明神講で誓約規則を定め、村役場と中老組、若者組それぞれ一冊ずつ所持することとされた。[22]この組織改革にあたった九名の一人である代田斎が、規則書を認めた。この人物は寺子屋も開いており、その筆小塚（第2図）が現在も残されている。

4　今田村

今田では、一八世紀初め、宝永元年（一七〇四）に、「氏神祭礼賑わいのため」[23]に観音講が組織され操りが始められた。今田村は、上・中・下の三組からなる大村で、八幡神社、諏訪神社、伊勢神社の祭りで人形浄瑠璃が行われていた。天保一〇年（一八三九）、祭り以外の日程で四日間の「稽古」願いが出されている。[24]

近代になると、今田村に人形の一座が結成される。明治二一年（一八八八）、生田村福与耕地から人形を購入し、今田村に伝わる人形の技芸を「永遠保存ノ為」として、「今田人形座」の規約が作られた。[25]座に所属する者は出仕して座株を所有し、座中から選任された二人の「委員」が座を運営する組織であった。座株の売買は禁止され、家族への譲与は認められたが、村から転出する（転籍・送籍・寄留）場合は脱座し、帰籍すると座員となることができた。つまり、村の構成員だけからなる組織で、この点は明神講と同様であった。

5　河野村

河野人形について少し触れておきたい。まず、道薫坊千賀蔵による「御綸旨」の譲渡状（第3図）を掲げる。[26]

［史料2］

御綸旨譲り証文之事

一私儀、淡路出生ニ而操商売仕来り、御綸旨頂戴罷有候所、及老年ニ血脈身寄之者茂無御座候ニ付、奥書御連名之御衆中御無心ニ申候所御承知被下、御綸旨相譲り候事実正也、然上者於淡路ニ無紛株ニ候間、芝居等被成候共、外ゟ差障無之、随分御太切ニ被成、幾々之段御頼候、先者御綸旨譲り証文仍而如件

御綸旨

譲り主

千賀蔵㊞

文化五辰年

三月

河野村　伝兵衛殿㊞

同　林介殿　㊞

同　仁兵衛殿㊞

同　武右衛門殿㊞

同　民右衛門殿㊞

同　左右右衛門殿㊞

同　万次郎殿㊞

同　宗右衛門殿㊞

福与村　佐五右衛門殿㊞

ここでは、千賀蔵が、「淡路において紛れなき株」であり、「芝居等成され候とも、外より差し障りこれ無く」と、人形芝居の興行権を保証すると強調している。これは、上古田村に市村久蔵から譲られた「御綸旨」、下黒田村に吉

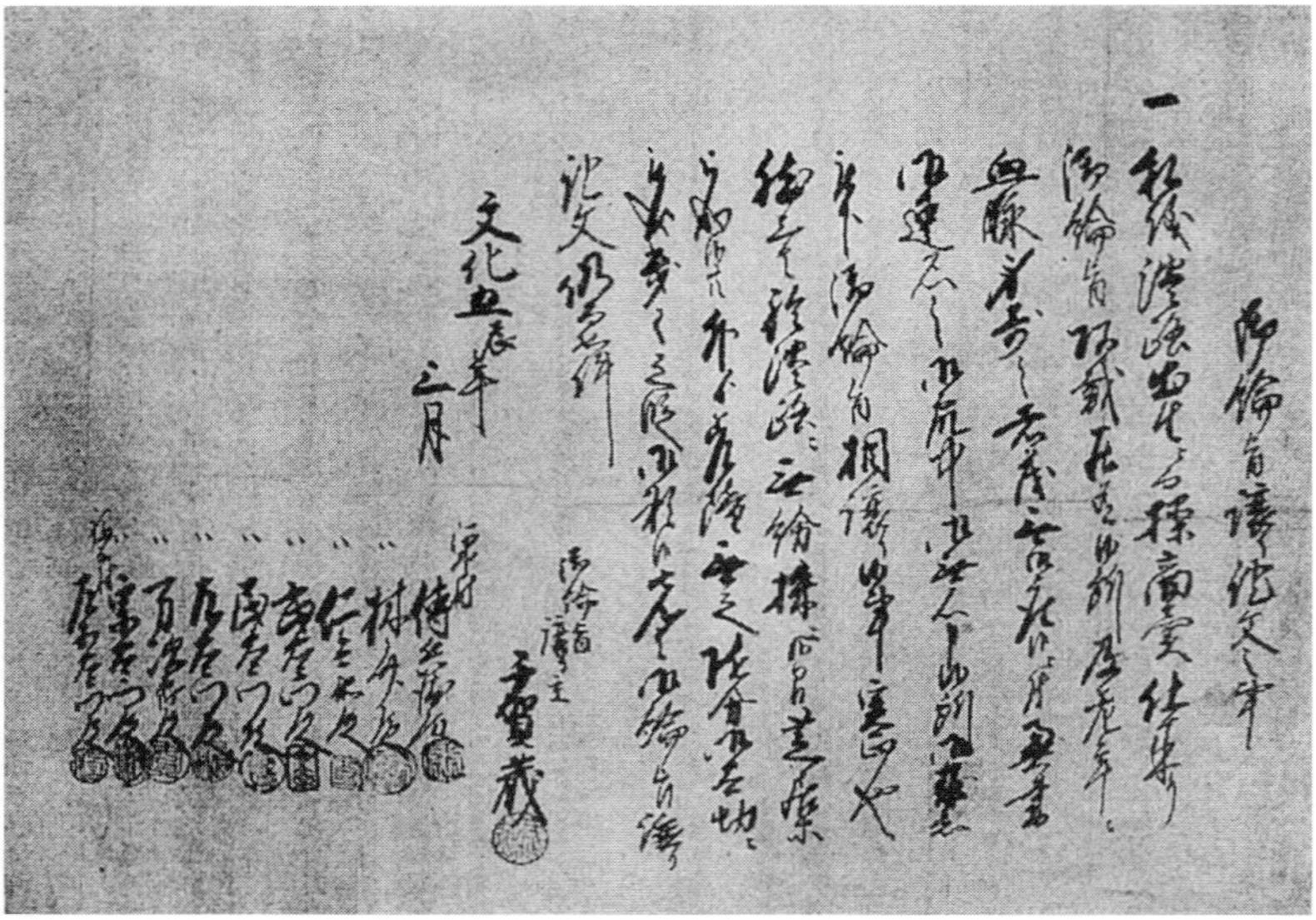

第３図　千賀蔵の譲り状　滝川家文書（豊丘村歴史民俗史料館所蔵）

第４図　豊丘村歴史民俗史料館展示写真（筆者撮影）

田重三郎から伝えられた「人形根本の免伝」、今田村に伝わる「道薫坊伝記」と同様のものであり、すべて淡路からのお墨付きが、伊那谷で人形芝居を行う力となっていたことがわかる。これを、老年で「血脈身寄」もいない千賀蔵は、河野村八人と須与村一人の計九人に託したのである。

第4図は、豊丘村歴史民俗資料館の展示写真であるが、神秘的な力のある雰囲気が印象的である。上演のときに舞台の後ろに掲げられた背景の絵が展示されており、臨場感がある。展示の説明も、元館長毛涯義雄の筆跡で、わかりやすく説明されている。河野村では人形座のような組織が作られず、現在、技芸は伝承されていない。この展示が貴重な手がかりとなっている。

おわりに

最後に、なぜ村祭りから展開して他地域へ出向く芸能興行へと発展したのか、技能を有した芸能者、芸能者集団として、村を越えて活躍することができた要因として、三点指摘しておきたい。

第一は、この地域に淡路の人形遣い（道薫坊）が来村し定住し、技芸と興行の仕方を伝授したこと。

第二に、地域に明神講や観音講などを組織化する力があったこと、とくに若者の組織が活発であったこと。

第三は、近代の鑑札制度を契機とするものの、収益をあげることを目的の一つとする芸能興行への転換に抵抗がそれほどなかったこと。勿論、転換の契機は税金を納めるためではあったが、地方巡業にも行くプロの集団に転換できる素地が江戸時代に作られ、また唐澤千鶴のような芸人も生み出すことになったのは、三つの条件が重なったためと考えられよう。

注

（1）「幕末の民衆運動―信州下伊那郡田村村の『御影祭』―」『歴史評論』四八五号、一九九〇年。
（2）『飯田市美術博物館調査報告書2　伊那谷の人形芝居［文書目録編］』（飯田市美術博物館、一九九六年、以下『調査報告書2』と略す）文書資料翻刻一一六号。
（3）『調査報告書2』文書資料翻刻一一九号。
（4）『調査報告書2』文書資料翻刻五九号。
（5）『調査報告書2』文書資料翻刻一一六号。
（6）『徳川禁令考』前集第五集、二八二〇号。
（7）『調査報告書2』文書資料翻刻五九号。
（8）『調査報告書2』文書資料翻刻一一六号。
（9）片桐邦助家文書八〇四号（豊丘村歴史民俗資料館所蔵）、『調査報告書2』文書資料翻刻一五二号。
（10）片桐邦助家文書八一〇号。
（11）『調査報告書2』図版6～8。
（12）『調査報告書2』文書資料翻刻一号。
（13）『調査報告書2』文書資料翻刻五九号。
（14）『調査報告書2』文書資料翻刻七三号。
（15）『調査報告書2』図版8　六二番。
（16）『調査報告書2』文書資料翻刻一号。
（17）『調査報告書2』文書資料翻刻一〇九号。
（18）『調査報告書2』文書資料翻刻一二三号。
（19）『浄瑠璃・芝居狂言　実記録　巡業唐澤千鶴』（昭和四八年六月五日写畢、箕輪町木下　笠原政市誌）
（20）『調査報告書2』文書資料翻刻一一六号。

(21)『調査報告書2』文書資料翻刻一一四号。
(22)『調査報告書2』文書資料翻刻一一六号。
(23)『調査報告書2』文書資料翻刻一一九号。
(24)『調査報告書2』文書資料翻刻一二二号。
(25)『調査報告書2』文書資料翻刻一二四号。
(26)滝川家文書(豊丘村歴史民俗史料館所蔵)。

終章　周縁化された芸能者

本書では、百姓や町人を主要な構成員とする村や町の共同性は、簓や猿牽、「笠之者」など多様な社会集団の存在を組み込み、諸社会集団間の関係性を考慮に入れることではじめて見えてくるという立場から、南信濃地域を対象として、可能な限り地域に即して検討を加えてきた。本書で扱った簓や猿牽などの社会集団は、これまで「雑種賤民」と呼ばれ、賤視や差別を受ける「被差別民」として身分制研究の対象とされてきた。しかし、これらの集団を、差別の側面からのみ見るのではなく、集団に則してその意識や社会的な位置づけの変化をみることは重要である。自律的な掟を持つ集団の論理を解明し、その論理と他の集団、すなわち百姓との相剋を明らかにすることで、地域社会の変容を明確にすることができる。検討の結果、これらの集団の社会的な役割が変わり、地域社会から疎外される大きな転換点は、中近世移行期にあったと考える。

本書で検討を加えたように、簓は中世以来、百姓の村とは異なる集落（「宿」「夙」など）に居住し、地域の中核的な寺社にキヨメの役割を担って奉仕する集団を形成していた。しかし、太閤検地と村切りの過程で、居住集落が行政村としての「村」に包摂されたことで、百姓が主要な構成員となる共同体から疎外されることになった。それは、職分の相違による生産と生活のサイクルの相違や、それにともなう利害関係が大きな原因と考えられる。その結果、しだいに百姓から差別化され、社会的に劣位に置かれることになっていった。そして、百姓から村の番人や行き倒れの処理、ついには村人の遺体の埋葬など、危険やケガレがともなう仕事を担わせられるに至った。それでも、簓や猿牽らは居住する地域で百姓とともに生活を続けてゆくためには、百姓の要求を受けいれざるを得ず、しだいに社会的な劣位が固定されるようになっていった。

他方で、簓や猿牽、「笠之者」などは、近世領主的支配関係とは異なる次元の支配関係に入ることで、自らの職分と社会的位置づけを保証されることを求めた。下伊那地域の簓は、一九世紀初頭に関蟬丸神社の由緒を掲げる三井寺の支配を受けることになる。これにより、三井寺から、職分である万歳楽の免許と太夫号を受け、万歳興行のための諸国移動の自由を保証されることになる。そして、身分呼称も「説教者」と変更された。

下伊那の猿牽は、関東の猿牽のように弾左衛門の支配を受けておらず、藩や知行主の御廐の祈禱を役割とした。しかし、村や町では、簓と同様、村の番人（下役）を務めることを強いられた。居住集落も、簓と同じである場合もあり、職分は異なるものの、社会的位置付けは同格であった。

下伊那地域には、弾左衛門による支配は及ばなかったが、飯田藩領域では飯田城下の「谷川之者」といわれる藩の牢守集団による組織化がみられた。牢守集団の頭である谷川七左衛門は、谷川に居住する簓の集団であったが、藩領内に居住する簓や猿牽を配下に置いていた。谷川七左衛門は、非人集団も支配していたが、簓や猿牽は、自らを非人と同等の集団ではないと自認していた。

一方、嶋田村に居住する「笠之者」は、「春田打」という芸を担う固有な集団であった。「笠之者」は、一七世紀前期、寛永検地帳に存在を確認できるように、古くから嶋田村に居住していた。その一族に、西宮蛭子社人となる者もあったが、西宮神社の配下に入り、春田打の芸と勧進の権利を放棄するように求められた際も、集団としては西宮神社の配下に入ることを拒絶し、固有な職分を守った。その背後には、春田打にともなう勧進の経済的優位性があったとみられる。また、飯田藩谷川七左衛門の支配をも拒否し、独立の社会集団として勧進行為を続けた。しかし、一九世紀前期、集団の奢侈化や百姓身分への変更要求がもとで、村役人と藩の取締が強化された。これに対し、集団内部から秩序を立て直すことができず、春田打という職分を捨てることになり、「笠之者」は解体していった。

以上、本書にみられた多様な社会集団の存在と、地域社会における集団間の複層的なあり方は、下伊那地域という地域的な特異性ではなく、集団の呼称や、具体的な職分の内容は地域によって異なるものの、いずれの地域にも存在するものであると考える。中世において寺社のキヨメを職分とする集団が、近世に至ると、百姓や町人の共同体からは周縁化されながら、しかし非人集団とは異なる社会的位置付けが与えられるという例を他にもみることができる。その典型的な例が、京都の「坂者」と近世の非人集団「悲田院」の関係である。「坂者」は、中世においては、清水坂の「坂非人」として、感神院（祇園社）犬神人として、山門西塔釈迦堂寄人として、遺体埋葬という京のキヨメを担い、奈良坂非人と双頭の一大勢力であった。[1]近世に至ると、一七世紀半ば、貧人たちへの施行の執行を機に非人として集団化を遂げ、京都町奉行所の末端で捕縛の役を担う集団＝「悲田院」として位置付けられた。[2]他方、すでに、一六世紀、「六人連判衆」のもとで「惣中」を形成していた「坂者」は、弓弦の製造、販売を職分とする職人として「坂」に居住し続け、「夙」として社会的に位置付けられた。「坂者」が中世以来の特権として所持していた金光寺で行う葬礼の執行権は、近世に至ると金光寺から年玄米三石五斗を取得することで代替され、ついにその得分も天保四年には香具屋嘉兵衛に売却された。[3]

このように、中世から近世の移行にともない、寺社に奉仕するキヨメの集団の社会的な位置付けは大きく変化したが、要点は二点ある。第一に、近世領主による身分編制である。それぞれが生業とする職分に対し、兵営国家としての幕府の必要に応じた役賦課により身分編制が進められた。[4]いわゆる「士農工商」「えた・非人」という身分集団が明確となったが、社会にはこれら以外にも、多様な集団が存在していた。各地に存在した諸集団を把握し、これらに地域の領主権力が役賦課を行っていき、地域ごとに身分編制が進行したものと考えられる。牢守を役として与えられた簓や、御厩の祓いを役とした猿牽などの編制が行われ、身分的には「非人」と区別された。第二は、太閤検地と村切りにより、キヨメの集団が居住していた集落（「宿」「夙」など）が独立の「村」と位置付けられず、行政的な「村」に包摂されたこと、あるいは居所の移転を迫られたことである。これにより、行政村としての「村」の支配を受けるとともに、地域の主要な身分集団の共同体から疎外されることになった。地域では、「村役」「下役」が課された。

このように、地域的な領主による身分編制や村や町の役を担う多様な諸集団の存在を、幕府自身も明確に把握していたわけではなかった。最後に、駿府の「簓」を取りあげ、地域的な集団の実態と幕府の認識の齟齬について述べ、本書で述べた地域社会の見方を下伊那地域以外に敷衍する方向性を示しておきたい。

駿府の「簓」については、文化二年（一八〇五）二月一六日、諸国の郡村名を調査していた際、代官小野田三郎右衛門が幕府勘定所へ提出した上申書が、大田南畝『一言一話』に書き留められている。(5)

文化二丑二月一六日出ス　郡村名寄帳致し候時計府へ出ス

御代官

小野田三郎右衛門

簓（サヽラ）之儀ニ付申上候書付

一簓之儀承合候處、簓与申者、芝居等仕候者ニ候処、駿府町奉行ニ而囚人等取扱セ候由之者ニ而、非人抔与申ものニも無之、先河原ものと申やう成者ニ有之、同所町御免之あやつり等致候、且簓村与申者一躰無之、久能御神領有渡郡石田村富士見与申所ニ住居いたし候処、駿府町奉行ゟ手遠ニ而差支之儀有之、先年御代官所川辺村・宝臺院領馬渕村両村境地借請住居いたし罷在、右地代者其村々役人江相納候由、簓村者無之候得共、右簓共住居いたし居候ニ付、簓村与申習候得共、川辺村・馬渕村ニ而御座候

小野田三郎右衛門○

丑三月

御勘定所

右ハ諸国村名を糺し候時、縣令ヨリ出セし書付写他

これによると、代官小野田三郎右衛門が地元に問いただした結果、簓とは次のような属性をもつものとして上申されている。（1）簓とは芝居等をする者である。（2）駿府町奉行が囚人を扱わせている。つまり、牢守の役を課していたとみられる。（3）「非人抔」ではなく、さしあたり「河原もの」のような者である。（4）駿府の城下町で公許の操り（人形浄瑠璃）等を行っている。（5）「簓村」というものはない。久能山東照宮の神領である有渡郡石田村富士見というところに居住していたが、遠いため不都合であるとして、先年、駿府町奉行が代官支配地川辺村と宝臺院領馬渕村との境地に借地して住居するようになった。その地代は両村の村役人に納めている。「簓村」というものはない。簓たちが居住しているので、「簓村」と呼び習わしているが、川辺村と馬渕村である。

このように、代官小野田三郎右衛門も「簓」や「簓村」についての知見がなく、地元に問い合わせてはじめて情報を得ることができたことがわかる。

駿府城守衛として勤役した榊原長俊が、天明三年（一七八三）に序を付して浄書した『駿河国志』巻七「簓村幷説教者の事」には、駿府の簓について、次のように記している。(6)

> 簓村ハ有渡郡河乃辺村・馬渕村にあり、一名説教村と云り、是両村の小地名なり、是両村に説教（セツキヤウ）と云者あり、里人呼て簓（サヽラ）者と云、即説教者也、其始め久しうして詳ならす、中頃より其家業を転し操（アヤツ）り芝居当所操芝居ハ莚張の仮屋を作り櫓を揚げ舞台桟敷切落し土間花道二階鼠木戸等あり其結構江戸堺町芝居の如し俳優も多くハ江戸より来て狂言をなせりの坐元（ザモト）等をして渡世とす、其首長（カシラ）を玉川廣太夫某といふ（中略・操り芝居興行と付木売りの謂を略す）凡此徒ハ此徒同士女を嫁し男を遣りて其党を全し、数百歳の今に至て連綿と相続し、

説教簓の名を失ハす、実に旧家と尊称して可也、然るを土俗の芝居俳優（ヤクシヤ）を川原者と云る如く、簓者と落しめ賤むるハ何そや、是牢舎の事を役するを以、非人に等く思へるか故にして、元より蟬丸社の神人として祭事にもたつさハれハ、太夫の号をも免されつらめ、唯神職の身として牢舎の事にあつかれると、三弦に合せて説教を語ると、家譜に載たるハ聞へす、今川家の頃ハ未三弦を鳴らさゞる時なれハ也（後略）

すなわち、「簓村」（一名「説教村」）が川辺村と馬渕村にあり、村の小名となっているという。榊原長俊は、「簓村」がこの地に移動してきたことについては触れていないが、「説教」ないし、地域の人々が呼称する「簓者」について、詳しく調べて次のように考証している。（1）古いことは不明ながら、江戸時代中期頃から家業を変更して操り芝居（人形浄瑠璃）の座元等をすることを渡世としている。駿府の芝居小屋は筵張りの仮小屋に櫓を揚げ、舞台・桟敷・切落とし・土間・花道・二階・鼠木戸等を設けていた。その作りは江戸堺町芝居のようで、俳優も多くは江戸から来たという。（2）首長は、玉川廣太夫某という。（3）簓は簓どうしで婚姻や養子縁組を行い、「党」として数百年来、連綿と相続し、「簓説教」の名を伝えている。これは「旧家」と尊称してよい。（3）世間が「簓者」と貶め賤視するのは、牢舎の役を務めているため、「非人」と同等の者と思うからである。（4）元来は関蟬丸神社の神人として祭事にも従事していたから、太夫号も免許されていると推測される。（5）神職の身ながら牢舎の役を務めること、音曲に合わせて説教を語ることは、家譜に載っているとは耳にしない。戦国期の今川氏の時代には、音曲を家業としていなかったからである。

以上のように、「説教者」あるいは「簓者」が社会的に賤視されている原因を、新たに課された牢舎の役と芸能を渡世とすることに求めている。ここでは、関蟬丸神社からの免許状が交付されることを、簓の本来の家業「神職」とみている点にやや事実とは異なるきらいがあるが、連綿と数百年続く「党」、すなわち集団として評価しているのである。

現在、駿府の簓の首長玉川廣太夫に交付された三井寺からの巻物と「蟬丸宮文書　諸国巡行讃語渡世」（以下、「蟬丸宮文書」と略す）と一括された関連文書が国会図書館に遺されている。[7] この史料群を用いて、駿府の「簓」について検討しておきたい。

まず、宝暦二年六月二一日付で、願いにより馬渕村治兵衛を「廣太夫」に補任する、という文書が、近松寺から発給されていることが確認できる。[8]

関清水大明神蟬丸宮
別当
近松寺㊞

駿賀国有渡郡馬渕村
治兵衛

右以治兵衛依願所補廣太夫ニ仍而如件

役人　浄善講師
正満講師
浄蜜講師

宝暦弐壬申歳
六月廿一日

駿賀国有渡郡馬渕村
玉川廣太夫へ

次に、同年六月二七日付で、玉川廣太夫に「蟬丸宮由来之巻物」が下付された。[9]

関清水大明神蟬丸宮
別当
近松寺
惣代執行㊞

依願蟬丸宮由来之巻物下置之所如件

役人　浄善講師
正満講師
浄蜜講師

宝暦弐壬申歳　六月廿七日

駿賀国有渡郡馬渕村
玉川廣太夫江

この「蟬丸宮由来之巻物」が、次のものである。これは、本書第一章で立石村齋藤杢太夫家に遺された［B］と同じ形式をとっている。(10)

仁王第
平城天皇　嵯峨天皇　淳和天皇
仁明天皇　文徳天皇　清和天皇
陽成院　光孝天皇　宇多天皇
醍醐天皇　朱雀院　延喜御門王子是也

抑蟬丸ト申ハ両眼共ニ閉目ナル故ニ依、不叶王宮、江州相坂山ニ流人ニ成給フ也、即チ相坂山ニ捨テ置キ、供奉ノ旁々乍涙、勅定ナレハ何レモ被ル皈、其後チ蟬丸ノ姉宮深クイタワリ、餘リニ悲キマヽ、蟬丸ノ住処ヲ御覧有リ度ク思シ召シ、相坂山ヲ指テ夜ル忍ヒ行キ給フニ、琴・琵琶ノ音聞給ヒテ、非只人ニ、蟬丸ニテモヤアラント草庵リノ扉ニ立給フ、内ヨリ人ノ足音ヲ御聞キ有テ、戸ヲ開キ給ヘハ、則チ姉宮蟬丸ヲ御覧有テ御手ト御手ヲ取リ、互ニ涙ニムセビタエ入リ玉フ計リ也、哀シクヤツレマシマス御姿ヲ御覧有テ、姉宮ハ御心ロモ乱狂乱シ給フ時ハ、御髪ミサカサマニ立ツ、其レヨリ御名ヲサカヾミト申ス、御兄弟ナカラ薨御ノ後ハ、同シ社ニ祭リ籠メ給フ也、彼ノ明神ノ氏子ハ、前エ髪少シツヽサカサマニハユル事不思儀也、供奉ノ大臣白川ノ紀ノ則長、驄上洛有テ、折々ノ身廻也、居留人基経・師輔・古屋ノ美女也、仍テ延喜廿二年壬午春二月ノ事也、同シ年号ニ驄テ開眼有リト云ヘトモ、卑劣タヽズミノ末エナル故ニ、終ニ都ヘ不召皈也、於相坂山ニ哀ナル御栖、仁倫希ニシテ、ワラ屋・フセ屋ノ躰ニテ、日月地ニ落タルアリサマ也、古屋ノ女房ハフヂカヅラヲヒネリ、基経・師轉育マイラセテ、タツキモ知ヌ山ニテ、木ノミヲヒロイ、草ノミヲ取テ月日ヲ送リ給ヒシニ、天慶九年丙午九月ニ薨御有リ、御年卅一ト云云、其ノ後、基経江州志賀ノ里ニ住シ、古屋ノ美女ハ遊女ト成リ、師轉ノ行末ハ今ノ世ノ説教者是也、時蟬丸ハ本地妙音菩薩ノ化身也、妙音菩薩ハ卅四身ニ身ヲ分ケ、為ニ衆生済度ノ種々ニ形ヲ現シ給フ故ニ、或ル時ハ閉眼有テ世間ノ盲目ヲ近付テ利益シ、或時相坂山上下ノ旅人乞食、其人ノ利益ヲ請ル事、是レ以テ仏菩薩ノ御方便也、蟬丸ハ延喜ノ王子ナレハ、ワラヤ・フセ屋ノスマイナカラ、御心尋常ニシテ、常ニ琴琵琶ヲ御慰トス、琴ハ六度万行トカキ鳴シ、琵琶ハ断除無明ト弾、極楽浄土ノ管弦ノ粧表シ給フ也、仮令為利益方便種々安意シ玉フト云ヘトモ、内心何ンソ卑劣ナラン哉

関清水大明神

宝暦弐壬申歳

六月廿七日

江州志賀郡三井寺別院

近松寺

惣代 朱印

寛政七乙卯歳五月廿四日

三井寺

執行 朱印

文化十壬酉年五月二十四日

政所㊞

駿河ノ国有渡郡馬渕村説教者

玉川廣太夫へ

本文は、送り仮名と最後の二行の順序が逆である以外は、齋藤杢太夫宛の巻物［B］とほぼ同文である。巻物末尾には、宝暦二年六月二七日に続き、寛政七年五月二四日と文化一〇年五月二四日付の改印が捺されている。これは、齋藤杢太夫宛の巻物と同様、例祭に登山した時に三井寺の改印を受けたことを示している。

「蟬丸宮文書」には、寛政七年五月二四日、駿河国頭馬渕村玉川廣太夫宛が、蟬丸宮別当三井寺近松寺の改めを受けたことを示す下知状が含まれている(11)。

今般其方説教家筋吟味之上、御巻物幷ニ太夫号令免許訖、然上者讃語諸勧進渡世、諸国巡行可為随意候、或座組讃語渡世之節者、其国所之役所江御由緒可相届、仍而下知如件

蟬丸宮別当三井寺
寛政七乙卯歳
五月廿四日　　　　近松寺㊞
駿河国頭馬渕村
玉川廣太夫江

宛所に「駿河国頭」と記されているように、玉川廣太夫は、駿河国の説教者集団の頭役であったことも判明する。また、文化一〇年五月には、玉川廣太夫守義に太夫号が免許され、同年五月付で、寛政七年と同様の内容で下知状が、三井寺政所から玉川廣太夫宛に発給されていることも確認できる。

この他、「蟬丸宮文書」には、宝暦三年一二月一八日付で、馬渕村次郎八守義を「乙太夫」に補すとの補任状と、同日付で乙太夫守義に一代限りで鬱金色装束を免許する許状が発給されている。さらに、明和四年一二月九日付で玉川守義に太夫号を補任するとの近松寺執行からの補任状があり、守義が治兵衛の跡を継ぎ、「廣太夫」となったことが確認できる。年紀はないが五月三日付で、三井寺蟬丸宮別当近松寺役人から発給された金銭受取状によると、「御巻物料」金一両と酒一樽と役人料銀六匁、「継目免許料」金百疋と役人料銀六匁、「太夫号免許料」金百疋と役人料銀六匁、「装束免許」金百疋と役人料銀六匁が、守義への継ぎ目相続時に玉川治兵衛から三井寺近松寺に納められたとみられる。

以上要するに、駿府の簓は、宝暦二年に三井寺の支配下に入り「説教者」となった。そして、太夫号と巻物を下賜され、讃語・諸勧進渡世のために諸国巡行することを認められた。また、一座を組んで讃語を行う場合は、所の役所に由緒を届けて渡世を行うことが認められた。駿府の簓が操りの座元を始めた経緯は定かではないが、この免許状をもとに、座組も認められるようになったとみられる。

注

（1）大山喬平『日本中世農村史の研究』（岩波書店、一九七八年）、三枝暁子『比叡山と室町幕府』（東京大学出版会、二〇一一年）。
（2）拙稿「京都の寺社と非人」（杉森哲也編『シリーズ三都　京都』東京大学出版会、二〇一九年）。
（3）大山喬平「清水坂非人の衰亡」（村井康彦・大山喬平編『長楽寺蔵　七条道場金光寺文書の研究』法蔵館、二〇一二年）。
（4）高木昭作『日本近世国家史の研究』（岩波書店、一九九〇年）。
（5）大田南畝『一話一言』（巻廿九、国立公文書館所蔵）。
（6）『駿河国志』巻之七（国立公文書館所蔵）。
（7）『蟬丸宮由来』（請求番号す―八九、「蟬丸宮文書　諸国巡行讃語渡世」七六八五―七、国立国会図書館所蔵）。
（8）前掲注（7）「蟬丸宮文書　諸国巡行讃語渡世」。
（9）前掲注（7）「蟬丸宮文書　諸国巡行讃語渡世」。
（10）前掲注（7）『蟬丸宮由来』。
（11）前掲注（7）「蟬丸宮文書　諸国巡行讃語渡世」。

あとがき

卒業論文執筆に向け、下伊那地域に遺された古文書を読み、村落史研究を始めたことが研究の出発点である。穏やかにみえる農村の生活に、対立や矛盾が日常的に存在し、それがあるきっかけで爆発するということに驚きを感じつつ、その村の矛盾のあり方を解き明かしたいという想いから、幕末維新期の「ええじゃないか」という民衆運動を研究課題に選んだ。

長野県庁の別棟で、長野県史編纂過程で集められた写真史料を閲覧させていただき、下伊那郡に慶応三年（一八六七）の「御札降り」と村方文書が多く伝存していることを知った。さっそく豊丘村を訪ね、歴史民俗資料館に収蔵されている膨大な文書から、阿島陣屋を本拠とする交代寄合知久知行所の田村と河野村の名主文書をネガフィルムで撮影し、解読しながら、村の構造、地主と小作人との対立、世直し状況ともいえる地域の矛盾等を、手さぐりで解き明かしていった（「幕末の民衆運動―信州下伊那郡田村村の「御影祭」―」『歴史評論』四八五号、一九九〇年）。その時、歴史民俗資料館に収蔵された古文書の中で、「筰人別御改帳」「宗門御改帳　簓一党」という表紙を持つ薄い竪冊に何度も出会った。これらが、村の宗門人別改帳とは別帳として仕立てられていることから、どういう集団なのか、「簓一党」に興味を引かれながらも、それを研究として深めないまま二〇年がたった。

二〇〇三年、長野県飯田市で、全国的に注目された飯田市歴史研究所が開設され、『飯田市歴史研究所年報』が刊行されることになり、その一号に寄稿する機会を与えられた。ここで、二〇年来気にかかっていた「簓」に関する論考を執筆させていただいた。この「簓」研究は、村落史研究というものに行き詰まりを感じていた自身の研究を大きく前進させ、視野を広げるきっかけとなった。疎外されながらも村で共存している「簓」のことを、単なる「差別」の問題として扱うのではなく、両者をともに組み込んだ地域社会像を描く必要があると感じた。

「簓」の系譜を引くお宅に遺された史料群に出会い、お話も伺うことができたのは幸運であった。ご自身の先祖について、わかったことを教えてほしいと言われ、詳しく調べてゆく機会をいただいた。その貴重な史料群以外はまとまった史料はないため、地域に遺された史料の中から探し出し、その断片をつないで全体像をつかもうとした。そのため、新たに発見された史料があると、それをもとにした考察を追加する形で論文を更新していった。本書に所収した論文も、重複しながら進めていった足跡を示す形となっている。

他方、人形浄瑠璃は、花火と並んで飯田・下伊那地域に江戸時代から続く特徴ある文化の一つである。この人形浄瑠璃が、いつからどのようにして始まり、若者組が主導する村祭に定着していったのか、これも卒業論文以来の関心事であった。ところが、調べてゆくと、淡路の人形遣い（道薫坊）の来住が契機となっていることを知り、これを受容しながら地域の人々が芸を磨いていったことに深く感銘を受けた。村祭にとどまらず、講を結成して他所で興行を行うほどに成長していくなかで、谷川七左衛門が座元となる操り芝居の場と、どのように接点をもっていたのか、今後の課題も残っている。

飯田・下伊那地域には、多様な角度から地域研究を行うことができるほど、近世の地方文書が豊富に遺されている。まだまだ、地域の人々の暮らしやものの考え方がどのように形成されてきたのか、を十分に解明するまでに至っていない。今後も、多くの史料に浸りながら、地域に視座を据え、研究を続けていきたいと考えている。

末筆ながら、二〇二四年三月末日に永く勤めた東京外国語大学を定年退職する時に、この論文集を世に出そうとご尽力くださった吉川弘文館の編集者斎藤信子さんと木之内忍さんに心より謝意を表したい。刊行が遅れたのは、ひとえに私の怠慢によるものである。また、今日まで、研究と日常を支えてくれた、夫伸之と息子匠、そして八月一九日に旅立ったチビちゃんに感謝したい。

二〇二四年八月　酷暑の日に

吉田ゆり子

ま　行

や・わ行

研究者名

あ　行

か　行

さ　行

た　行

な・は行

ま　行

や　行

わ　行

ま　行

や・ら・わ行

人　　名

あ　行

か　行

さ　行

た　行

な 行

は 行

さ　行

た　行

索　　引

事 項 名

あ 行

か 行

著者略歴

一九五八年、京都府に生まれる
一九八七年、お茶の水女子大学大学院人間文化研究科博士課程単位取得退学
現在、東京外国語大学外国語学部名誉教授、博士（文学、東京大学）

〔主要著書・論文〕
『兵と農の分離』（山川出版社、二〇〇八年）
「近世京都の寺社と非人」（杉森哲也編『シリーズ三都 京都巻』東京大学出版会、二〇一九年）
「儒教思想の日本的受容と職分観念―性別役割に注目して―」（小浜正子・落合恵美子編『東アジアは「儒教社会」か？』京都大学学術出版会、二〇二二年）

周縁化された芸能者と近世社会

二〇二五年（令和七）一月一日　第一刷発行

著　者　吉田（よしだ）ゆり子（こ）

発行者　吉川道郎

発行所　株式会社 吉川弘文館
郵便番号一一三―〇〇三三
東京都文京区本郷七丁目二番八号
電話〇三―三八一三―九一五一（代）
振替口座〇〇一〇〇―五―二四四番
https://www.yoshikawa-k.co.jp/

印刷＝株式会社 理想社
製本＝誠製本株式会社
装幀＝山崎　登

ISBN978-4-642-04362-5